重新发现儒家

姚中秋(秋风) ◎ 著

湖南人民出版社　博集天卷

图书在版编目（CIP）数据

重新发现儒家 / 姚中秋著. — 长沙：湖南人民出版社，2012.11
ISBN 978-7-5438-8838-8

Ⅰ.①重… Ⅱ.①姚… Ⅲ.①儒学 – 文集 Ⅳ.①B222.05-53

中国版本图书馆CIP数据核字（2012）第239048号

重新发现儒家

作　　者：姚中秋
出 版 人：谢清风
监　　制：伍　志
责任编辑：胡如虹
策划编辑：康　慨
营销编辑：孙玮婕　刘菲菲
封面设计：和德广益
版式设计：崔振江

出版发行：湖南人民出版社［http：//www.hnppp.com］
地　　址：长沙市营盘东路3号
邮　　编：410005
经　　销：新华书店

印　　刷：北京鹏润伟业印刷有限公司
版　　次：2012年11月第1版
　　　　　2012年11月第1次印刷
开　　本：700mm×1000mm　1/16
印　　张：20.5
字　　数：275千字
书　　号：ISBN 978-7-5438-8838-8
定　　价：33.00元

（若有质量问题，请致电质量监督电话：010-84409925）

认识你自己，始于认识儒家。
重新认识中国，始于重新认识儒家。

目录
Contents

Contents

序

本书的主题是重新发现儒家。

何以"重新"发现儒家？

当然是因为百多年来，关于儒家，一代又一代激进反传统的知识分子造就了诸多误解、曲解，也即迷思。这些误解、曲解不仅支配着思想学术界，更通过大众传媒和现代教育体系，塑造青年学生的文化与历史认知，进而塑造了普通民众的文化与历史认知。

据此，国人，尤其是接受过一定教育的精英人士普遍相信，儒家无助于中国的现代转型。更有很多精英相信，儒家妨碍中国的现代转型。温和者据此而疏远儒家，蔑视儒家，遗忘儒家。激进者更进一步，猛烈地抨击儒家，必欲毁之而后快。此种破坏、毁弃，首先发生在知识分子占据的观念、学术、教育等领域中，二十世纪中期则发展成为广泛的社会、政治运动，进而深入到社会各个角落。由此，中国陷入学统、政统与道统的严重对立中。

经此百年批判、破坏，儒家已濒临灭绝，命若悬丝。然而，中国社会并未如全盘性反传统知识分子所许诺的那样，进入"美丽新世界"，反而比任何时候都糟糕：道德崩溃、人心焦虑、社会失衡、秩序解体。反过来看，同为中国文化沁润，而未经激进反传统冲击的台湾、香港地区，反而顺利地完成现代转型，社会基础性秩序亦比大陆好很多。

　　仅此一事实即足以促使人们重新认识儒家：重新认识儒家的现实意义，进而重新认识儒家的历史意义，最后重新认识儒家本身。

　　然而，并非所有人都看到了这一事实，或者说，并不是所有人都愿意面对、承认这一事实，及由此事实所得出的结论。这不难理解。世界是什么，在相当程度上是由看世界的人的眼睛决定的。百年来诸多流传广远的关于儒家的误解、曲解，已成为所谓的"常识"，在知识分子、在接受过一定教育的民众中根深蒂固，习焉而不察其荒唐无据。

　　这样的先入之见妨碍人们理性地面对中国历史、中国文明与儒家。由此，人们也就无法理性地面对现实，以及更为合理地想象未来。相反，受先入之见支配的人们想象出种种离奇的解释，逃避自己改变对儒家荒唐看法之情感、知识重负。比如，在传统已荡然无存之今日，面对现实的不合理，知识分子仍将其归因于儒家。他们所提出的解决方案竟然是更深入地反儒家、反传统，尽管在他们身上，在他们所抨击的人身上，已无丝毫儒家的影子。在今日，咎儒已成为一种推卸思考责任的思想习惯。

　　故此，打破百年来流传广泛的关于儒家的诸多"常识"，不仅具有思想史的正本清源意义，亦具有重大现实意义：它有助于中国人更理性地寻找解决当代中国所面临的诸多现实问题的方案。

　　本书挑选百年来关于儒家流传最为广远、最为严重妨碍人们准确认识儒家的十余种误解、曲解，逐一予以剖析，以此揭去几代激进知识分子覆盖于儒家之上的污泥烂水，重新发现一个真实的儒家，闪耀着优雅而高贵的智慧光辉的儒家。

　　为此，我会引用儒家古典文献，追溯诸多迷思之脉络，以阐明儒家相关概念、命题的真实或完整含义。经由这样的工作，读者当可发现，现代人对儒家的很多误解、曲解，或者源于望文生义，或者出自断章取义，或者来自对概念、命题所在文本、文献思路、脉络的不理解，或者出于对传统中国治理架构的不理解。

　　然而略加分析亦可发现，现代人形成的关于儒家的种种迷思，又直接源于其对西方尤其是西方现代性的误解、无知。过去一百年来，国人都是通过西方之镜看待中国的，诸多关于儒家的迷思乃是中西思想、文化、制度扭曲性对比的产物。

受强大西方的刺激，十九世纪末，国人开始产生建立现代国家的意愿。当时的士大夫、后来的知识分子开始系统地学习西方的思想与制度。他们看到中西之间巨大的差异，这差异对其产生极大的精神震撼。中西差异当然是客观事实，精神震撼则让他们对此事实做出扭曲反应：科学啊、民主啊，都是传统中国所没有的，故西方现代完全不同于中国。而中国应以这样的现代价值、制度作为自己转型的目标。以此现代性作为标准来衡量，中国当然全错了。而儒家塑造了中国，那么，儒家也就全错了。

然而现在看来，现代知识分子用以否定儒家、传统治理的现代性标准，本来就是肤浅的或扭曲的。现代中国有这样一个非常有趣的文化现象：对西方有深入理解的学人、法律人，在大众舆论中通常没有多大影响力，因为他们不善于以文学化语言讨论公共问题。相反，最极端地反儒家、反传统的知识分子，对西方的了解通常总是十分肤浅的。因为肤浅，他们总是倾向于夸大中西、古今之间的差异，从而形成激烈的反传统的心态。同样恰恰是因为思想、观点之肤浅，他们在课堂和大众媒体上可以拥有很多粉丝，他们以漫画化的手法描述中西、古今之异，以文学化的笔法讨论公共的文化与政治问题，更容易为学生、为中产阶级读者所接受——这就构成所谓"启蒙"。启蒙一定是通过简化世界而展开的。当代中国人关于中西文化、古今价值不同乃至对立的认知，就是简单化、漫画化的。

举个例子：百年来，启蒙知识分子一直对公众念叨说，西方是个人主义的，现代社会以个人主义为伦理基础。这样的论断既堂皇地出现在二十世纪八十年代以来的学术著作中，也随意地出现在网络辩论中。据此，知识分子对儒家做出判决：儒家是集体主义的，因而是落后的、反现代的，应当抛弃。然而事实上，这样的看法即便不是错误的，也是严重偏颇的，至少托克维尔、哈耶克这两位在国内学界享有足够影响力的西方思想人物，都明确抨击启蒙知识分子所奉以为西方现代之本的个人主义，并指出现代社会更深层次的伦理基础。

大体而言，启蒙知识分子较为严重之偏颇在于，长期以来受法德思想影响较深：知识分子之启蒙观念本身就是法国式、德国式的，唯理主义、科学主义与此密切相关。当然，过去三十年来，知识分子的目光转向美国，但过多关注当代美国，由此所得之观念，亦未必有助于理解现代性与古典性。

在这两者之间，知识分子的认知是不全面的。基本上，启蒙知识分子仅注意到现代性，也即从古到今之变易的部分，而忽略了变易的表面下不易的部分，也即古今保持连续性的部分。他们过分强调了中西之异，古今之别，但实际上，单靠现代性是不足以维持一个完整的现代社会秩序的。一个可运转的现代秩序一定是连续性与断裂性的综合，是古典性与现代性的混合、合作、平衡。因此，构建现代秩序无须从根本上颠覆古典性，而是在古典性之外叠加一些现代性。当然，此一结构变化会对古典性构成一些挑战，但两者绝非全面地相互排斥、彼此替代的关系。英美两国的现代转型，都是如此。但现代中国的知识分子没有注意到这一点。他们拿纯粹的现代性来衡量儒家，儒家当然一无可取。

因此，重新发现儒家，就不能不重新发现现代、重新发现西方现代社会秩序的基本构造。本书固然致力于重新发现儒家，但也在一定意义上投入重新发现西方现代社会秩序的事业，以此重新评估儒家，肯定儒家。

借助于重新发现现代而重新发现儒家的结果是，儒家从其与现代性的对立关系中解脱出来。本书发现了一个与现代性大体兼容的儒家。儒家既不是现代知识分子所批评的那样落后，也不是现代知识分子所遵奉的那种现代性。儒家常在两者之间、之上，儒家持守中道。儒家呈现了社会秩序的常道，也因此，儒家具有永恒价值。儒家未必都是现代的，但儒家不会妨碍各种现代性制度的建立。儒家将支持基础性社会秩序，并对最为根本的现代性制度提供支持。同时，儒家也会对某些现代性予以节制、约束，从而保持诸力量的平衡，维持文明的秩序。

此一发现的现实政策含义是，大陆完成现代转型，与回归儒家并不冲突，而是相辅相成的——当然，从中国文明自身演进的角度看，这一回归也是必须的。中国必须接续道统，具体地说，就是接续和弘大儒家。由此可以复建君子群体，复建各种社会组织，从而复建社会基础性秩序，进而构建合理的政治秩序。

当然，既然所有这些事业都是在开放环境中展开的，自当借用西方的价值、技术。但是，这既然是在中国展开的，则其复建与构建过程一定是"中体西学，资相循诱"，而"中体"必以儒家为本。重新认识儒家，意义重大。

本书形成于我正在从事的规模较大的研究计划，即《华夏治理秩序史》的思考与写作。该书旨在重写中国历史，探求华夏治理之道。初步计划为五卷，目前已出版前两卷：第一卷：天下，第二卷：封建（海南出版社，2012年1月）。随着写作的展开，我越来越强烈地感受到，中国历史在很大程度上就是儒家的历史：孔子删定六经，总结三代，以其中源远流长的价值、观念塑造了此后中国人的价值及中国最为重要的制度。因此，重新认识中国历史之关键，就在于重新认识儒家。当代中国能否建立优良治理秩序，也取决于能否正确地认识儒家，从而正视儒家，进而回归儒家。本书正是在这一认知的驱动下完成的。

目前看，重新发现儒家的研究将分两部分：眼前这本书针对百年来形成的对于儒家之种种误解、曲解，逐一为儒家辩诬。我已在写作另一本书，重述孔子以来儒者之故事，以呈现儒家另一面貌。未来在这方面也许还会继续写作。

书后另附2011年我与三位师友之论辩文章。这三次论辩对我写作本书有过鞭策作用。

我试图发现自己心目中真实的儒家，不敢指望人们全部认可。我的看法未尝不是另外一种偏见。但我仍写下这些篇章，因为我有一个渺小的希望：经过百年风雨，知识分子该有一点面向儒家、面向中国历史之真相的智慧，以及最为重要的，反思百年认知错误之勇气。面对儒家，知识分子当然不必人人做到钱穆先生在《国史大纲》开篇所说的"温情与敬意"，但至少，他们当摒除已被证明荒唐的偏见。

我也希望读者诸君在阅读本书时，暂时放下成见，以平实、理性的态度看看我说的是否有道理。是的，让我们都以敬慎、谦卑之心面向"道"和"理"吧。

姚中秋

壬辰仲夏定稿于
京中蜗居

【第一篇】
君君臣臣父父子子之真义

　　现代人抨击儒家的一个常见理由是，儒家主张等级制，主张尊卑森严的命令–服从伦理。这样的定性在"批林批孔"运动中被广为宣传，必定给如今活跃的中青年知识分子留下深刻印象。而接受这一定性的人士，近乎本能地提出的依据是孔子说过的一句话："君君，臣臣，父父，子子。"

　　哇，既有君又有臣，既有父又有子，可不是等级森严么？然而，这样的理解表明，现代人对古典语言的感受和认知是多么迟钝。这句话果真是在主张等级性伦理吗？回到相关文本，回到孔子生活的时代，就可以发现，现代人正好把"君君，臣臣，父父，子子"的意思弄反了。

君君臣臣父父子子

　　"君君，臣臣，父父，子子"出自《论语·颜渊篇》：

　　齐景公问政于孔子。

　　孔子对曰："君君，臣臣，父父，子子。"

　　公曰："善哉！信如君不君、臣不臣，父不父、子不子，虽有粟，吾得而食诸？"

　　《论语注疏》引孔安国之注曰："当此之时，陈桓制齐，君不君，臣不臣，父不父，子不子，故以对。"春秋、战国时代都有个齐国，其实不是同一个国。周人立国之初，封吕尚，也就是古典演义小说里的姜太公为齐侯。战国时，齐王却变成了姓陈（也即田）的，这中间发生了一次"陈氏篡齐"事件，而陈氏积累实力、通往篡权之路的关键人物，正是这里的陈桓子。

　　春秋时代的贤人、孔子相当尊重的晏子看出了这一严重趋势，根据《史记·田敬仲完世家》的记载："晏子数谏景公，景公弗听。已而使于晋，与叔向私语曰：'齐国之政其卒归于田氏矣。'"作为圣人，孔子当然也敏锐地洞察到齐国政局将会发生巨大变化之趋势，齐景公向他讨教治国之道，孔子就说了那句话。孔子的话似乎也深深触动了齐景公。那么，孔子究竟是什么意思？

　　人总生活于社会，而处于不同的社会关系中，分别扮演特定的社会角色。比如，同一个人，在君臣关系中扮演君或者臣的角色，在父子关系中扮演父或者子的角色。每一个角色对该人的行为会确定一组内在的伦理性要求，双方都遵守自己的规范，才能保持较为健全的关系。举例来说，良好的父子关系需父子双方均明白自身角色的伦理性要求，这好比一本在生活诸多细节上都规定了动作规范的人生剧本。人应当按照该剧本活动，这样，他的行为才是合宜的，也就是古人所说的"义"。

　　当然，只要置身于特定关系比如父子关系中，人也就具有按照自己的角色要求行事的内在倾向。父亲很自然地希望做一个合宜的父亲，儿子也很自然地希望做一个合宜的儿子。这世界上，恐怕没有几个父亲愿意做不合宜的父亲，也没多少儿子愿意做不合宜的儿子。这是人的"伦理义务感"。

　　由此可以看出，伦理性义务是客观的。置身于特定关系中的人是知晓的，旁观者也是知晓的，尽管大家未必能够说得明白。在日常生活中，对特定关系中的人，比如父子，旁观者会以与父子各自所遵循的义务相同、相近的标准进行判断：合宜的父亲就是好父亲，合宜的儿子就是好儿子。某个父亲做了某个不合宜的事情，邻居会说，这不是当父亲的应该做的，或者说，这人哪儿像个父亲啊。这就是人们依据普遍的伦理规范做出的伦理评估。若干这样的评估就可形成社会舆论，它对特定社会关系中的人构成了一种外在的伦理约束。

父和子都应依其伦理义务行事，就是孔子所说"父父、子子"之含义。孔子不过是说，父亲应当像父亲的样子，儿子应当像儿子的样子。"君君、臣臣"的含义与此相同：君应当像君的样子，臣应当像臣的样子。特定社会关系中的每一方都听从自己的伦理义务感之指引，履行自己承担的社会角色对自己提出的伦理性要求，则双方的关系就比较正常，可以维持合作关系，并从中得到好处。

齐景公当然明白孔子的意思，所以，从反面论述说，假如出现了这样的情形：臣不像臣的样子，君不像君的样子，父亲没有父亲的样子，儿子没有儿子的样子，那时，即便有粮食，君或者父亲也吃不到饭，而会被饿死。

这是对孔子提出的命题的补充。社会秩序正常运转的基础就是每个人按照伦理规范履行对他人的义务。当儿子年幼时，父亲对儿子尽责任，没有生存能力的儿子就有饭吃，还可以接受教育。父亲如果不像父亲的样子，不履行这一义务，儿子就可能饿死，或者不能接受基本教育。反之，当父亲年老丧失生存能力之后，儿子就应当按照伦理义务照顾父亲。儿子如果不尽这一伦理义务，父亲就可能饿死，尽管家里有粮食——现实中确有这样的事情发生。

归根到底，在这个充满不确定性和风险的世界上，每个人能否生存、能否得到幸福，往往并不取决于客观的物质财富总量之多寡，而取决于每个人能否得到其"应得"的，而这也就取决于特定关系中的各方是否履行自己的伦理义务。此即孔子说"不患贫而患不均"的深层含义。国家也是如此，获得诺贝尔经济学奖的阿马蒂亚·森的研究就表明，饥荒经常不是因为匮乏粮食，而是因为政府没有尽到自己对民众的本分，也即"君不君"，饥荒经常是人祸。齐景公的话就是这个意思：人承担伦理义务的意愿决定着财富之配置，甚至决定着生存权之配置。

前面说到，普通人大概都知道该怎样算个好父亲、好儿子；不过，你要让他说出个一二三来，他未必说得清楚。这很正常，所谓"百姓日用而不知"。把普通人说不明白的伦理义务说清楚，乃是伦理学家的职责。古典伦理学讨论的核心议题就是人群伦理之纲目。

在中国，儒家承担了这样的责任，儒家发展了中国的伦理学，尽管儒家决不限于伦理学。《论语》等儒家经籍中仔细地探讨了各种社会关系中各方的伦理义务，比如《礼记·礼运篇》中提出，"父慈、子孝、兄良、弟弟，夫义、妇听，长惠、幼顺，君仁、臣忠"，而称之为"人义"。这里高度概括了父亲、儿子、兄长、弟弟、丈夫、妻子、长辈、小辈、领导、下级等社会角色之伦理性义务。

更进一步，儒家也据此进行"教化"，如《大学》要求人们通过格物、致知、诚意、正心的功夫修身，据以齐家、治国。其实，这也就是让人们透过反思，清楚自己在各种特定关系中的"人义"，而合宜地采取合作性行为模式。如此，自然地也就家齐、国治、天下平了。

君使臣以礼，臣事君以忠

但是，我们上面都在说"义务"，而现代人看到"义务"二字，近乎本能地产生疑虑：孔子怎么光谈义务，而不谈权利？一个人光有义务，岂不是被压迫者？

提出这种看法的人，大概不熟悉伦理学的古今之变。现代西方伦理学，确实是发展了权利论的伦理学。不过，古典时代的所有伦理学几乎都是义务论的。儒家固然如此，西方的亚里士多德、托马斯·阿奎那，乃至于苏格兰道德哲学家，莫不如此。而即便现代西方的伦理学，义务论也占有相当大分量，比如人们熟悉的罗尔斯即是基于义务讨论伦理问题的。

至关重要的是，古人对于人的尊严与自由的追求，其实一点也不比今人差。义务论的伦理思考方式并不意味着，个人只有义务而没有权利。前面所引《礼记·礼运篇》那句话就表明，古人所说的"义"，其实同时包含这两者。伦理上的义务总是相互的，上面所引的"十义"，都是对对成双的，子对父应孝，父对子应慈。兄弟、夫妇、长幼、君臣等关系中的义务，也都是相互的。而父亲应对儿子慈的义务，反过来就构成了儿子的权利。双方同样受到自己对对方的义务的约束，其实也就都拥有了对对方的权利。义务论的伦理学与权利论的伦理学所构造的现实的人际关系，并无区别，而前者致人于善的效果，恐怕比后者更好。

古人在君臣关系中十分强调这一义务的相互性。孔子在另外一句似乎同样著名的话语中，讨论了君臣相对待之伦理和政治原则。《论语·八佾篇》记载：

> 定公问："君使臣，臣事君，如之何？"孔子对曰："君使臣以礼，臣事君以忠。"
>
> 朱子集注曰：二者皆理之当然，各欲自尽而已。吕氏曰："使臣不患其不忠，患礼之不至；事君不患其无礼，患忠之不足。"尹氏曰："君臣以义合者也。故君使臣以礼，则臣事君以忠。"[1]

很多人说，在古代中国，尤其是儒家，受宗法思想影响，总喜欢把君臣关系比附为血缘关系。这种看法实出于对中国历史与儒家义理之无知。

儒家对父子、君臣两种关系的性质，有十分清楚的辨析。郭店楚简出土儒家文献《六德》中明确指出："父子亲生言；君臣义生

---

[1]《论语集注》，八佾篇第三。

言。"父子是自然的血亲关系，这关系是无法解除的，除非在非常特殊的情况下。君臣关系却与此不同，双方关系是人为建立的，当然也可以解除。同样是郭店楚简出土之儒家文献《语丛三》谓：君"所以异于父，君臣不相在也，则可已。不悦，可去也。不义而加诸己，弗受也"。[1]

这意思已体现在孔子话中。对孔子的话，后代儒家有两种不同理解：一种理解是，孔子认为，双方应当各自履行自己的义务。这样的义务乃是自己内心的一项绝对命令。每个人只管对自己内心的绝对命令负责，不要管对方怎样对待自己。依此解释，确实可能出现现代人诟病之"愚忠"。

但对这句话，向来也有另一种理解，宋儒也有这样的理解：君臣义务具有相互性，君以礼对待臣，臣自当对君尽忠。反过来同样，臣对君尽忠，君就当以礼待臣。一方向对方履行义务的前提是，对方对自己履行义务，双方的相互期待得到满足。假如一方未履行对对方的义务，另一方也就可以免于履行对对方的义务。

应当说，也许这两个解释都可以成立，只是一种适合于常态，一种适合于非常状态。在常态下，双方各尽自己的义务，不要管对方怎样。这样，双方就可以恪尽职守，否则，双方可能相互依赖，推卸对对方的责任。不过，到了非常状态，就只能按照后一种解释了。而这种解释是有历史依据的。周代封建制之君臣关系本质上是契约性的，因而"君臣以义而合，不合则去"，关于这一点，请参阅《华夏治理秩序史》第二卷《封建》上册之详尽论证。

从孔子本人的经历，即可看到君臣关系这种性质。春秋后期，礼崩乐坏，君不像君，臣的流动性也就大大增加。孔子就是一个例子。五十多岁后，孔子周游数国，在卫、陈等国曾短期为臣，但他每每发现，自

---

① 李零著，《郭店楚简校读记》，增订本，中国人民大学出版社，2007年。

己的君——通常是卿大夫——不能公允地对待自己，或者不能信赖自己。此时，已没有行道之可能性，孔子就果断与之解除君臣关系，告辞而去。由此可以看出，在孔子心目中，君臣关系乃是契约性的，双方的权利–义务是相互的，合则留，不合则去。

至于君臣的权利、义务，则是由孔子所说的"礼"规定的。《春秋左传·昭公二十六年》记载了前面曾提及的齐景公与晏子的一段对话：

> 君令、臣共，父慈、子孝，兄爱、弟敬，夫和、妻柔，姑慈、妇听，礼也。君令而不违，臣共而不贰；父慈而教，子孝而箴；兄爱而友，弟敬而顺；夫和而义，妻柔而正；姑慈而从，妇听而婉，礼之善物也。

在这段话中，晏子非常清楚地阐明了，礼的本质就是界定人与人之间的正当关系，就是把"君君，臣臣，父父，子子"中所蕴含的双方的伦理义务予以明晰，并约束每个人履行之。

由此我们可以理解，孔子所说"君使臣以礼"的含义是：君应当像君：一方面，君对臣履行自己的义务；另一方面，在臣对君的正当义务之范围内对臣提要求、下命令。这两者共同构成了君臣之礼。这样的礼对君构成一种约束，迫使君以合宜的方式对待臣。反过来，臣也是一样。君臣双方正是借助于礼，维系着健全的关系。

也就是说，经由礼的引入，孔子更为深刻地阐述了"君君，臣臣，父父，子子"之间关系的性质。礼就是双方伦理性义务之客观化、明晰化，并且变成可以强制执行的。如此客观之礼在君臣父子等特定关系中居于所有个体之上，所有人均受礼的约束，这就是"礼之下的平等"。由此，君臣、父子之间虽有地位之不同，但不是绝对的尊卑等级之分。相反，礼约束每个人正确地扮演自己的社会角色，履行自己对对方应当承担的义务，这种义务是双向的、相互的。关于礼的这种性质及其运转机制，读者诸君可参阅《华夏治理秩序史》第二卷《封建》的下册。

总之，孔子当然不主张以下犯上，但孔子也绝不主张以上凌下。孔子的理念是平衡的，他要在一个混乱的世界恢复、重建礼治秩序，而对于当时的秩序之混乱，每个人都负有责任。所以，孔子对每个人都提出要求，居于上位的君、父也不例外。甚至可以说，在孔子的时代，孔子见到最多的是君的愚蠢、无德，因此，"君君臣臣"其实首先是对君的约束。

正名

"君君，臣臣，父父，子子""君使臣以礼，臣事君以忠"等原则，又被孔子予以总结，这就是著名的"正名"说。这个理念同样引起很多误解。《论语·子路篇》记载：

子路曰："卫君待子而为政，子将奚先？"
子曰："必也正名乎！"
子路曰："有是哉，子之迂也！奚其正？"
子曰："野哉，由也！君子于其所不知，盖阙如也。名不正，则言不顺；言不顺，则事不成；事不成，则礼乐不兴；礼乐不兴，则刑罚不中；刑罚不中，则民无所错手足。"

这大约是孔子第一次入卫路上发生的故事，孔子对未来似乎抱着相当大的期望，因而，"正名"可以被看作孔子行道于天下之基本纲领。然则，"正名"究竟是什么意思？关键是弄清"名"的含义。《左传·成公二年》所记孔子一段话，与他对子路所说这段话可相互发明：

新筑人仲叔于奚救孙桓子，桓子是以免。既，卫人赏之以邑，辞，请曲县、繁缨以朝，许之。仲尼闻之，曰："惜也！不如多与之邑。唯器与名，不可以假人（杜预注：器，车服。名，爵号），君之所司也。名以出信（注：名位不愆，为民所信），信以守器（注：动不失信，则车服可保），器以藏礼（注：车服所以表尊卑），礼以行义（注：尊卑有礼，各得其宜），义以生利（注：得其宜，则利生），利以平民，政之大节也。若以假人，与人政也。政亡，则国家从之，弗可止也已。"[①]

　　孔子"正名"主义之"名"，就是此处"器与名"之"名"，也就是封建时代两个人建立君臣关系之仪式——"策名委质"——一词中的"名"。这里的"名"包括两个含义：首先是指将要成为某人之臣的那个人的名字，"策名"就是把该人之名书写于简策上交给君。反过来，该人就从君那里获得一个"名位"，比如被周王策名为某国之君，受赐公、侯、伯、子、男中的某个爵位，或者被公侯策名为大夫。此"名"伴随着田邑、车服、彝器等等，凡此种种构成该人身份之象征性符号，也即"器"。而君赐给臣以"名"的目的是获得臣的"服"，主要体现为人力，比如从君出征与承担君所管理的共同体的行政管理工作、向君提供建议两大类，这些构成臣的义务。名位与服相对，类似现代之权利–义务。

　　因此，"名"是封建治理之关键要素。封建治理保持正常状态的基本前提就是君臣双方的"名"处于"正"的状态：君臣关系中的各方都谨记自己的名位，而不僭越；进而明白名位所规定的自己对对方的义务，并合宜地履行这些义务，而不懈怠。此即"君君臣臣"之义。

　　孔子所说的"言"，就是对对方做出的承诺，或者对对方提出的履行义务之要求，即权利主张。孔子这里主要讨论君如何对待臣：君正确地理解臣的名，自会对臣提出合宜的要求，此即顺乎礼法之"言"，臣也就会欣然地履行对君的职事。反之，君如果对臣提出不合理的要求，也即言不顺乎礼，也即君不使臣以礼；那么，根据礼法，臣就可以不履

[①]《春秋左传正义》，卷，二十五。

行这个要求，此即所谓"事不成"。此处之"事"，乃是职事之事，完成职事就是履行对君的义务。

君提出非礼之言，臣不承担之，君臣关系就陷入混乱乃至紧张状态。这样，礼乐的根基就发生动摇；因为，礼乐之功能就是构造和维系健全的君臣关系，反过来说，礼乐也就存在于一个个健全的君臣关系当中。现实中之大多数君臣关系处于健全状态，则礼乐可行于天下。君臣关系混乱，礼乐也即不行，所谓"礼崩乐坏"是也。

礼崩乐坏，则刑罚必然失当。因为，在礼治秩序中，刑从属于礼，刑罚就是礼的强制执行手段。礼制是规范君臣各自名位、职事的正当行为规则体系，若有人不履行此规则体系所确定之职事，则由刑罚机制予以惩罚。因而，刑罚以礼制为本。礼制混乱，刑罚也就失去了正当规则之本，此即"刑罚不中"的含义，"不中"就是缺乏正当规则依据。这样的刑罚必然变成强势者恃强凌弱之工具。正当的刑罚乃是强化规则，有的时候阐明规则，"刑罚不中"却达不到这样的目的；相反，它会扰乱人们对于规则的理解，人们反而不知道究竟什么是正当行为规则了。如此，人们则普遍地无所措其手足。

从"礼乐不兴"之前，孔子所论者，主要是君子群体内部君臣关系的混乱。这种混乱一定会向下影响到庶民，也即刑罚不中、民无所措手足，整个共同体陷入失序状态。

在很大程度上，这就是孔子所处时代的状态。孔子追本溯源，希望通过正君臣之名，从而恢复礼治秩序。故经由"正名"理念，我们可以比较完整地理解孔子对于人际关系的基本理想。

人生活在各种社会关系中，一个人在不同的时空生活在不同的社会关系中，扮演不同角色。这些关系中相对的两个人之间的地位、权威确实会有所不同，但孔子相信，这个关系中各方的人格是平等的。他们都在客观的伦理规则约束之下，这些规则要求每个人履行自己对对方的伦理性义务。这种伦理义务还可以发展成为礼法上的义务，而被强制执行。这种伦理义务和礼法义务都是相互的，而不是单方面的。因此，所有这些社会关系归根到底是一种分工而合作的关系。每个人都尽自己的本分，如此双方可以生产出合作剩余，并分享之。

此即古人所说的"和而不同"，其实我们也可以说，这是"不同而和"：人们的地位、权威确实不同，但共同接受客观规则之调整，而处于合作秩序中，各尽其职，各得其分。《礼记·礼运篇》中有一句话，最为精彩地描绘了这种状态："连而不相及也，动而不相害也。"这也就是正义的社会秩序。

当代正需要正名

"君君，臣臣，父父，子子"，"君使臣以礼，臣事君以忠"以及"正名"理念，确实是孔子之核心理念，也是儒家之核心理念。它强调社会关系中人与人义务、权利的相互性，追求人与人之间建立和维持合宜的分工合作关系。

这种理念具有深刻的历史渊源，即封建制，又超越具体时代，而具有永恒的价值。孔子的正名理念是建立合理人际关系，也即建立秩序的一般性原理。伦理的根本作用是"正名"，法律的根本作用也是"正名"。比如，婚姻法、财产权法、商法会详尽地规定一个人在特定的人际、财产、交易关系中的地位，这就是"名"。这个名伴随着相应的义务，各方应履行义务。要求对方履行义务，就构成了权利。刑法会规定"刑名"，这是对犯罪活动的定性，由此也就确定了他的法律责任。司法过程从本质上说就是正名，在双方纠纷的具体脉络中，确定一个人的法律之"名"，据此厘定他的权利–义务，并要求义务方履行义务。

在当下，正名同样具有重大的现实意义。对于当代中国社会的状况，恐怕没有几个人满意。这其中最为严重的问题，正在于无所不在的"名不正"，也就是齐景公所说的君不君，臣不臣，父不父，子不子。

孔子时代的君臣，今天可以做一个比较宽泛的理解，就是陌生人所组成的组织内部的上下级关系。公司、行政机关内都有君臣关系，君就是上司，臣就是下属。上司是一种社会角色，自然有其伦理性义务。上司履行这些义务，下属才会心悦诚服地尊重他们。今天人们看到的景象正是，领导没有领导的样子。诸多领导在台上讲一套、台下做一套：台上大讲反贪，台下大肆贪污；台上大讲道德，台下包养情妇。下属慑于威势，不得不表面奉迎，但心眼里一定鄙视这样的领导，对他们的指令也就未必认真执行，或者瞒或者骗。上行下效，下属自己也会同样败坏。由此出现君不君，臣不臣。就像孔子分析过的那样，这种混乱也会向下传递，民众对官员整体失去信任，官民关系紧张，从而进入君不君、臣不臣、民不民的状态。

当代中国的家庭关系也陷入混乱之中：父不父，子不子；父亲没有父亲的样子，儿子没有儿子的样子。这既有观念上的原因，也有社会结构上的原因，主要是强制一胎化政策导致家庭结构畸形。一胎化导致孩子的风险陡然上升，家庭不敢想象孩子有个三长两短的后果。同时，一胎化导致家庭结构高度同质化，家庭之间进行高度同质化的竞争，将全部剩余投入独生子女之养成。凡此种种，导致家庭内部长辈与孩子之间的关系发生逆转：孩子占据了主导位置，父母、祖父母、外祖父母全部围绕一个孩子活动，变成孩子的奴仆。在这种情况下，父母几乎不可能"教育"孩子，他们是在服侍孩子。由此，孩子的心灵趋向于放纵。这就是父不父，子不子。

在各个专业领域，同样存在名不正的问题，这一点清楚地反映在过去十年来，教师、医生等专业人员声誉急剧下跌之现象中。教师负责人的心灵教化，医生负责人的肉体健康，这样的角色自然要求他们具有相应的职业伦理，即"人义"。此前数千年，不论社会多么动荡，教师、医生都是社会中被人尊敬的人，因为其中大多数人员还大体能够遵守职业伦理。但二十世纪九十年代中期以来，商业化迅速侵入这两个行业，并与行政化纠缠在一起，学校、医院的运转机制扭曲，教师、医生的职业伦理意识也受到极大冲击。这样，教师、医生的不少行为就直接悖逆其伦理性义务。比如，为给医院创收，医生开药价昂贵的处方，令那些处于信息不对称状态的患者蒙受损失。这当然促使患者对医生的态度发生变化，医患关系迅速恶化，整个社会对医生的评价急剧恶化。医生不像医生的结果就是患者也不像患者，双方因此都蒙受了自己无法预料、无法承受的损失，既有精神的，也有物质的。

孔子的"君君，臣臣，父父，子子"之说早就指出了这种糟糕结局的发生逻辑。当然，孔子的"正名"思想也为人们走出这种困境指示了方向：必须通过制度变革和伦理教化，让处于各种社会关系中的人对自己的角色产生伦理自觉。道德关乎善恶，伦理则关乎自己所承担的角色的规范性要求。做医生，就应当努力具备医生的职业伦理；做教师，就应当努力具有教师的职业伦理；做父亲，就应当努力像一个父亲；做儿子，就应当努力像一个儿子。同样，做政治家，就应当努力地具有政治伦理；做公务员，就应当努力具有公务员伦理。这一切，都有待于个体的伦理自觉。伦理的自觉则发源于仁心的发动、道德的自觉。伦理的自觉立刻可以改变自己所在的特定社会关系，可以让社会中各种组织趋向于良性运转，不论是熟人组织如家庭、社区，还是陌生人的组织如企业、NGO（非政府组织）。由此，整个社会秩序也会好转，并且积累出推动重大制度变革的力量。

孔子洞见了这一秩序构建的秘密，因而得出结论重建优良治理秩序的事业，须由"正名"入手。面对今天的社会现状，我也要说："必也正名乎！"

【第二篇】
原"三纲"

　　前些年读书，备受一个疑问的困扰。

　　陈寅恪先生为纪念王国维先生，先后撰写过两篇文字。在清华大学为王观堂先生纪念碑所勒之铭文中，先生赞美王国维先生云："先生以一死见其独立自由之意志，非所论于一人之恩怨，一姓之兴亡……惟此独立之精神，自由之思想，历千万祀，与天壤而同久，共三光而永光。"[①]陈寅恪先生认为，王国维先生之自杀系身殉中国文化，此一行为正表现了独立之精神，自由之思想。

　　其后，先生又在《王观堂先生挽词》之序中说："凡一种文化，值其衰落之时，为此文化所化之人，必感苦痛。其表现此文化之程量愈宏，则其所受之苦痛亦愈甚。迨既达极深之度，殆非出于自杀，无以求一己之心安而义尽也。吾中国文化之定义，具于白虎通三纲六纪之说，其意义为抽象理想最高之境，犹希腊柏拉图所谓Idea者。"[②]

　　联系上文，陈寅恪以为，观堂先生所身殉之中国文化集中体现于《白虎通义》"三纲六纪"之说，而观堂先生为之殉难，正体现了"独立之精神，自由之思想"。或可推测，陈寅恪先生可能相信，《白虎通义》"三纲六纪"也具有独立之精神，自由之思想。

<hr/>

① 陈寅恪著，《金明馆丛稿二编》，北京生活·读书·新知三联书店，2001年，第246页。
② 陈寅恪著，《寒柳堂集》，寅恪先生诗存，上海古籍出版社，1980年，第6页。

　　然而，这两者难道不是冲突的吗？过去一百年间，从大学者到小青年，无不信心满满地声称，"三纲六纪"是所谓"封建礼教"之核心，是束缚、剥夺人之自由的理念、制度。

　　陈寅恪先生错了吗？这个问题令人百思而不得其解。而这两段话也是陈寅恪先生对中国文化所发表的最为抽象也最为重要的概括、判断。这论断能否成立？这个问题之答案将决定着，陈寅恪先生的历史洞察力是否可信。

　　当然，这样的疑惑也为我准确地理解"三纲"提供了重大线索。最近两年，因为研究华夏治理秩序史而研读《白虎通义》，借助关于封建制的研究结论，再联系陈寅恪先生的论断，"三纲"的内涵逐渐清晰地呈现出来，由此也大体明白了寅恪先生见解之闳通深邃。

三纲之第一义：针对六纪

　　《白虎通义》①之《三纲六纪》篇开宗明义地说：

　　三纲者，何谓也？谓君臣、父子、夫妇也。六纪者，谓诸父、兄弟、族人、诸舅、师长、朋友也。

　　据此，三纲、六纪就是九类人际关系。不过，纲、纪之名目也就表明，三纲与六纪有所不同：

　　故《含文嘉》曰："君为臣纲，父为子纲，夫为妻纲。"又曰："敬诸父兄，六纪道行，诸舅有义，族人有序，昆弟有亲，师长有尊，

---

① 本文所引《白虎通义》原文及注释，均见陈立撰，白虎通疏证，吴则虞点校，中华书局，1994年。

朋友有旧。"

这段话里分别谈及三纲、六纪，并提出了今人反复引用的三纲说。接下来讨论了纲、纪之间的关系：

何谓纲纪？纲者，张也；纪者，理也。大者为纲，小者为纪。所以张理上下，整齐人道也。人皆怀五常之性，有亲爱之心，是以纲纪为化，若罗网之有纪纲而万目张也。《诗》云："亹亹我王，纲纪四方"。

至少从字面上看，上面几段话表明，三纲似有两种不同的含义。第一种含义就是"君为臣纲，父为子纲，夫为妻纲"。其意思似乎是说，君臣、父子、夫妇之间存在着某种支配-服从的关系。今人正是据此而对三纲痛加批判的。

《白虎通义》接下来的解说则表明三纲六纪的另外一层含义：人际间存在多种类型的关系，但君臣、父子、夫妇这三对关系最为重要，构成其他人际关系之"纲"。此即纲举目张之"纲"，"纲"乃是相对于"纪"而言的。也即，在九种常见的人际关系中，相比较而言，"六纪"的重要性比"三纲"略低，在一定程度上可统属于三纲，下文明确地说：

六纪者，为三纲之纪者也。师长，君臣之纪也，以其皆成己也。诸父、兄弟，父子之纪也，以其有亲恩连也。诸舅、朋友，夫妇之纪也，以其皆有同志为己助也。

这段话清楚地说明六纪与三纲的关系。因此，"三纲六纪"连用，乃是凸现三纲相对于六纪的优先性。也即，这种说法旨在强调君臣、父子、夫妇三种人际关系在整个生活秩序中的重要性，治国者应当首先致力于处理这三种关系。

值得一提的是，这三种关系所涉及的人的属性各有不同：君臣为陌生人之间的公共性关系，父子、夫妇则属于家庭内部的私人性质之关系。《白虎通义》以君臣为首，反乎人们关于儒家的常识性认识。无数人都在说，儒家只关心血缘、亲属关系，而没有能力处理现代的"大社会""开放社会"中陌生人之间的关系。《白虎通义》文本驳斥了这一点。儒家清楚地知道，自己生活在"大社会"时代，要创造和维持优良的社会治理秩序，首先需要在陌生人之间建立健全的关系。基于这种认识，儒家把君臣关系当成优先问题予以讨论——这里的君臣，当然不仅仅是政治上的，也包括其他领域陌生人之间的尊卑关系：组织内部必有尊卑，有管理者-被管理者之别，这就是君臣。当然，儒家学说对于君臣的思考仍集中于政府内部之君臣关系。

对上面揭示的三纲之义，人们可能并无多大疑义。真正引起今人争议的问题乃是三纲内部双方之关系。人们相信：儒家所构想的君与臣、父与子、夫与妇之间的关系是不平等的，是无条件的命令-服从关系。不过，研究《白虎通义》文本就会发现，这样的看法是错误的。

纲：相兼与相合

既然三纲乃是六纪之纲，《白虎通义》接着讨论"三纲"之性质：

君臣、父子、夫妇，六人也。所以称三纲何？一阴一阳谓之道，阳得阴而成，阴得阳而序，刚柔相配，故六人为三纲。

这里开始进入君臣、父子、夫妇三对关系的内部，阐明双方的应然性关系。此处运用"阴阳说"刻画君与臣、父与子、夫与妇的关系，而这就对三对社会关系的性质给出了界定。

　　在阴阳说中，阳与阴之间并非支配–服从关系。《周易》"乾"与"坤"作为阳与阴的两大标本，就绝非这种关系。这两者的内在属性确实有所不同，比如，阳较为主动，而阴较为被动，如"乾"卦之《象辞》云："大哉乾元，万物资始，乃统天。"而"坤"卦之《象辞》曰："至哉坤元，万物资生，乃顺承天。"尽管如此，阳与阴是相反而相成的两种力量，如《系辞上》所谓"乾知大始，坤作成物"。任何事物，唯有借助于阴阳之合作，才能存在并保持稳定。

　　《白虎通义》也正是依此立论的：一阴一阳，共同显现了道。离开了阴，单有阳，任何事物不可能有所成。单有阴，而没有阳的主动性，事物也不可能形成内在秩序。所以，君与臣、父与子、夫与妇之间的正确关系乃是"刚柔相配"，而非单向的支配–服从关系。

　　这里的"配"，有合而协同之义，董仲舒在《春秋繁露·基义篇》中对此有更为深入的论说：

　　凡物必有合。合必有上，必有下；必有左，必有右；必有前，必有后；必有表，必有里。有美，必有恶；有顺，必有逆；有喜，必有怒；有寒，必有暑；有昼，必有夜。此皆其合也。阴者，阳之合；妻者，夫之合；子者，父之合；臣者，君之合。物莫无合，而合各有阴阳。

　　阳兼于阴，阴兼于阳。夫兼于妻，妻兼于夫。父兼于子，子兼于父。君兼于臣，臣兼于君。君臣、父子、夫妇之义，皆取诸阴阳之道。君为阳，臣为阴；父为阳，子为阴；夫为阳，妻为阴。阴道无所独行。其始也不得专起，其终也不得分功，有所兼之义。是故，臣兼功于君，子兼功于父，妻兼功于夫，阴兼功于阳，地兼功于天。

　　君臣、父子、夫妇乃是"相兼"而又"相合"的关系，这是从阴阳关系中引申出来的。阴和阳是构成事物的两个基本作用力，"合"的意思就是，唯有合此二者，事物才可以存在，并具有其正当的功用。

"兼"则阐明了合的两种力的关系，这两个力因其内在性质的不同而具有不同的属性，因而在事物的构成中分别扮演不同角色，一个较为主动而有力，一个较为深厚而被动。双方的"相合"表明了君臣、父子、夫妻双方的相互依赖性，因而也就表明了其平等性，由此而形成合作的内在倾向。相兼则表明了双方对于事物之成立和功用，所发挥的作用之不同，及由此而形成地位上的差异。

也就是说，汉儒相信，君臣、父子、夫妇这三对关系中，双方的角色、地位是有所不同的。这一点其实非常正常。陌生人组成的组织要维系生存、正常运作，需要其成员形成一定的角色分工，各人在公共机构中所处的位置不同，而形成君与臣，两者的权威必有大有小。在熟人社会中，父子有血缘上的先后次序，夫妇有性别上的不同，因而，其在家庭中所扮演的角色当然也就各不相同。这种不同不是不平等，而是不同。事实上，汉儒相信，君臣、父子、夫妇双方在道德上、人格上是平等的。由此，他们才能够形成合作关系。他们必须相互合作，才能各自成就自我，最终成就国、家，并维持秩序，正常运转。

这就是《白虎通义》所引《含文嘉》"君为臣纲、父为子纲、夫为妇纲"的真实含义。在汉儒那里，所谓君为臣纲之"纲"只是说，在君臣关系中，君较为主动，臣较为被动。此即"相兼"义。但是，君臣双方只有"相合"，才有君臣关系可言。父子、夫妇的关系同样如此。此即相合之义。相合而又相兼，才有刚柔相配。

君臣、父子、夫妇

有人可能觉得，上述结论完全是从阴阳说推论出来的，不大可信。似乎就是针对这样的疑惑，接下来，《白虎通义》对于三纲内部双方关系的性质逐一进行了讨论。首先是君臣关系：

君臣者，何谓也？君，群也，群下之所归心也。臣者，缠坚也，厉志自坚固也。

"君，群也"，这是儒家对君的经典解释，见之于多种经典，《白虎通义》也多次重复。在儒家看来，有组织，就须有君，而君就是为了组织而存在的。君之所以为君，完全是因为他具有较为高明的"合群"之技艺，用现代话语说，他具有高明的领导力。这就是君道。由此，群下归心，也即人们自愿地服从于他的权威——请注意，我说的是权威而非权力。这就是臣道。

从这个角度看，君确实为臣之纲。在君臣关系中，当然是君领导臣，而不是臣领导君。问题的关键在于，君必须具有君之德与能，而获得臣之自愿服从。在此，君守君道，臣守臣道。这一点对于组织、对于共同体的创造和维系是至关重要的。

儒家反复强调这一点：君臣之间绝非依靠暴力建立关系，而是基于自愿原则。上一篇提到过"君臣以义而合"，这是儒家认定的君臣关系的基本原则：君臣双方的关系与父子关系不同。父子关系是自然的，不可能真正切断。君臣关系却是人为的，可以自愿选择，双方合则留，不合则去。君如果放纵欲望、意志，丧失合群能力，臣也就自然地可以解除与君的关系。孔子说过的"君使臣以礼，臣事君以忠"，以及孟子所说的"君有过则谏，反复之而不听，则去"，表达的就是这个意思。人们非常熟悉的《诗经·魏风·硕鼠》"逝将去汝，适彼乐土"一句，就是描述君没有使臣以礼、臣决定解除君臣关系而离去的情景。《白虎通义·谏诤篇》引用了这句诗，表达了对于君臣关系的同样看法，尽管稍微隐晦一些。君臣关系解体对于共同体而言当然不是一件好事，共同体可能陷入混乱。但是，这责任要由君来承担，君为臣纲的逻辑结论就是，君拥有权威，故君承担主要责任。

总之，《白虎通义》中"君为臣纲"的意思绝不是君臣之间乃是绝对的命令–服从关系，相反，双方乃是以义而合的自愿性契约关系，均须承担对对方之责任，如此才可以维系双方关系。

接下来，《白虎通义》讨论父子关系：

> 父子者，何谓也？父者，矩也，以法度教子也；子者，孳也，孳孳无已也。故《孝经》曰：父有争子，则身不陷于不义。

这段论说非常有趣。因为血缘上的原因，而有了"父为子纲"，父亲当然拥有对于儿子的某种权利，比如，父亲可以教导儿子。但是，《白虎通义》清楚地指出，父亲的责任是以"法度"教育子女，把社会普遍而客观的伦理、规范、规则告诉孩子，以便他未来很好地适应社会生活。父亲绝不可滥用自己对孩子的权威，放纵自己的欲望和意志，把自己的好恶强加于孩子。

最有意思的是，这里引用了"争子"概念。争者，诤也，这也就相当于君臣关系中的谏诤。换言之，《白虎通义》绝不认为子女必须无条件地服从父亲。反过来，子女倒有辅佐、帮助父亲的权利，或者也可以说是义务，对于父亲的不正当做法，子女是可以"谏"的。

由此可以清楚地看出《白虎通义》的基本立场：君和父的权威都不是自然的，而是德行的产物。君必须具有合群的能力，臣才会服从之。父亲以法度教导子女，才算是尽到了父亲的责任，由此子女未来可以健康成长，这一点是父亲获得子女信服的基础。

更重要的是，《白虎通义》也相信，在君臣、父子关系中，君、父虽然处于尊的位置，但这个位置并不保证他们不犯错误。相反，《白虎通义》专门讨论了臣子矫正君父错误的必要性。这表明了儒家对人心的冷静看法：人人都可能犯错误，处在权威位置上的人也不例外。

据此完全可以推论，《白虎通义》相信，君父不当享有绝对的权力和权威。他们要扮演好自己的角色，就需要遵守规则；他们也需要对方的扶助：君必须依赖臣的谏诤，父也必须听取子女的谏诤。那也可以说，反过来，君必须尊重臣，父必须尊重子女。有些时候，臣完全可能比君更正确，子也完全可能比父更正确。这个时候，君父就应当服从臣子。决定性因素是谁正确，而不是谁的地位高。儒家把双方置于义、置于道之下。如此，则相互尊重，各尽义务，就是双方相处的正道。唯有君臣、父子双方相互尊重，相互扶持，才可相互成就自我，最终成就国与家。

接下来，《白虎通义》讨论夫妇一纲：

> 夫妇者，何谓也？夫者，扶也，以道扶接也。妇者，服也，以礼屈服也。《昏礼》曰："夫亲脱妇之缨。"《传》曰："夫妇判合也。"

在夫妇关系中，由于生理、心理上的自然差异，夫居于主动地位，因而，丈夫需要"扶接"妻子。与后世的理解正好相反，这是对丈夫施加了一个伦理义务。《白虎通义》也清楚地指出，丈夫须以"道"扶接妻子。这个道的最浅层次的意思就是合理、正确的方式，比如，丈夫对妻子的扶接，绝不可让妻子感到卑下。

反过来，妻子也应当对丈夫、对家庭承担相应的义务。这种义务究竟是什么？《白虎通义》的文本首先说，妻子应当"服"。在古语中，"服"通常是承担某种职事的意思。《说文解字·女部》："妇，服也，从女，持帚洒扫也。"《释名·释亲属》："妇，服也，服家事也。"这种解释阐明了夫妇分工之义：丈夫主于家之外，妻子主于家之内。这是妻子的责任，妻子应当承担管理家内事务的责任。反过来看，这也是妻子的权利。在礼所划定的范围内，妻子可以自主地管理家事，对此，丈夫不得随意干预。

《白虎通义》接下来又说"以礼屈服"，这可能是指屈服于丈夫，服从于丈夫的权威。这一点，对于家庭这个组织的存在和维系而言是必要的。但是，《白虎通义》在强调妻子这种义务的同时，又为其提供了一个权利的保障：这种屈服只限于礼的范围内。即便妻子需要服从丈夫，或者说，丈夫对妻子拥有某种权威，丈夫也必须在礼所划定的范围内，按照礼所规定的方式行使这种权威。这一规范让我们立刻联想到孔子对君臣关系的说明："君使臣以礼，臣事君以忠。"

最有趣的是，《白虎通义》接下来强调了夫妻之平等，这一点体现在此处所引一个婚礼仪式中。孔子关于婚礼的讨论，集中于《礼记·哀公问》，孔子强调的重点乃是"亲迎"之礼。所谓"亲迎"就是新郎亲自去接新娘，按照《诗经·大雅·大明》，此为周文王所立之先例，因而构成周代最为重要的法度之一。此处未引亲迎之礼，而引用了"亲脱"之礼，但其制度含义是相同的。亲脱仪式突出了夫妇之平等，两人乃是基于道、礼而结合成为一个平等的共同体的性质。

儒家清楚地知道，夫妻关系既不同于君臣关系，也不同于父子关系。君臣有尊卑之分，父子有长幼之序，夫妻两人却是平等的。《释名·释亲属》明确地说："夫妻者，匹敌之义也"，"匹""敌"均为"偶"之意，夫妻乃是对等之匹偶也。《春秋公羊传·庄公二十四年》关于鲁庄公与齐姜氏婚姻的经、传、解，清楚地说明了儒家对于夫妇关系的理解：

秋，公至自齐。八月，丁丑，夫人姜氏入。

传：其言入何？难也。其言日何？难也。其难奈何？夫人不偻，不可使入。与公有所约，然后入。

何休解：偻，疾也，齐人语。约，约远媵妾也。夫人稽留，不肯疾顺公，不可使即入。公至后与公约，定八月丁丑乃入，故为难辞也。夫人要公不为大恶者，妻事夫有四义：鸡鸣缫笄而朝，君臣之礼也；三年恻隐，父子之恩也；图安危可否，兄弟之义也；枢机之内，寝席之上，朋友之道也。不可纯以君臣之义责之。[1]

---

[1] 《春秋公羊传注疏》，庄公卷第八。

　　齐国这个姜氏女子极有个性，她一定要与鲁庄公订立一个书面的婚前契约，才肯归来。而《春秋》公羊学家认为，姜氏有权利这样做。东汉经学家何休对夫妻关系的界定最有意思。在他看来，夫妇关系中融合了封建的君臣、父子、兄弟、朋友四重关系。总体来说，夫妇关系乃是具有十分亲密之身体接触、情感联系的平等的朋友关系，也就是最为亲密的对等而一体之人际关系，尽管双方也有某种"相兼"关系。

　　由此论说，我们可以更为准确地理解《白虎通义》所引《丧服传》之语的含义："夫妻，一体也……夫妇，判合也。"判者，半也，伴也。夫妻各为婚姻中之一半，双方形成大体平等的伙伴关系。郑玄注曰："夫妇判合，礼同一体。"① 上天注定将要结合在一起的男女两个平等的人，通过契约而结合，组成一个相互合作的共同体——家。他们合理地分工，承担不同的职责，相互履行对对方的义务，如此则家庭必定兴旺。

　　夫妇关系如此相合而相兼的性质，乃是关于夫妻关系之平实的理想。令人惊讶的是，托克维尔看到美国人的夫妻关系也正是这样的。托克维尔说：

　　在欧洲，总有人混淆两性的不同属性，宣称不仅要让男性、女性实现平等，还要实现相同。他们让这一性承担另一性的职能，向他们施加相同的义务，赋予他们相同的权利。这些人在每个事情上拉平两性，工作、娱乐、公共事务。很容易想象，这样拼命让一个性别等同于另一个性别，必让两性同时遭受损害。如此粗暴地混淆造物主的作品，必会形成软弱的男性和不诚实的女性。

　　这可不是美国人理解的可在女人与男人之间建立的那种民主的平等。他们认为，既然造物主在男人和女人的身体和精神构造上确立了那么大的差异，造物主显然呈现了这样的目的：让他们的不同天赋各得其所。他们认定，进步不在于把不同的事物弄成同一种，而是要让他们在最大限度上完

---

① 《毛诗正义》，卷第十六，十六之二。

成自己的使命。美国人把支配今日政治经济学的那个伟大原则运用于两性，他们仔细地划分男人和女人的职责，由此较好地实现了社会之良好运转。①

美国人追求自由，也追求政治上的平等。但是，他们没有把平等的追求扯进夫妻关系中，他们相信，男女应当不同：

美国是世界上最为持续地关注为两性划出清晰分界线的国家，在那里，人们希望，双方同步前进，但应当沿着不同的路径。你不会看到美国妇女承揽家庭以外的事务，经商，或者最终进入政界。你也不会看到，有妇女被迫从事耕地这样的苦活，或者需要强壮体力的其他艰难劳作。没有一个家庭会穷到不遵守这个规则。②

夫妻不仅不同，家庭内部还存在男性的权威：

美国人从来不会想象，实行民主原则之结果乃是颠覆丈夫之权威，他们认为，每个社团要有效运转，就需要一位首领，而夫妻社团的天然首领就是男人。因此，他们从不否认后者指挥其伙伴的权利。他们相信，一如在大型的政治社会中，在夫妻组成的这个小型社团中，民主制的目标是管理必要的权利，并让他们具有正当性，而不是摧毁一切的权利。③

这就是董仲舒所说的夫妻关系中"相兼"的一面，具有平等理念的美国妇女乐于承认丈夫的权威：

① Alexis de Tocqueville, Democracy in America, edited by Eduardo Nolla; translated from the French by James T. Schleifer, Liberty Fund, 2010, vol.4, p.1063。
② Democracy in America, vol.4, p.1064。
③ Democracy in America, vol.4, p.1064。

　　我从来没有见到过，美国妇女觉得丈夫的权威是对她们权利的巧妙僭夺，或者她们相信服从这种权威是丢脸的。相反，我似乎看到，她们以自愿服从丈夫的意愿为荣，她们主动地就范而不是逃避它，且以此表现自己的高贵。这至少是那些最有德行的妇女所呈现之情感。其他人保持沉默，而在美国，你不会听到那些不忠的妻子肆意践踏她自己最神圣的义务，而又吵吵闹闹地主张妇女的权利。①

　　至少在托克维尔眼里，已经处于现代性之中的美国人关于夫妻关系的看法，与儒家暗合。这说明，儒家确实洞察到了夫妻关系之健全的应然状态。

三纲：自由人以义而合

　　总结一下：《白虎通义》之三纲六纪说阐明，君臣、父子、夫妇乃是三种最为重要的人际关系，三纲为六纪之本。其次，三纲说阐明了这三种关系的构造和维系均基于以下三条相互关联的基本原则：

　　第一原则：双方乃是基于某种普遍的公正规则而结合的，此为六人"相合"之道。就君臣关系而言，这一点是十分清楚的：君臣双方的关系乃是人造的，故纯粹"以义而合"。父子具有血缘关系，这一点当然是无可更改的。但双方一旦进入社会生活场域，其关系就至少部分地是人造的：父以法度教子。至于夫妇之间，也是以道、以礼相合。据此，三纲所涉及的六人，不论处于何种位置，都在普遍规则之约束下，而不可放纵自己的欲望、意志。他们的关系也因此种普遍规则的控制和约束而可稳定地维系。

---

① Democracy in America，vol.4，p.1064—1065.

　　第二原则：在君臣、父子、夫妇关系中，双方的内在属性各不相同，因而在共同体中分别扮演不同角色。大体上，在两人之间，一方较为主动，另一方较为被动，此即董仲舒所谓"相兼"之义。"君为臣纲，父为子纲，夫为妻纲"也侧重于强调这个意思。

　　第三原则：尽管双方的角色不同，但君臣、父子、夫妇终究属于同一个伦理与利益共同体中相互合作的双方，因而，双方应当相互扶持，由此而相互成就各自的角色，并成就共同的事业。如果不能相互扶持，那双方都将不能成就自我，共同的事业也就无法持续。《白虎通义》尤其强调了居于主动位置的君、父、夫的义务：他们应当克制自己的骄傲，尊重臣、子、妇，让他们发挥扶助自己之功。这是君、父、夫的伦理乃至法律责任。

　　由此可以看出，根据《白虎通义》，君臣、父子、夫妇三纲的基本关系就是"不同而合作"，或者说"分工而合作"。这种关系中的双方之权利－义务可能并不完全对等，但是，双方的权利－义务是相互的，尤其是伦理和法律同时保护双方。据此我们可以说，双方都是自由的。

　　"三纲"绝不意味着君臣、父子、夫妻之间乃是专制性质的关系，相反，这三对关系都是自由人之间"以义而合"的关系——也许，父子关系应当除外，而君臣、夫妇关系甚至都可以说是契约性关系。确实，种种自然和社会因素决定了君臣、父子、夫妇在各自共同体中所扮演的角色不同，但是，双方均受普遍的正义规则约束，必须对对方负责，相互扶持。六个自由人相互合作，从而构造和维持着国与家。

　　三纲为六纪之纲，上述六人间关系的性质决定着六纪中人际关系的性质。如果三纲也是自由人之间以义而合的关系，那么，整个社会中人与人之间的关系也就是以义而合的。人们所组成的各种共同体之间同样以义而合，最终形成一个社会的优良治理秩序。在这样的社会秩序中，每个人以尊严之身各尽其分，各得其所，相互合作。

　　这就是儒家关于人际关系的基本理想，这是一个伟大而永恒的理想。事实上，回到历史脉络中，我们要说，这不只是儒家的一个理想，也是一项法律要求。这是由《白虎通义》的性质所决定的。《后汉书·章帝本纪》记载，汉章帝"欲使诸儒共正经义，颇令学者得以自助……于是下太常，将、大夫、博士、议郎、郎官及诸生、诸儒会白虎观，讲议五经同异，使五官中郎将魏应承制问，侍中淳于恭奏，帝亲称制临决，如孝宣甘露石渠故事，作《白虎议奏》"。

皇帝之所以隆重地召集各方面人士，尤其是传承不同"家法"的诸儒，辩论儒家经义，乃是因为，董仲舒-汉武帝"更化"以后，"经义"就构成了汉人之"根本法（fundamental law）"，类似于今天的宪法，而其比宪法的内容更丰富，所有的实证法律、社会伦理、政策政令都受其支配。经义既然具有如此重大的现实意义，经义的分歧就必然导致政治纷争，所以，皇帝才下令召开白虎观会议，"共正经义"。这次会议其实是一次代表性相当广泛的制宪大会。诸儒就涉及社会治理各方面之经义展开激烈辩论，《白虎议奏》即是这次大会的辩论记录。班固择取诸儒之共同意见作《白虎通义》。"通义"之"通"，就是英格兰"普通法"一词中之"普通（common）"，意为各家公认、因而通行于天下的法度。

"三纲六纪"即为其中至关重要的法度。陈寅恪先生说，三纲六纪是中国文化之Idea，是最高抽象理想，诚然。事实上，我们可以说，它也是汉代的根本法，并深刻影响了后代。

而上面对三纲六纪文本的解读有助于解释，何以追求独立之精神、自由之思想而又热爱中国文化的陈寅恪先生，会把三纲六纪视为中国文化之Idea，又何以先生会认为，王国维先生身殉中国文化之举，体现了独立之精神、自由之思想。洞悉西方治理之道，又把握了中国文化之大脉络的陈寅恪先生必已意识到，三纲中的六个人均具有独立之精神、自由之思想，他们之间形成的人际关系是健全的。每个人都向对方履行义务，但同时也都保有自己的尊严。唯有这样的三纲六纪才值得王国维先生以身相殉，也值得陈寅恪先生以病弱单薄之身，于狂风巨浪中拼死守护。

陈寅恪先生于《王观堂先生挽词》之序中又说："夫纲纪本理想抽象之物，然不能不有所依托，以为具体表现之用。其所依托表现者，实为有形之社会制度"，此一制度或许正是笔者所探讨之士大夫与皇权共治体制。此一制度下的中国社会，固然不是现代的自由社会，但也绝非专制、不人道之社会。[①]作为其中之根本的"三纲"就决定了这一点。

但百年以来，人们不能正确理解"三纲"的内涵，甚或有意抹黑三纲，也就无法正确地认识传统中国社会制度中所存在的、哪怕只是部分地存在的有助于人的尊严与自由之制度，而以一个简单化的"专制"一言以蔽之。陈先生又谓：

　　自道光之季，迄乎今日，社会经济之制度，以外族之侵迫，致剧疾之变迁；纲纪之说，无所凭依……则此文化精神所凝聚之人，安得不与之共命而同尽，此观堂先生所以不得不死，遂为天下后世所极哀而深惜者也！

当陈寅恪先生写下这段文字的时候，其内心是充满痛苦的。由于上述对中国传统之简单认知，人们无意于为中国固有之抽象理想构造现代形态，而是鼓动全盘西化，走上激进之路。此后，传统固然被全盘摧毁，人们并没有得到理想的西化，反而一无所获，甚至更糟糕。

历尽劫波，我们恐怕不能不重回陈先生八十多年前所指示的路径，那就是，以谦卑的心态，面对先贤之文本和历史，重新认识三纲六纪这一中国文化之最高抽象理想的深刻内涵；进而在现代语境中，发掘古人的经验与智慧，旁引西人治理之术，重建其现代的制度实现形态，以重建人人保持尊严、享有自由，而又以义而合的健全的伦理、社会与政治秩序。此乃华夏文明的自我维新之道，也是唯一可能的现代化之道。

----

① 关于这一制度的简略描述，可参看姚中秋著，《华夏治理秩序史》，第一卷，天下，上册，海南出版社，2012年，第78—83页。

【第三篇】
礼教"吃人"乎？

　　"吃人的礼教"，这句话深深地铭刻在接受过一定程度教育的几代中国人的心灵，并支配着他们对儒家的认识。

　　这个词起码出现、流行于新文化运动中。1919年11月1日，四川文人吴虞在《新青年》第6卷第6号上发表《吃人与礼教》一文，高调提出这样的观点："我们如今应该明白了！吃人的就是讲礼教的！讲礼教的就是吃人的呀！"这篇文章在"吃人"和"礼教"之间画上等号，而新文化运动领袖胡适之先生盛赞吴虞为"只手打倒孔家店的老英雄"，吴氏之论断不胫而走。

　　此后，一拨又一拨人把一盆又一盆脏水泼到礼教之上：追求进步和个性解放的青年们争做冲破封建礼教的英雄，二十世纪二三十年代诸多小说以此为主题；民法的立法者们致力于破坏礼教；五十年代以来的社会政治运动总以礼教为攻击对象。近百年来，礼教持续地被妖魔化，变成一个无人不晓的贬义词。流风所及，今日知识分子提到礼教，仍不假思索地作痛心疾首状。

　　然而，"礼"究竟是什么？"教"又是什么？"礼教"究竟是什么？礼教在社会治理中究竟发挥着什么功能？礼教是否真的如文人控诉的那样严厉束缚人性？破除了礼教，人们是否就可以获得自由？

三代之礼治

首先来看"礼"。

礼可谓源远流长，三代之治就是礼治，其中尤以周的礼治秩序最为健全。孔子之"郁郁乎文哉"，就是赞美周礼的。那么，礼是什么？礼治是怎样运转的？我在《华夏治理秩序史》第二卷下册，依据古典经史文献，以数十万字的篇幅，对此进行了详尽讨论，诸君或可参考。

最简单地概括，礼就是习惯法。二十个世纪三十年代曾在伦敦师从哈耶克学习经济学、晚年曾翻译哈耶克所著《自由的宪章》的周德伟先生，曾说过这样一段话：

> 所谓礼者即由风俗习惯传统及人民接受之道德价值而成，亦即人民共同生活之规律，虽无法律之拘束力，但其普及于民间较之成文之法律不知高出若干倍，且唯其无拘束力，故能适时生长演变，以现代西方术语表示之，此乃私法系统（Private Law System），类似英国之判例法（Common Law）。[1]

这里所说的判例法就是普通法。欧洲学界的共识是，封建治理一定是习惯法之治，英格兰普通法就是习惯法的一种形态。周是封建制，周人所说的礼就是欧洲十世纪到十四五世纪封建时代所说的Law（法），它是共同体在漫长岁月中累积形成的习惯性规则体系。

三代，尤其是周的礼治，具有两大特征：第一，礼无所不在，人的一切公私活动都在礼的调整、管理之下。第二，礼无人不包，所有人

---

[1] 周德伟著，《自由哲学与中国圣学》，中国社会科学出版社，2004年，第121页。

均接受礼的管理，均在礼之下，无人例外，包括封建的各级君子也即贵族，包括地位最高的君——周王。

这两大特征决定了礼治就是礼的统治（Rule of Rites），一切权威，包括周王的权威都在礼之下。换言之，与反礼教的文人之说恰恰相反，周代的礼治十分接近宪政主义之核心制度——法治（Rule of Law），礼治其实具有强烈的宪政主义性质。

想想一个基本历史事实，就不会对这一说法感到吃惊：现代法治就是从英格兰封建的普通法传统发展而来。英格兰的法治是自由的保障，那么周的礼治呢？关于礼治的效果，《论语》记载孔子之弟子有子的一句话："礼之用，和为贵。先王之道，斯为美。"礼的功能就是达到众人之"和"。那么，"和"是什么意思呢？今天人们习惯于说，"和"是和谐，甚至有人说是"和稀泥"。

仔细思索就会发现，"和"的第一层含义应当是"协调"。礼的作用就是协调人际合作、交换关系。由此得到的效果乃是《周易·乾》"象"辞所说的"各正性命"，每个人各得其分。在这种"和"的整体秩序中的个体，就处于自由状态。关于礼治的效果，《礼记·礼运篇》最后的一大段话说得很具体：

故治国不以礼，犹无耜而耕也。为礼不本于义，犹耕而弗种也。为义而不讲之以学，犹种而弗耨也。讲之于学而不合之以仁，犹耨而弗获也。合之以仁而不安之以乐，犹获而弗食也。安之以乐而不达于顺，犹食而弗肥也。

四体既正，肤革充盈，人之肥也。父子笃，兄弟睦，夫妇和，家之肥也。大臣法，小臣廉，官职相序，君臣相正，国之肥也。天子以德为车，以乐为御；诸侯以礼相与，大夫以法相序；士以信相考，百姓以睦相守，天下之肥也。是谓大顺。大顺者，所以养生送死，事鬼神之常也。故事大积焉而不苑，并行而不缪，细行而不失；深而通，茂而有间；连而不相及也，动而不相害也。此顺之至也。

我最喜欢"连而不相及也，动而不相害也"，这是对哈耶克意义上的自由①的最佳定义：人们生活于共同体中，而非原子式存在——对这样的人，讨论自由是毫无意义的：自由对共同生活、展开合作与交换的一群人才是有意义而重要的。人们共同生活，但各有个性，并不相互替代，此即"连而不相及"。这也就是春秋时代子产等贤人论及的"和而不同"。人们相互合作、交往、交换，而不相互伤害，此即"动而不相害"。做到这一点的关键，乃是人人遵守正当行为规则，礼就是这样的正当行为规则。

所以，在周的礼治秩序下，人与人之间固然是不平等的，但每个人都是自由的。你觉得这是天方夜谭？那就想想孔子的生命状态吧，那难道不是自由？春秋战国时期的百家争鸣，其实完全拜封建的自由之所赐。再想想诸子百家中，可有一位出自秦国？没有。诸子百家皆出自东方六国。为什么？因为东方六国的封建制最为完整，封建的自由根深蒂固，即使到战国时代，也未完全消失，而这是思想尤其是观点自由传播、交流之制度保障。而秦国始终没有这样的自由传统，因为秦的封建化程度较低，又遭到商鞅等人的深入铲除。

总之，周代之礼治，就是人的尊严、自由与宪政制度之中国传统的大本大源。

汉以后之礼俗

春秋后期，礼崩乐坏，礼治秩序松动、崩溃，代之而起的是刑治秩

---

① 哈耶克说：自由就是"社会中人所受他人之强制尽最大可能被减少之状态"。（F. A. Hayek, The Constitution of Liberty, Routledge Classics, 2006, p.11）

序——它成熟于秦国。

礼治秩序中本来就有刑。任何规则，若欲维持其效力，就不能没有强制执行手段。刑就是礼治的强制执行手段。但在周代，刑是附属于礼的，而不能单独存在。到春秋后期，君子也即贵族群体败坏，庶民无法忍受而反抗。同时，强势卿大夫所控制的田邑、人民数量越来越多，礼治不敷使用。有些敏锐的君子乃开始强化本来只是附属于礼的刑的作用，当时发生了两个非常重要的事件：一是郑国子产做刑书，对此，晋国贤人叔向写信给子产表示强烈反对。但二十年后，晋国赵鞅也铸刑鼎。刑书、刑鼎就是刑律，由此一路发展，到战国初期，魏国李悝作《法经》。卫鞅——也即商鞅——携带它到秦国，被秦采用。在秦始皇兼有天下之后，刑治达到其极致——而秦也迅速灭亡。

秦之速亡，根源在刑治之无法克服的缺陷。礼是习惯法，礼就在人们的生活当中，用《中庸》的话说，"百姓日用而不知"。绝大多数人在绝大多数场合下无须思考而行动，就完全可以是"合礼"的。礼治在很大程度上就是人人自治其身，以及小共同体自治。如此，政府动用刑罚的概率是比较低的。因而，礼治的治理成本是较低的。

刑治与此不同。刑治的问题倒不在刑本身，而在于礼治崩溃后，基层社会没有发展出替代性自治机制。从商鞅开始，秦国为实现富国强兵的目标，致力于消灭社会自治。于是，秦制唯一的社会治理机制就是刑治。各级官员的职责就是为政府动员资源，对不服从者运用刑罚。没有社会自治的结果是，政府需要全面管理每个人。而同样是因为没有社会自治，人性之恶被释放出来。如此，政府就陷入控制的困局中，治理成本迅速上涨，最后土崩瓦解。

董仲舒–汉武帝进行之更化，本质是部分地废弃刑治体制，部分地恢复礼治，从而形成了一种礼–刑共治体制。

这里的礼，首先是皇家礼仪。叔孙通的主要贡献就在于为刘邦制定了各种皇家礼仪。《汉书》以后正史中都有《礼乐志》，这里的礼主要就是指皇家之礼仪。很多人因此而抨击叔孙通，说他这种做法强化了皇帝的权威。这种意见的预设是，皇帝用赤裸裸的暴力来建立政治秩序，才是最好的。梁山好汉大块吃肉、大碗喝酒，才是最好的政治。

司马迁可不同意这种看法，他称赞："叔孙通希世度务制礼，进退与时变化，卒为汉家儒宗。"[①]不要小看朝廷礼仪，它具有非常重要的政治价值，它让皇帝和大臣各自明白自己的本分，也即权利和义务，由此两者间的关系趋向正常化、规则化，从而抑制各自欲望、意志之横溢，而让政治秩序较为理性化。而这一点，对民众也有一定好处。即便是现代民主国家，公共生活也是需要庄严、甚至不乏繁琐之礼仪的。文明离不开礼仪，文明的政治同样离不开政治礼仪，以控制政治参与者的欲望和意志。

在基层社会，儒家所恢复之礼，则呈现为"礼俗"。《周礼·天官冢宰》记太宰之职有"以八则治都鄙"，"六曰礼俗，以驭其民"，郑玄注："礼俗、昏姻、丧纪旧所行也。"[②]礼俗就是规范人们日常生活的习惯性规则，既包括祭祀、婚姻之俗，也包括产权界定、工商交易之规则。也就是说，礼俗既涵盖熟人关系，也覆盖陌生人之间的关系。礼俗既有伦理性规范，也有习惯法意义上的法律规范。从某种意义上说，礼俗相当于西方意义的私法。

不过需要注意的是，礼俗不只是原生态的民众习惯，而是经由儒家士君子之熏染，渗入了儒家价值。底层人民如果缺乏士君子之提撕，其行为方式必趋向粗鄙、败坏，而不足以维持合理的社会秩序。在西北偏僻地方可看到这种情形，二十世纪八十年代很多文人却把"西北风"视为中国文化的代表。民俗必须精英之提升。

对这一点，儒家有清醒认识。《礼记·学记》开篇就说："君子如欲化民成俗，其必由学乎！"历史地看，礼俗之治的形成，乃与儒生

---

① 《史记》，卷九十九，刘敬叔孙通列传第三十九。
② 《周礼注疏》，卷二。

在西汉前中期的崛起同时而发生。这其中非常重要的一种机制是，儒学大师在民间聚徒讲学，这些弟子来自各地，.学成之后，又分散于社会。汉初开始，皇帝不断从各地征召孝廉方正、贤良文学，这就证明，社会中分散着一批儒生。这些儒家士人生活于基层社会，自我约束，以身作则，而以儒家价值提升基层习俗，这就是以学化民成俗。

另一方面，这些儒生被委任为官员后，也会积极地化民成俗，这就是《史记》开始专门列传的"循吏"群体：循吏的典范是韩延寿，据《汉书·赵尹韩张两王传》记载，韩延寿"少为郡文学"，因而接受系统的儒学训练，后来担任人口众多的颍川太守：

> 颍川多豪强，难治，国家常为选良二千石。先是，赵广汉为太守，患其俗多朋党，故构会吏民，令相告讦，一切以为聪明。颍川由是以为俗，民多怨仇。
>
> 延寿欲更改之，教以礼让。恐百姓不从，乃历召郡中长老为乡里所信向者数十人，设酒具食，亲与相对，接以礼意。人人问以谣俗，民所疾苦，为陈和睦亲爱、销除怨咎之路。长老皆以为便，可施行。因与议定嫁娶、丧祭仪品，略依古礼，不得过法。延寿于是令文学校官诸生皮弁执俎豆，为吏民行丧嫁娶礼。百姓遵用其教，卖偶车马下里伪物者，弃之市道。数年，徙为东郡太守，黄霸代延寿居颍川，霸因其迹而大治。
>
> 延寿为吏，上礼义，好古教化。所至必聘其贤士，以礼待用。广谋议，纳谏争。举行丧让财，表孝弟有行。修治学官，春秋乡射，陈钟鼓管弦，盛升降揖让，及都试讲武，设斧钺旌旗，习射御之事。治城郭，收赋租，先明布告其日，以期会为大事，吏民敬畏趋乡之。又置正、五长，相率以孝弟，不得舍奸人。闾里仟佰有非常，吏辄闻知，奸人莫敢入界。其始若烦，后吏无追捕之苦，民无笞楚之忧，皆便安之。

韩延寿树立了具有道德理想主义精神之儒家官员的治理典范。此后，历代都不乏这样的官员，人们所熟悉的大儒，比如程明道、朱子、陆九渊、王阳明，无不如此。而且，与今人之误解相反，他们普遍遵照孔子"先富后教"的治民之道，首先致力于"富民"，包括兴修水利，鼓励工商业等。在此之后，才致力于教民。这包括兴办学校，养成地方士人群体。之后，与士人合作，移风易俗，提升民众生活的文明程度，而创造和维持健全的地方秩序。①

两千多年来，经由分散于基层社会之儒生和出身儒家的各级官员的共同努力，基层社会的礼俗扎根神州大地，虽经各种厄难而生生不息。这样的礼俗就是规范基层人民日常生活的基础性伦理与法律规则。至关重要的是，儒生出身的地方官员信任这些礼俗，给这些礼俗以足够的治理空间。比如，人们都知道，明清时代，面对诸多琐碎争议，地方官通常会责令当事人回到社区，通过基层自治机制来解决。当然，必要时，地方官也会以政府的强制力执行这些礼俗。对地方官来说，这是控制治理成本的明智做法。

换言之，中华法律体系在三代呈现为礼治，其中包括刑；汉以后则呈现为皇家礼仪、礼俗与刑律共同治理之格局。政府所颁布的法律，只有礼典、刑律，现代人据此就说，中华法系没有民法，就是刑律主导。这样的看法当然是偏颇的。如此庞大的一个共同体，要维持基本的社会合作与商业交换秩序，怎么可能没有规范人身、婚姻、继承、产权、合同等事务的法律规范体系及其执行机制？只是，在两千年中，政府对此保持了立法的克制，而将其交给民间，并让民间自行执行，政府只是在必要时发挥辅助作用。实则，完整的中华法系以规范皇家、朝廷礼仪之礼典、规范行政体系之政典、规范人民普通行为之礼俗为基础，刑律不过是其中最不重要的辅助性部分而已。这也正是孔子所说的"道之以德，齐之以政"的治理模式。

---

① 关于循吏之执政、化俗模式，可参看余英时先生的名篇"汉代循吏与文化传播"，收入余英时著，《士与中国文化》，上海人民出版社，1987年。

"教"是什么

接下来讨论"教"。

中国人所说的教，尤其是儒家所说的教，基本没有宗教（Religion）之义，而指教化（Enlighten by Education or Cultivate）。教化就是教而化之，《周易·贲卦》"象"辞说"观乎人文，以化成天下"，"人文"就是人道之文，也即礼、礼俗，以及抽象地表达这些规则之文，也即"经"。教化就是教人以礼，使之知道并过上文明的生活方式。这就是礼教，礼教就是以礼或者礼俗进行教化，这包括君子之自我教化与教化民众，以变化风俗。

在周代，礼教就是礼乐之教，《礼记·经解篇》说："恭俭庄敬，《礼》教也。"这里的"礼"是与《诗》《书》《乐》《易》《春秋》相提并论的六经之一，大约是指以《仪礼》训练君子之威仪，进而塑造其敬慎之心灵。但可以推测，周代礼教也许主要通过乐教的方式进行。这样的礼教是华夏文明的最高成就，因为，礼教确实训练出一批又一批君子，他们普遍具有一定的德行、技艺和威仪，借此维护着周的社会秩序。关于这一点，笔者在《华夏治理秩序史》第二卷《君子》一章中有专门分析。

礼教崩溃之后，孔子开创了"学"，以六艺养成儒家士君子。从根本上说，儒家就是君子养成之学，而士君子是教化的社会前提。需要注意的是，儒家之学不是荀子说的"化性起伪"，而是孟子说的扩充人人既有之"四端"。只不过，有些人对四端的自觉程度较高，因而，"困而学之"，而求师、求道，成为君子。

这样的士君子再教化一般民众。这种教化当然包括兴学，儒家在传统社会承担着教育国民的功能，且主要教人以礼，洒扫、应对、进退之节，礼乐、射御、书数之文，父慈子孝之"人义"，仁、义、礼、智、信之伦常。这就是礼之教。

不过，儒家之教化，又见之于日常生活的实践中。士君子以学、以身教化本家子弟，而一个秩序井然的家自可对其他人产生表率作用。士君子又积极参与社区和地方公共事务。他们以仁爱之心发起各种公共活动，以礼义处理其中的人际关系，以理智寻找解决问题的方案，当然，他们也会信守承诺。由此，他们总是解决公共事务之事业与制度的发起者、组织者、领导者。普通乡民因此被组织起来，以各种方式参与其中，而感受仁、义、礼、智、信等德行之美。乡民同样有向善之心，君子言行对他是一种激励、鞭策，也向他示范了正确的行为模式，他也就自然地模仿，自己的外在行为模式与内在气质同时发生变"化"。这就是化成民俗的机制。

儒家官员也会利用自己的正式权威进行更有效率的教化。汉代循吏为此发明了"条教"，比如《汉书·循吏传》记载，黄霸为颍川太守："然后为条教，置父老、师帅、伍长，班行之于民间，劝以为善防奸之意，及务耕桑，节用殖财，种树畜养，去食谷马。米盐靡密，初若烦碎，然霸精力能推行之。"《晋书·殷仲堪传》也说：殷仲堪"领晋陵太守，居郡禁产子不举，久丧不葬，录父母以质亡叛者，所下条教甚有义理。"由此可以看出，"条教"就是地方官针对当地最为突出的不良民风，按儒家义理逐条列出矫治之规范，并通过民间自治性组织予以传播、实施，从而移风易俗。黄霸"力行教化而后诛罚"，汉宣帝乃下诏称扬曰："颍川太守霸，宣布诏令，百姓乡化，孝子、弟弟、贞妇、顺孙日以众多，田者让畔，道不拾遗，养视鳏寡，赡助贫穷，狱或八年亡重罪囚，吏民乡于教化，兴于行谊，可谓贤人君子矣。"

由此可以看出，教化的本质是，儒家士君子，不论在野的绅士、执政的官员，以"师"的自觉意识，通过言传或者身教，通过引入新规范，诱发民众之善心，推动地方之自治，从而改变风俗，让民众之间更好地协调彼此关系。教化的前提乃是余英时先生所说的儒家士大夫之"师儒"意识①。儒家士大夫更愿意以"师"的身份提高人民自我治理的能力。在他们的推动下，社会自治得以发育，社会基础性秩序得以改善。

不过，仅靠道德伦理之教化，是不足以维持基层社会之秩序的。任何有效的治理都需要某种形式、某种程度的强制执行机制。对违反礼俗之人，族内长老、绅士首先会晓之以情理，在必要时则予以强制。在明清时代，宗族治理以祠堂为中心，这个时候，祠堂就成为宗族的"法庭"，绅士、长老会按照程序，依据礼俗，审明是非，并对违反礼俗、侵害他人者，予以惩罚，包括送官惩治。

换言之，在传统社会，宗族不仅行使着广泛的公共事务管理权，也在一定范围内行使着司法权。这样的权威具有坚实的礼俗基础，也是政府承认的。它是乡村社会秩序的重要维护机制。

现代文人不明白共治体制之机制，视此为"私刑"而痛加斥责。他们不明白，祠堂之惩罚必然大体上是依照公认之程序、援用公认之礼俗进行的，否则就难以服众。尤其是，不服从者完全可以上告于官府，这一上诉机制对祠堂之处理施加了一个强有力的约束。因此，祠堂司法是具有公正性的，甚至高于官府。这种司法也构成教化的重要机制：通过司法进行伦理、礼俗之教化。

走出吴虞式的精神疾病

总结上面的讨论，在汉以后以迄明清基层社会，礼主要指礼俗，教就是教化。礼教可以分成两个层次，上层是儒家学者以学教化，养成君子，或者略低一个层次的绅士；下层是儒家士君子与绅士化成礼俗，让

---

① 余英时著，《士与中国文化》，第158页。

庶民也具有最基本的道德理论。由此，以儒家士君子、绅士为中心，依托种种自治性组织，国民中间形成和维持良好秩序。总之，礼教是一种社会自治机制，与主要依靠权力、暴力的刑政之治相对。它是汉以来中国社会治理之基础架构，是社会秩序的根本保障。

新文化运动期间的文人做出了完全错误的理解。不妨对吴虞的文章略作分析。吴虞关于吃人礼教之说，可能会让我们想到周树人的《狂人日记》："我翻开历史一查……这历史每页上都写着'仁义道德'几个字……仔细看了半夜，才从字缝里看出字来，满本都写着两个字是'吃人'。"吴虞文章只不过试图为那时的一些激进反传统文人之"礼教吃人"说寻找了几个历史注脚。

第一个例子，吴虞引《左传》关于齐桓公下拜周王之事，"据这样看来，齐侯是很讲礼教的。"随后又举易牙蒸子献进齐桓公之传说，乃大发议论：你看齐侯一面讲礼教，一面吃人肉，"好像如今讲礼学的人，家中淫盗都有，他反骂家庭不应该讲改革。表里相差，未免太远"。吴虞所举其他例子，大体都是这个调调，其基本结论不过是，那些讲礼教的人言行不一，很虚伪。事实上，一百年来，"虚伪"是所有文人攻击礼教的主要理据。

毫无疑问，在一个重礼教、重名教的社会中，肯定会有虚伪之人。对这一点，《后汉书》这样的正史也毫不讳言。因为，礼教作为社会自我治理机制，不可能借助暴力，而只能借助舆论杠杆发挥作用，也即通过表彰善行、谴责恶行的舆论，激励人们行善避恶。可以预料，大多数人是言行如一的，因为，在乡里社区长期相处，人们彼此熟知，很难长期掩饰真相。

再者，究竟何者为虚伪，何者为真情，并不容易判断。礼教之旨，如汉宋儒所说，乃在于节制人欲——注意，儒家从来不主张灭欲。宋儒所说的灭人欲，也只是从精微处而言。因此，礼教乃是一个贯穿于人生的持续过程，因为，不正当的欲望随时可能冲破义礼之防线而放纵出来。此时，礼的约束失效了。对照此前的宣示，此人即显得虚伪。

但此时，真正的问题何在？显然在于如何弥补礼教之失，使之更有效地约束人，因为，不正当欲望的放纵，对当事人、对相关各方都是不利的。即以吴虞所举齐桓公之事为例。齐桓公本不准备对周王行礼，这体现了桓公之人欲：骄傲。因为实力，他不把周王放在眼里。管仲则劝齐桓公依礼对待周王，这就是管仲"以礼教化"桓公。桓公听从管仲建议，从而维持了当时的礼治秩序。而这对齐国、对天下诸侯、对周王，进而对于天下万民，都是有利的，因为由此，齐桓公才得以联合华夏诸国攘除夷狄，才可以减少各国内部的祸乱。到了战国时代，没有礼了，也没有虚伪了，于是，各国毫不掩饰自己的罪恶，毫无节制地相互杀戮，尤其是秦国。由此，天下生灵涂炭。这一事实从反面说明了管仲教化齐桓公之功业是何等伟大。管仲去世后，齐桓公丧失了教化者，其欲望就放纵出来，就有了易牙蒸子进献之大恶。而因此，齐桓公不得善终，齐国陷入内乱。这里的问题恰恰在于，齐桓公缺乏教化。

吴虞所代表的文人却完全偏离问题的焦点，转而大谈"虚伪"，把礼教视为君主、圣贤所设的吃人的"圈套"。然而事实上，礼教乃是一种社会自治机制，对君主经常是不利的。比如，东汉后期士气高涨，士人正是以名节相砥砺，这正是名教最发达的时候，而这"士"气恰恰是针对皇权及其御用宦官的。明中后期士人之反皇权、宦官专制，同样依靠的是名教。

那么，我们不能不奇怪，吴虞为什么对礼教如此痛恨？这显然与其变态心理直接相关。[1]吴虞与父亲关系不好，以致成为仇敌，在日记中称父亲为"魔鬼"。[2]并将自己与父亲争讼的过程写成《家庭苦趣》，在报

---

[1] 冉云飞说，自己研究吴虞，"研究出一个病人"，冉云飞著，《吴虞和他生活的民国时代》，山东人民出版社，2009年。

[2] 他曾在黄帝纪元四千六百九年十月十五日日记中写道："魔鬼一早下乡。心术之坏如此，亦孔教之力使然也。"（《吴虞日记》上册，中国革命博物馆整理，四川人民出版社，1984年，第6页）

纸上张扬。就是这样一个精神变态之人，却被胡适之先生称赞为"老英雄"。同样积极反礼教的陈独秀，私人生活也极为混乱。

凡此种种极具象征意义："吃人礼教"之说，实乃现代文人精神疾病发作下的胡言乱语。面对强大的西方，面对共和成立后民主巩固期的暂时挫折，缺乏足够知识、智慧的文人陷入焦虑之中，无法排解，而试图通过全盘否定传统，寻找一个无从辩解的替罪羊，缓解内心的焦虑。

新文化运动文人冲决礼教网罗的呼吁，最多只是激发了一些思春青年的情欲勃发而已，他们冲破礼教，走向性乱。他们也因此总是做出荒唐的政治判断。二十世纪五十年代之后，治国者继承了激进文人的意愿，用权力摧毁文人们所抨击的吃人的礼教。这样，源远流长的中国传统礼俗遭到相当彻底的破坏。

值得追问的问题是：中国人果真因此而获得了新文化运动文人所允诺的自由了吗？当然没有。礼教崩溃意味着，社会自我治理体系不再存在，所有人被编织到权力直接控制的体系中。诸多当年的反礼教英雄，也被这个体系吞噬了。

这个冷酷的事实说明，礼教并不吃人，没有礼教的治理架构才会吃人。没有礼之教化，人就会物化，丝毫不遮掩自己的欲望、力量，为了满足无尽的欲望而毫不留情地相互伤害。没有礼教，权力也会肆无忌惮。礼教也许确实不能让文人、青年们享有绝对的自由，但通过摧毁礼教追求绝对自由之结果，则是绝对的不自由。

到今天，经过百年批判、摧毁，五千年礼仪之邦已成人情冷漠、礼仪沦丧之地，就这一点而言，我们处在与战国、五代相近的时代：礼崩乐坏。即便有些知识分子还有反礼教的雄心，其实也没有礼教可反了。当年，胡适、吴虞反礼教，还有意义，因为那个时代还有礼教，今天，礼何在？礼教何在？负责任的中国人在这个时代要思考的问题应当是：礼教何时能够重建，如何重建？

〖第四篇〗
宗族就是公民社会组织

　　儒家士君子在社会层面的自我治理，主要依托于宗族制度。流传百年的"吃人礼教"之说，也正与想象的宗族之恶紧密相关。直到今天，很多人，尤其是官员、知识分子，对宗族依然持严厉批判态度。比如，讨论村民自治的文献，经常把"宗族势力"列为应当予以防范、压制的力量。受此百年偏见影响，整个文化–政治体制对宗族在当下的微弱复兴，保持警惕态度。

　　那么，宗族究竟是怎么回事？宗族的价值究竟何在？宗族是否妨碍自治、民主？本篇拟对此略作辨析。

宗法的真实含义

　　现代知识分子谈论中国历史之黑暗，一定会扯进"宗法"。宗法制被认为是"封建专制"的象征。当然，"封建专制"一词本身就是十分荒唐的，如此评论宗法，只能说明批判者的无知与粗鄙。

　　那么，"宗法"是一种什么样的制度？我在《华夏治理秩序史》第二卷上册第二章《契约或血缘》中，对周代宗法制的真实含义有详尽剖析，诸君或可参考。

　　先须知道，在古代语言中，"宗"与"族"词义不同，描述两个性质不同的社会组织机制。《白虎通义·宗族篇》说：

> 宗者，何谓也？宗者，尊也，为先祖主者，宗人之所尊也……
>
> 族者何也？族者，凑也，聚也，谓恩爱相流凑也……生相亲爱，死相哀痛，有会聚之道，故谓之族。

"宗"强调权威，"族"强调情感联系、共同体感。我们需要记住，宗法大体上只涉及前者。我们还是回到三代、尤其是周的封建的世界中来理解宗法吧。

在周代，人们生活在小型封建共同体中，最基本的单位是"家"。家有其首领"大夫"，是为君。后世只有国家最高领导人可称为君，但在封建时代，每个共同体的领导人都可称为"君"。家之领导人是君，诸侯也是君，周王也是一个君。一个家是一个组织，组织要维护其生存与繁荣，就需要维护君的权威——当然，也需要约束之，这两者缺一不可。宗法其实就是树立和维护君的权威的法度，宗法者，关于宗之法度也。

那么，宗法的要义是什么？宗法之要旨在于别尊卑。今人普遍以为，周代宗法是由血亲关系决定政治关系。事实与此正好相反，宗法的目的是切断族内之人与宗子的血亲关系，把情感性私人血亲关系转换为公共性君臣关系。

为什么会这样？只要清楚了家的性质，就不难明白这一点。封建时代的家，性质与后世的家完全不同，虽然是同一个字。周代家的范围要比后世大很多，其实更类似于一个地缘性组织，其中既有具有血亲关系之人，也包括非血亲关系之人。站在君的立场上，家内成员可分为两拨：一拨与自己有血缘关系，尤其是自己的父母、叔伯、兄弟等近亲，君与他们之间有深厚的情感，这是很自然的。另一拨人则与自己没有这种关系，或者即使有，也很疏远，因而没有情感。

那么，如何组织这个家？作为家之首领的君、大夫，或者古人所说的"宗子"，怎么做才能在这样一个家内维持优良治理秩序？按照人之常情，君一定会偏爱自己的亲人，甚至为了他们而牺牲其他人的权利和利益。现代人也正是这样理解宗法的。但这么做，真的合乎君的利益吗？与自己有血亲关系的人享有特权，没有血亲关系的人当然会不满甚至反对，家内秩序将会陷入混乱，甚至相互残杀。

恐怕正是经历了无数这类教训，先人们终于形成了"宗法"制。家内优良治理的首要前提是掌握着权威的君公平对待家内所有人，更具体地说，君不能照顾自己的亲属。宗法正是对君的亲属们的一种伦理和法律要求，其精髓在《礼记·大传》所说"族人不得以其戚戚君位也"与"别子为祖，继别为宗"两句话中。

让我们虚拟一个例子来说明这两句话。假定鲁侯有三个儿子，现在他死了，其中一个，比如老大，继嗣君位，成为新鲁侯。宗法制要解决的问题是，新鲁侯与他的两个弟弟及其他近亲属的关系。

宗法制首先要求，新君的这些亲属必须切断自己与新君的关系，他们不能再把坐在君位上的那个人当成自己的儿子、侄子、兄长。对于他们来说，这个人相对于他们的角色已发生根本变化：这个人只是他们的君。现在，他们之间的关系不再是私人性质的亲属关系，而是公共性的君臣关系。他们之间不再是爱的情感关系，而是命令–服从的法律性关系。

《仪礼·丧服传》又说："诸侯之子称公子，公子不得祢先君……此自卑别于尊者也。"那两个没有继嗣君位的公子，不得单独祭祀自己的父亲。这一点一定让今天那些谈论宗法制的人大跌眼镜。但道理并不复杂，治国的权威原来在旧君身上，现在，它已经完整地传承给新君。只有新君可以祭祀旧君，这一规定保证了君之权威的完整性。

其实，对新君来说，只能他独家祭祀的那个人，也首先是自己的旧君，而非他的父亲。对那两个公子来说，同样如此，那个人是他们的旧君。从理论上说，即便那个人不是他父亲，新君也必须祭祀之。他祭祀的不是私人关系中的父亲，而是君位的权威本身。

在此基础上形成"别子为祖"规范。新君如果册封他的弟弟为大夫，这个弟弟将可以自己立"家"，这个弟弟就成为他自己的家之始祖，自成系统，未来继嗣他的君位的人要祭祀他。

由此可以看出，宗法制的真正作用是弱化君的私人性，强化其公共性。也就是说，要把君从私人亲属关系中剥离出来，让他成为共同体内所有人的公共之君，同等地对待所有人。先人们清楚，只有这样，才能避免亲属血缘关系支配政治关系，才能避免任人唯亲，保持治理的公平性。也就是说，宗法的目的与现代人理解的正好相反，它是要从政治领域中驱除血缘关系。

既然君是公共性的，则兄弟、叔侄对新君就都是臣，他们需要与新君订立契约，才能获得名位。由此，整个共同体就是通过契约的方式建立的。也即，宗法与封建君臣关系之契约性，互为表里。如此约束血亲关系的宗法制，让共同体具有了容纳陌生人的能力。

这一点，正是周人兴起并构建了一个庞大天下的制度原因。周的天下之所以不断扩展，就是因为，周人完成了从"亲亲"到"尊尊"的转化。尊尊就是宗宗，就是所有人把君只当成君对待，而不可当成兄长、叔叔。由此，周人找到了容纳血缘之外的陌生人的理性制度安排：通过契约的权利–义务安排，任何人都可以与君建立君臣关系，成为共同体成员。

因此，周人建立宗法，意味着华夏治理之道的一次伟大跃迁：华夏族民找到了超越血缘的陌生人之间共同生活、繁荣的合群之道。

秦式核心小家庭

周的封建制在战国时代崩溃。中国人开始普遍生活于核心小家庭中。孟子等诸子百家经常谈论"五口之家"云云，这是现代社会学家所谈论的典型的核心家庭规模。足够现代吧？总有文人控诉中国式"大家庭"，人们以为，中国传统社会就是大家庭组成的。但绝非自来如此。我们可以把战国、秦时的五口之家称为"秦式家庭"，基本上就是父母与未成年子女共同生活，成年女子出嫁，儿子分居。

因此可以说，战国、秦时，人们是以原子化方式存在的，政府通过复杂的基层权力体系直接统治每个人。那个时代的人们倒确实完全受个人主义价值观支配：每个人只想着自己，家人之间甚至都是以利益计算而联结的。不妨看苏秦的例子，《史记·苏秦列传》这样记载：

苏秦者，东周雒阳人也。东事师于齐，而习之于鬼谷先生。

出游数岁，大困而归。兄弟、嫂妹、妻妾窃皆笑之，曰："周人之俗，治产业，力工商，逐什二以为务。今子释本而事口舌，困，不亦宜乎！"苏秦闻之而惭，自伤，乃闭室不出，出其书遍观之。曰："夫士业已屈首受书，而不能以取尊荣，虽多亦奚以为！"于是得周书阴符，伏而读之。期年，以出揣摩，曰："此可以说当世之君矣。"

苏秦的兄弟姐妹们以利为荣，对困穷的苏秦极尽嘲笑。苏秦受此刺激，乃发愤寻找发迹之术。说服六国合纵的伟大战略构想，不过是苏秦追求个人利益的一个策略而已：

于是六国从合而并力焉。苏秦为从约长，并相六国。

北报赵王，乃行过雒阳。车骑辎重，诸侯各发使送之甚众，疑（拟）于王者。周显王闻之恐惧，除道，使人郊劳。苏秦之昆弟妻嫂侧目不敢仰视，俯伏侍取食。苏秦笑谓其嫂曰："何前倨而后恭也？"嫂委蛇蒲服，以面掩地而谢曰："见季子位高金多也。"苏秦喟然叹曰："此一人之身，富贵则亲戚畏惧，贫贱则轻易之，况众人乎！且使我有雒阳负郭田二顷，吾岂能佩六国相印乎！"

苏秦和他那个时代的人确实是纯粹的"理性经济人"，他们以物质性利益来评价人生成败。让人吃惊的是，在苏秦与他的家人之间似乎看不到亲情，而只有利益。贾谊曾在《新书·时变篇》中这样描述秦人风俗：

商君违礼义，弃伦理，并心于进取，行之二岁，秦俗日败。秦人有子，家富子壮则出分，家贫子壮则出赘。假父耰锄杖彗，虑有德色矣；母取瓢碗箕帚，虑立讯语。抱哺其子，与公并踞；妇姑不相说，则反唇而睨。其慈子嗜利而轻简父母也，虑非有伦理也，亦不同禽兽仅焉耳。

这是一个令人触目惊心的"理性经济人"世界。

治理这个世界的唯一办法就是秦制：国王或皇帝借助官吏体系，以强制性力量，也即兵与刑，把所有个体组织起来，成为一个政治性共同体，也即王权制国家。法家十分清楚地论证了经济人与秦制之间的必然关系。在秦制下，人们唯一的公共性身份就是国王之臣或者民。

除此之外，当时的国民没有任何公共性生活，他不在任何社团中，核心小家庭不过是略微放大了的私人。这是一个没有"社会"的世界。由于这一点，秦制也是一个无法正常维系的治理秩序。它很快崩溃了。

汉初则出现了一种很特殊的社会组织：豪强、豪杰。关于这个群体的组织形态，《汉书·游侠传》序言，班固有十分清楚的勾勒：

陵夷至于战国，合从连衡，力政争强。由是，列国公子，魏有信陵、赵有平原、齐有孟尝、楚有春申，皆借王公之势，竞为游侠，鸡鸣狗盗，无不宾礼。而赵相虞卿弃国捐君，以周穷交魏齐之厄；信陵无忌窃符矫命，戮将专师，以赴平原之急：皆以取重诸侯，显名天下，扼腕而游谈者，以四豪为称首。于是背公死党之议成，守职奉上之义废矣。

及至汉兴，禁网疏阔，未之匡改也。是故代相陈豨从车千乘，而吴濞、淮南皆招宾客以千数。外戚大臣魏其、武安之属竞逐于京师，布衣游侠剧孟、郭解之徒驰骛于闾阎，权行州域，力折公侯。众庶荣其名迹，觊而慕之。虽其陷于刑辟，自与杀身成名，若季路、仇牧，死而不悔也。故曾子曰："上失其道，民散久矣。"

这是周的封建之家的变体。它们与亲情无关，而是由陌生人组成，但又没有周的共同体之礼法与共同体主义精神，而是以利相合。它们类似于"黑社会"组织。汉初几十年，这类组织横行州郡，严重威胁社会治安。即便长安，也经常受到这类组织扰乱。

尤其引人注目的是，这类组织成员多为"少年""子弟"——《史记》《汉书》中经常出现这两个词，项羽最初的军队，也是所谓"江东子弟"。这一成员构成也清楚地揭示了秦汉间家庭之不完整，良性社会组织之匮乏。青年人到处闯荡，成为社会秩序的隐患。

儒家登场了，改变了这种局面。

宗族之构建

汉初有"豪强""豪杰"，从史、传可以看出，到汉中期后，这种人物开始减少。相反，现代人容易理解的"宗族"开始浮出水面，它呈现为士族之形态。士者，儒家士人也。如上所引《白虎通义》，族者，基于恩爱之情而合群之亲族。儒家士人成为人们合群的中心。也就是说，宗族是由儒家士人有意构建出来的社会治理组织。

儒家为什么这么做？汉儒认为，秦之所以不二世而亡，皆因为皇帝专权，并妄想直接统治每一个人。因而，汉儒思考的核心问题是限制皇权。经过董仲舒–汉武帝的更化，逐渐形成儒家士大夫与皇权共治体制，共治体制的一个重大特征是，皇权不下县，皇权退出基层社会。

可是，基层社会也是需要治理的，没有治理，就没有秩序。汉儒不得不面临这样一个问题：皇权撤出后，基层如何治理？要治理，就不能没有组织，就不能没有权威。而组织需要两个因素：领导者，联结纽带。

儒家士人当仁不让，承担起组织、领导的责任。儒家之教养，就是要养成一般庶民为君子，而君子之全部责任就是领导、组织庶民。《礼记·学记篇》说，九年学业大成，"夫然后足以化民易俗，近者说服，而远者怀之"。《大学》则实际上包括两部分内容：诚意、正心、修身部分，讨论君子养成之道；齐家、治国、平天下部分，则在讨论治理之道，格物、致知就是格君子、治理之知。君子掌握治理之道，自可组织、领导庶民。

那么，君子依靠什么把分散的庶民联结为组织，也即共同体？士人所能想到的最现实可行的人际组织纽带，就是亲属关系，这是最自然的社会联结纽带。最早是孔子发现了这种联结纽带之社会治理功能，《论语·为政篇》记载：

或谓孔子曰："子奚不为政？"
子曰："《书》云：'孝乎惟孝，友于兄弟，施于有政。'是亦为政，奚其为为政？"

这是关于社会治理的一个革命性宣言。当时，封建的小型共同体正在解体，在此废墟上，王权制的诸多制度元素正在形成过程中，治理权威向上集中，最终形成"道之以政，齐之以刑"的治理模式。反过来，基层社会则正走向治理之空虚。孔子洞悉这一趋势，在权力之"政"外构想了社会之"政"。这种政的基本精神是孝，所凝结的组织就是宗族。

可以说，孔子思考的核心问题就是，后封建时代离散的人如何再度组织起来？孔子创造了平民士君子群体，也提出以孝为人际联结纽带，从而指出社会重建之大道。只是，孔子之后，礼乐继续崩坏，孔子的设想并未能落实。

四百多年后，到西汉中期，孔子的设想才被儒者变成现实。至于构建的过程，余英时先生这样说过："士族的发展似乎可以从两方面来推测，一方面是强宗大族的士族化，另一方面是士人在政治上得势后，再转而扩张家族的财势。这两方面在多数情形下当是互为因果的社会循环。"①余先生所说的后者，《汉书》有很多记载，不少人家以经术传家，而他们依据儒家义理，特别重视亲族的"恩爱""会聚"，从而形成了"士族"。这是封建的小型共同体崩溃之后第一个真正的社会性组织，它在政府之外组织庶民。

简单的历史梳理表明，宗族并非自然存在之物，而是儒家基于自己的理念，在原子化的核心小家庭世界中，借助自己的道德权威和资源动员能力组织庶民，人为地构建出来的一种社会性组织。宗族的基本作用就是把基层民众组织起来，以进行有效的基层治理。而组织的核心则是儒家士君子。汉儒之所以特别重视《孝经》，正是看中了该经可以发挥合族之社会功能。

到唐中期，士族中心的社会治理模式崩溃，社会进一步平民化。经过宋儒的努力，形成了宋明式宗族制度。汉晋时代的士族治理，离今天已经比较遥远。宋明式宗族，则有丰富的文献资料可资研究。更重要的是，现今各地基层社会尚可看到宋明式宗族制的诸多残余。

宋明式宗族治理的中心在祠堂，主导人物同样是儒家士君子与儒家绅士。绅士和祠堂成为宋明基层社会治理的制度基础。亲身经历过宗族制度的社会学家林耀华先生指出：

宗族一个最大的特征，就是全族人所供奉的祠堂。祠堂的建立，原是为

① 余英时著，《士与中国文化》，上海人民出版社，1987年，第222页。

祭祀，崇拜宗祖，感恩报本，然时过境迁，祠堂的功能，不复仅限于宗教方面，其他功能也渐渐附着产生。祠堂化作族人交际的场合，变为族老政治的舞台；公众意见由此产生，乡规族训由此养成，族人无不以祠内的教义信条奉为圭臬。简言之，祠堂是宗族中宗教的、社会的、政治的和经济的中心，也就是整族整乡的"集合表象"（Collective Representation）。[1]

祠堂就是乡村公共治理之中心所在，以此为依托，形成公共治理组织：

有了祠堂之后，成文的庙规成立，族房长也就组织化，所以就有祠堂会的产生……族房长乡长是祠堂会当然的会员，绅衿则由族房长敦请入祠。绅是出仕之人，衿是有学文人，在清代就是"进士""举人""监生"之类。[2]

上篇讨论礼俗之治时曾指出，礼俗之治的治理主体是两类人：乡民中的长老，以及儒家绅士。毫无疑问，治理的理性精神是由绅士注入的。长老或许知俗，儒生则明义理，唯有借助于义理之提撕，民俗才会积极向上。

值得注意的是，祠堂的治理绝非一人独断，也非和稀泥，而有一套程序，此即"开祠堂门"，祠堂会成员"聚谈族内政事"。如遇非常之事，也需要召集会议。也就是说，宗族之治理实际上也是借助"会议"的方式进行的，实行精英共和。至于祠堂所管理的事务，则包括"宗祠祭祀，迎神赛会，族政设施和族外交涉"[3]。祠堂也会管理族田，这是一种共有财产，其收入用于族内公共事务。

这样的宗族构成了二十世纪以前中国基层社会治理的制度基础。正

[1] 林耀华著，《义序的宗族研究》，北京生活·读书·新知三联书店，2000年，第28页。
[2] 同上书，第30页。
[3] 同上书，第31页。

是宗族组织基层社会公共品之生产、供应与分配。

当然，传统社会组织并不止是宗族。儒家的社会组织建设从来不限于亲缘。比如，宋代儒者吕氏兄弟在关中蓝田创建"乡约"，南宋朱子创建"社仓"，这些都是非血缘性公共组织。更加引人注目的是，明末大儒王阳明及其弟子在基层社会兴办"讲会"，超越于宗族血缘，且形成复杂而庞大的网络。这些非血亲性组织与宗族共同发挥作用，让基层社会维持了相当优良的治理秩序。我相信，古代中国社会的基层治理是相当优良的，优于当时的上层政体构造。

宗族与公民社会、民主的关系

伴随着儒家士大夫形成建立现代国家的政治意志，宗族存在的正当性遭到了质疑。

二十世纪初，梁启超先生著《新民说》，高扬"国家思想"，也即nationalism，国民主义。他那一代爱国之士发现，西洋借助于国民国家（nation-state）体制而把分散的国民整合如一人，从而具有了强大的国际竞争力量。中国要参与这场竞争，也必须整合万民为一体。与这样的理想相比，现实是让人不满意的："吾中国人之无国家思想也。其下焉者，惟一身一家之荣瘁是问；其上焉者，则高谈哲理以乖实用也。"此后，包括孙中山在内，人们纷纷痛心疾首地指责中国人是"一盘散沙"，其中的一个根本表现就是只知小家，而不知国家。

先贤所说者当然是现实。其中原因乃在于，在儒家士大夫与皇权共治体制下，政体层面的设计存在缺陷，只有士大夫可通过知识之掌握而获得参与大范围治理的机会，普通民众无从参与。普通民众以宗族为制度依托，主要参与基层公共生活。这本身并没有错，它无论如何是在训练民众的公民精神。但以现代国家的标准来衡量，这是不够的。也就是说，需要在高层级的政体层面上建立民众的政治参与渠道。

清末民初也确实是这样做的。立宪者致力于建立地方自治，建立省、全国代议机关，让生活在宗族、商会等小型共同体中的民众，通过他们的代表，参与到县、省以及国家的公共决策过程中。假以时日，民众的公共性身份结构包括其公民意识结构，就会达成一种新均衡。

新文化运动之后，知识分子因为失望与焦虑，而偏离这样一条正确道路，走上一条压迫、摧毁宗族等自发性基层社会组织之路。至关重要的是，他们关心的问题不是宪政，而是个性解放。由此，他们开始对宗族从道德上抹黑。他们断言，宗族压制维持礼教，压制个性。至此，宗族从文化上被判定为负面的、落后的、甚至反动的。可以说，新文化运动表达了十分明确的反社会倾向，它却十分骄傲，因为，它是以民主、科学的名义出现的。

也正是基于这样的理念，二十世纪中期，强大的国家权力机器针对宗族等基层社会组织发动了一场又一场文化、社会与政治性打击运动。在北方，宗族组织本来比较松散，对此缺乏抵御能力，宗族组织遭到毁灭性打击，国家权力取得绝对支配地位，直接统治每个人。不过，在南方，尤其是我所说的"钱塘江以南中国"，宗族组织本身比较完整，因而对这些运动有一定的抵御能力；当然，在相当长时间内，宗族也只能处在潜伏状态。

启蒙知识分子的目标达成了。社会治理模式类似于秦朝。与秦朝相同，基层社会并没有出现知识分子所期待的优良治理秩序。相反，宗族等组织被消灭后，国家权力直接统治每个人的制度是不可维持的。事实上，国家权力的控制力度在自然地衰减。七十年代末，国家权力控制衰减到一定程度，宗族开始悄然恢复。八十年代以来，则出现了公开的重建。

这一点，在钱塘江以南中国最为明显。此处逐渐形成具有悠久传统的宗族与国家权力机构共同治理乡村的格局。①而众多实证研究已证明，

---

① 关于这一点，可参见拙文：《钱塘江以南中国：儒家式现代秩序》，刊于《开放时代》，2012年第3期。

具有这种共治格局的乡村，其治理状况通常比单独村委会治理，要好出很多。

当然，官方仍坚持反宗族的立场，村民自治法律绝不承认宗族等自发性组织在村庄治理中的地位。最奇怪的是，主流启蒙知识分子比官方更为坚定坚持其反宗族的立场。村民自治的论文常把宗族视为一种扰乱性、破坏性力量，宗族操纵选举、把持村庄权力之类的用词，在公众舆论中也随处可见。

从九十年代开始，启蒙知识分子在传统的理据之外，获得了用以反对宗族的新理据。这就是"公民社会"概念。学界和公共知识分子异常兴奋地广泛使用这个概念，用它来形容一种新兴的社会现象，也即民众结合起来传播某种主张、主张某种权利、维护某种利益。人们相信，这样的人走出了私的空间，而成为公民（citizen）。

毫无疑问，公民社会概念可以丰富人们对诸多社会现象的理解。但与任何其他现代概念在中国之变异一样，信奉这种概念的人士很快就产生一种现代的傲慢：他们立刻用这样的概念对传统社会组织进行甄别，并予以批判。比如，很多人说，唯一的公民社会就是陌生人通过契约的方式所组成的社会。他们也强调公民社会对抗国家的一面。按照这样的标准，宗族当然不是公民社会。只是，按照这样的标准，几乎所有自发性组织都不是公民社会。这样的公民社会概念内在地具有反社会的性质。有些公民社会理论信奉者更进一步主张，这些自发性社会组织是公民社会发育的障碍。

它们又回到了新文化运动的旧窠。新文化运动知识分子传播了十分荒唐的民主与现代国家理念，它断言，唯有剥离人的一切既有社会性关系，把人还原为相互孤立的原子化存在，才有自由，才有自治，才有民主。然而，这些理论的主张者似乎忘记了，剥离人的社会性关系，正是《商君书》的基本主张，秦始皇将其付诸实施。启蒙文人信奉的是一种国家主义的民主观。这些人士还主张，只有利益有能力驱动人追求民主，也只有利益驱动的追求才是真正的追求。道德则是多余的，甚至只具有妨碍作用。这是一种物质主义的民主观。

其实，上面对宗族的简单描述已可说明，宗族就是公民社会组织。

首先需要说明，宗族绝不仅仅依靠血缘情感联结为共同体。不妨回头思考"宗法"的真义。宗族同样体现了宗法的公共精神。比如，族内最有权威的人，未必是年龄最长、辈分最高者，而是德行与治理技艺最卓越者。宗族规范也要求族长之亲属不得以血亲关系要求族长特别照顾，族长须自我节制情感。族长若对族众区别对待，就会丧失公平性，从而丧失权威。也就是说，宗族虽与血亲有关系，但绝不是一个仅靠血亲关系联结起来的社会组织，相反，它是一种借助于民众的认同而联结的公共性组织。

宗族创造和维持着乡村公共生活。族众普遍参与共同祭祀，这是宗族联结的精神纽带。长老、绅士又在族人参与下，在祠堂审议重大公共事务，这是宗族联结的政治纽带。族内长老、绅士有时也在祠堂进行司法活动，在此生成和维护族内礼俗，这是宗族联结的法律纽带。宗族也有族产，包括族田，通过其收益，为族众提供福利。共有族产和族内福利乃是宗族联结的经济纽带。可以说，乡村多个层面的公共生活都以宗族为中心展开。

如与战国、秦时相比，立刻会发现，宗族制度丰富、扩展了人的公共性。这里的人不仅指绅士、长老，也指普通民众。此前，他只是国家的物质性资源，在这个十分庞大的共同体中，他微不足道，只有在被遥远的皇帝、官员动员时，才具有公共性。而这种情况是偶然的，在日常生活中，他基本是个与公共生活无关的"私人"。这样的民众不大可能具有公共精神。

现在，他首先是宗族成员，而这是自治的小型共同体。在此，他有机会随时参与各种公共性活动，服务他人，也获得他人的服务。在社区层面，他就是公民。他在保留皇帝之臣民的公共性身份的同时，也获得了社会性公民身份。这个时候的民众具有了多重公共性身份。在此可以直接参与的经常性公共事务中，他的心灵受到训练，公共意识更为敏锐。也就是说，正是宗族让普通民众走出私人生活的封闭空间，而训练了起码的公共精神。

当然，从建立现代国民国家的角度来说，民众在宗族中所养成的公共精神还不够强大、敏锐。那么，正确的做法就是通过制度变革提升它、扩展它。为什么要反感那训练了人们既有公共精神的制度？这是一种多么奇怪的心态。仅从这个角度而言，孙文先生是伟大的。尽管他也批评中国人一盘散沙，但他并没有准备摧毁宗族，而是敏锐意识到了宗族的公共性，使之成为构建现代国民国家的中介：

中国有很坚固的家族和宗族团体，中国人对于家族和宗族的观念是很深的。……由这种好观念推广出来，便可由宗族主义扩充到国族主义。我们失了的民族主义要想恢复起来，便要有团体，要有很大的团体。我们要结成大团体，便要有小基础，彼此联合起来，才容易做成功。我们中国可以利用的小基础，就是宗族团体。此外还有家乡基础，中国人的家乡观念也是很深的。如果是同省同县同乡村的人，总是特别容易联络。依我看起来，若是拿这两种好观念做基础，很可以把全国的人都联络起来。……中国人照此做去，恢复民族主义比较外国人是容易得多的。①

① 《孙中山选集》下册，人民出版社，2011年，第700页。

现代中国知识分子有一种奇怪的想法：对于治国而言，道德是个坏东西。这种想法形成于何时，待考。但在当下喜欢谈论法治、谈论制度的人士那里，这个论断似乎特别时髦。他们的基本观点，可以分为两部分。

第一部分，是关于历史的判断。他们说，古代中国是德治，这也是儒家主张的基本治国模式。德治论者相信，人性善，故可以通过道德建立与维持良好的社会、政治秩序。中国的政治是道德化的。儒家士大夫也相信，皇帝可以成为道德上的圣人。

知识分子断言，这样的治理不仅是无效的，还造成了广泛的虚伪。他们还认为，二十世纪中期的狂热时期就是以德治国，这样的以德治国造成了巨大灾难。根据这样的历史经验，他们相信，在政治领域中谈论道德，必然带来灾难。二十世纪国家遭受的诸多灾难就是道德理想主义造成的。

第二部分则是对现实的判断。他们认为，中国应当建立法治，而法治与德治是无关的，法治不需要人是道德的。相反，强调人的道德性，反而可能妨碍法治的运转。

对于这些看法，这里不可能全盘反驳，而将主要集中于讨论如下问题：儒家所说的 "德" 究竟是什么意思？在社会治理中， "德" 又扮演着什么样的角色？如果有 "德治" 的话，德治又是什么意思？

德性–德行与道德–伦理

欲准确理解德治的含义，先须从概念上区分德行与德性，伦理与道德，因为，当下很多讨论都混淆了这两者：

《尚书·舜典》记载，帝舜任命夔担任典乐，但还让他承担另外一项非常重要的工作：

> 帝曰：夔，命汝典乐。教胄子：直而温，宽而栗，刚而无虐，简而无傲。
>
> 孔安国传：胄，长也，谓元子以下至卿大夫子弟。以歌诗蹈之舞之，教长国子中、和、祗、庸、孝、友。教之正直而温和，宽弘而能庄栗。刚失入虐，简失入傲，教之以防其失。①

由这段记载可以看出，孔子开办私学之前，华夏古典教育的基本形态是乐教，目的是养成君子之四德。

《皋陶谟》中，皋陶则全面地讨论了行之"九德"：

> 宽而栗：性宽弘而能庄栗。
>
> 柔而立：和柔而能立事。
>
> 愿而恭：悫愿而恭恪。
>
> 乱而敬：乱，治也。有治而能谨敬。
>
> 扰而毅：扰，顺也。致果为毅。
>
> 直而温：行正直而气温和。
>
> 简而廉：性简大而有廉隅。

---

① 《尚书正义》，卷第三，舜典第二。

刚而塞：刚断而实塞。

强而义：无所屈挠，动必合义。①

皋陶说"行有九德"，这清楚地表明，"德"为行之德，也即是德行。《舜典》所说的四德同样是德行。

德行不同于德性，汉儒郑玄注《周礼·司徒·师氏》云："德行，内外之称：在心为德，施之为行。"②德行就是行为所表现出来的优秀特征。上述四德、九德都是君子对待民、对待公共事务的优秀行为模式。

上面的论述也说明古典德行论的另一特征：它基本上只是君子治理之德。

这样的君子之德乃是更为普遍的伦理的构成部分。前面曾引用过《春秋左传·昭公二十六年》所记晏子对齐景公说过的一段话：

君令、臣共，父慈、子孝，兄爱、弟敬，夫和、妻柔，姑慈、妇听，礼也。君令而不违，臣共而不贰；父慈而教，子孝而箴；兄爱而友，弟敬而顺；夫和而义，妻柔而正；姑慈而从，妇听而婉，礼之善物也。

《礼记·礼运篇》则提出了"十义"说：

何谓人情？喜、怒、哀、惧、爱、恶、欲，七者弗学而能。何谓人义？父慈、子孝、兄良、弟弟、夫义、妇听、长惠、幼顺、君仁、臣忠，十者谓之人义。讲信修睦，谓之人利；争夺相杀，谓之人患。故圣人之所以治人七情、修十义，讲信修睦，尚辞让，去争夺，舍礼何以治？

"十义"是对十种社会角色的伦理要求。义者，宜也，合宜也。每

---

① 《尚书正义》，卷第四，皋陶谟第四。
② 《周礼注疏》，卷十四。

个人在社会中扮演多种角色，每个角色对主体之行为模式会有一组特定
要求，"十义"就是对最为重要的十种社会角色的要求之抽象。人各知
其义、合行于义，处于特定社会关系中的人的行为就是恰如其分的、合
宜的。每一方都让自己的行为合宜，双方就可维持良好关系。

到孔子那里，德的含义发生了微妙而重大的变化。孔子之前的古典
礼治秩序中，君子生于君子之家，且有其位，做人的基础性之德是在自
然的生活过程中即可掌握的，不需刻意学习。因此，君子通过乐教学习
的是处理公共事务之德，也即治理之德。到孔子时代，礼崩乐坏，享有
治理权的人普遍地丧失君子之德。而将要塑造新秩序的孔门弟子普遍出
身于平民，并不知道君子之一般行为模式。他们必须通过"学"，训练
自己成为君子。

这样，孔子所关注之德，相对于礼治时代的德，出现了两个明显
变化：

第一，德之普遍化。孔子之前的德多为君子之德，庶民似乎处于
某种自然状态。孔子则通过其学的平民化，实现了德之平民化。孔子之
学就是成德之学，而孔子多教平民子弟。这样，平民被纳入德化范围之
内，德就具有了普遍性。

第二，德之内在化转向。以前，君子有其位而有其德，现在，德、
位分立，孔门弟子以学成德，养成为君子，然后以德取位。由于德之养
成过程并未伴随着相应的公共治理行为，故孔门弟子所成就者，实为内
在之德性，而非外在之德行。这样的德性也就是道德。

但需要说明，在孔子的时代，礼治秩序仍然存在，因而，孔子在
关注德性的同时，也十分关注德行。更为重要的是，孔子培养君子，其
目的同样是承担社会治理之责，所以，孔子特别重视养成弟子的德行。
只不过，在没有位、也即没有实践机会的时候，孔子需要诉诸弟子的道
德意识，令其养成德行。后者仍是根本性的。孔子经常说的"智、仁、
勇"三达德，或者"仁、义、礼、智、信"五常，或者"主忠、信"

等，就兼有两者。

　　孟子更进一步推动了德之内在化转向。孟子生活的时代，礼治秩序完全崩溃，在一个完全平民化的时代，具有较强烈道德感之平民首先成就自己为君子，而后或许可以得其位，而让自己的德性见之于治理之行。因为完全关注于德性，孟子发现了"心"。宋明以后儒家把孟子所丰富发展的儒学称为"心性之学"。心性之学在平民社会中塑造了一个儒家士君子群体，在战国、秦那样混乱的物质主义时代能够坚守理想。

　　借助于强大的德性，及其所塑造的德行，儒家士君子在汉代获得了位。本于五经，他们致力于制度构造，也即重建礼制，从而逐渐形成士族领导的"四民"社会。此一汉晋体制的社会分层结构比较清晰，社会治理的基本逻辑就是：每个人在自己差不多是给定的位置上遵循客观的礼制，扮演好自己的角色。换言之，伦理，尤其是儒家士大夫之德行，恢复了其重要性。

　　至此，我们看到了从德行到德性，又从德性到德行的往复过程。

　　宋明时代，再度出现了这样一轮演变周期。中唐以后，汉晋士族社会结构瓦解，中国社会再度平民化。这时，所有人的社会经济条件相差不大，人们也具有较高的纵向流动性。这引发了两个严重的政治社会问题：第一，一个人如何才能从表面上看起来差不多的平民中脱颖而出，获得他人尊重，从而成为社会的领导者？此时，人们的外在社会、经济差别不大，只能通过内在的不同来区分彼此间的优劣。第二，通过什么样的机制可以发现这些卓越者，组成政府？科举制旨在解决这一问题。关键还是第一个问题。

　　为应对这个问题，宋儒完成了一次自觉的内在化转向。只有那些具有德性者才可获得与他平等的人们的尊重，而在社会中发挥领导作用。因此，宋儒对于如何养成德性，也即对于个体修身之"功夫"，进行了很多讨论。由此，"格物、致知、诚意、正心"成为儒家讨论的重要议题，大程子的"主静"、小程、朱子的"主敬"，王阳明的"致良知"，都是围绕心性修养之功夫展开的。

然而，此德性并不是重点。内在的德性仍然需要客观化为外在的行为，因此，宋儒继续努力：确定社会伦理规范体系。这些具有强大德性的儒家士君子经过卓绝努力，为平民社会制礼。宋明最杰出的儒者都致力于制定平民社会的礼制，比如张载、吕氏兄弟在关中制礼、立乡约，朱子制《家礼》。由此，儒者完成了社会的伦理化过程，整个社会由稳定的礼制约束、治理。

从上面的历史描述可以看出德性与德行的复杂关系：当礼崩乐坏之时，普遍的伦理规范解体，儒家起而重建秩序。此刻，德性的重要性自会凸现出来。强大的德性支撑着儒家士君子于乱世之中致力于制度重建，其结果则是社会之伦理化。由此，人际关系趋向稳定，秩序完成重建。儒家士君子也在此过程中获得稳定的进位之阶，这时，他们的德也就主要体现为治民之德行。

因此，在儒家语境中，德同时具有两组相关联而有重要区别的含义：内在的德性或者道德，见之于行为的德行或者伦理。德性、道德这样的概念更多地适合于承担治理之责的君子，德行和伦理则具有更为广泛的适用性。这两个区别，对于理解德治的性质，至关重要。

德治的自治与治人之别

大体上可以说，孔子第一个提出德治理念，而对其内涵，可从两个面相予以理解。

首先，当儒家谈论德治的时候，会相当严格地区分自治与治人的不同法度，基本上，德性、道德乃是君子的自我要求。关于这一点，汉代儒宗董仲舒在《春秋繁露·仁义法》说得最为清晰：

《春秋》之所治，人与我也。所以治人与我者，仁与义也，以仁安人，以义正我。故仁之为言人也，义之为言我也，言名以别矣。仁之于人，义之与我者，不可不察也。众人不察，乃反以仁自裕，而以义设人。诡其处而逆其理，鲜不乱矣。是故，人莫欲乱，而大抵常乱，凡以暗于人我之分，而不省仁义之所在也。是故，《春秋》为仁义法，仁之法在爱人，不在爱我。义之法在正我，不在正人。我不自正，虽能正人，弗予为义。人不被其爱，虽厚自爱，不予为仁。

仁者爱人，董子认为，这应当是君子待人之道。义者，宜也，义意味着伦理性义务，董子主张，士君子应当以此自我要求。本篇最后，董子则从治国的角度对此予以论述：

故自称其恶，谓之情；称人之恶，谓之贼。求诸己，谓之厚；求诸人，谓之薄。自责以备，谓之明；责人以备，谓之惑。是故，以自治之节治人，是居上不宽也；以治人之度自治，是为礼不敬也。为礼不敬则伤行，而民弗尊；居上不宽则伤厚，而民弗亲。弗亲则弗信；弗尊则弗敬。二端之政诡于上而僻行之，则诽于下，仁义之处，可无论乎？

董子的主张，一言以蔽之，在道德、伦理问题上，君子当宽以待人，严以律己。关于这一点，现代儒者徐复观先生也有非常精彩的论述：

孔孟乃至先秦儒家，在修己方面所提出的标准，亦即在学术上所立的标准，和在治人方面所提出的标准，亦即在政治上所立的标准，显然是不同的。修己的学术上的标准，总是将自然生命不断底向德性上提，决不在自然生命上立足，决不在自然生命的要求上安设价值。治人的政治上的标准，当然还是承认德性的标准；但这只是居于第二的地位，而必以人民的自然生命的要求居于第一的地位。治人的政治上的价值，首先是安设在人民的自然生命的要求之上；其他价值，必附丽于此一价值而始有其价值。①

据此，我们可对孔子的说法有较为准确的理解。《论语·为政篇》首章表述了孔子关于社会治理的基本原则：

> 子曰："为政以德，譬如北辰居其所而众星共之。"

关于这句话的含义，先儒有一定争议。为准确理解其含义，不妨参考孔子关于为政的其他论说。《论语·颜渊篇》连续三章记载孔子对季康子阐明的为政之道：

> 季康子问政于孔子。孔子对曰："政者，正也。子帅以正，孰敢不正？"
> 季康子患盗，问于孔子。孔子对曰："苟子之不欲，虽赏之不窃。"
> 季康子问政于孔子曰："如杀无道，以就有道，何如？"孔子对曰："子为政，焉用杀？子欲善而民善矣。君子之德风，小人之德草。草上之风，必偃。"

由这三章，孔子的为政之道也就十分清楚了：为政之道的根本在于君子自治其身，节制自己的欲望，养成自己的德性，行为合礼、合宜。如此，他可与臣处于合宜关系中，政事自然就会有理有节，民众也会心悦诚服，顺从君子的权威，共同体可以走上优良治理之道。《礼记·哀公问篇》记载孔子与鲁哀公的对话，意思完全相同：

---

① 徐复观著，萧欣义编，《儒家政治思想与民主自由人权》，增订再版，台湾学生书局，1988年，第197页。

公曰："敢问何谓为政？"

孔子对曰："政者，正也。君为正，则百姓从政矣。君之所为，百姓之所从也。君所不为，百姓何从？"

《论语·子路篇》两章，对为政之道进行了更进一步的讨论：

子曰："其身正，不令而行；其不正，虽令不从。"

子曰："苟正其身矣，于从政乎何有？不能正其身，如正人何？"

这里，孔子明确提出，为政之本，就在于君子自正其身。这也就是董子所说的以义"正我"。

据此可以说，作为孔子为政之道之关键的"为政以德"，意思是，君子应当自正其身，养成德性，并见之于对待臣民的行为中。这个意义上的德治乃是君王和共同承担治理责任的君子们的自我要求。这个德应当同时涵盖德性和德行。孔子认为，君子具有德性、德行乃是优良治理的关键。在古代较为简单的社会、尤其是在小型共同体中，这样确实足可以带来优良秩序。

至关重要的是，这里的德基本上是对承担治理之责的君子的要求，而不是对普通民众的要求。事实上，孔子要求君子不可苛责普通民众，这一点，清楚地体现在《论语·泰伯篇》的一句话中：

子曰："好勇疾贫，乱也。人而不仁，疾之已甚，乱也。"

朱子注：好勇而不安分，则必作乱。恶不仁之人而使之无所容，则必致乱。二者之心，善恶虽殊，然其生乱则一也。①

---

① 《论语集注》，泰伯第八。

儒家相信，人群中自然存在德性、能力之别，从而形成君子-小人之分。民众中一定会有人"不仁"，也就是不具有德性。这样的状况当然不能让人满意，但君子对此应当采取包容的态度。否则过于苛酷，就会引发混乱。

关于这一点，《周易》"蒙"卦九二爻辞有所阐明："包蒙，吉。"程伊川先生阐释说：

> 程氏易传：包，含容也。二居蒙之世，有刚明之才，而与六五之君相应，中德又同，当时之任者也。必广其含容，哀矜昏愚，则能发天下之蒙，成治蒙之功。其道广，其施博，如是则吉也。卦唯二阳爻，上九刚而过，唯九二有刚中之德而应于五，用于时而独明者也。苟恃其明，专于自任，则其德不弘。①

治国不可有洁癖。君子当包容那些德性平平，甚至不仁之庶民，这是社会的自然，你不可能指望所有人都成为君子。"人皆可以为尧舜"是有其特定语境的，儒家绝不会天真到说现实社会中人人都是君子。大多数人是中人，还不乏恶棍。正是因为他们的存在，君子之治理才是必要的。那么，君子如何对待这两类人？君子如果对他们过分厌恶，采取苛责态度，必会招致他们的不满、愤怒，从而造成君子-庶民之间的紧张乃至对立，从而威胁秩序。明智的态度是包容、引导，只是在必要的时候予以个别的惩罚。

也就是说，基本上，当儒家强调德性对于治理的重要性时，通常只要求于君子，要求于各个层面的社会治理者。德性并非对庶民的普遍要求，当然更不是只要求庶民，反而把君子排除在外。这个意义上的德治要求君子自治己身，自我约束，以身作则。

---

① 《周易程氏传》，卷第一。

因此，如果说儒家主张"以德治国"，那其含义首先是，有德的治理者为民表率。儒家并没有准备建立一个"道德理想国"。儒家对于人性没有今人想象的那么天真，君子–小人之别就清楚地表明了这一点。君子–小人之别是儒家思考社会问题的基本范式。治国不能有幻想。儒家只是希望，承担着治国、治民之责的人，应当有德，如此方可称为君子。谁又能否认这一点的必要性与重要性？恐怕谁也不会希望贪婪无耻、毫无底线之徒占据权位吧。

与刑治相对而言的德治

儒家所说德治之第二义，则为与刑治相对的社会治理模式。

周代社会治理模式是"礼治"。到孔子时代，礼崩乐坏，礼治秩序解体。接下来的社会该如何治理？这是孔子终生思考的核心问题。德治就是为了解决这个问题而提出的。

孔子已经敏锐地洞察到，中国历史正在经历大转型，一种新的治理模式已在隐约形成，此即战国时代成熟的王权制。孔子以天纵之圣，敏锐地观察到了王权制之最为重要的制度出现的过程，如"初税亩"，对土地征税，"铸刑鼎"，以刑治民。孔子对此都做出过强烈反应。他意识到一种新制度正在出现。孔子看到了这个制度的核心，并进行了制度比较研究，这就是《论语·为政篇》所记那段十分著名的论述：

子曰："道之以政，齐之以刑，民免而无耻；道之以德，齐之以礼，有耻且格。"

朱子注：道，犹引导，谓先之也。政，谓法制禁令也。齐，所以一之也。道之而不从者，有刑以一之也。免而无耻，谓苟免刑罚，而无所羞愧。盖虽不敢为恶，而为恶之心未尝忘也。

礼，谓制度品节也。格，至也。言躬行以率之，则民固有所观感而兴起矣，而其浅深厚薄之不一者，又有礼以一之，则民耻于不善，而又有以至于善也。一说，格，正也。《书》曰："格其非心。"

愚谓政者，为治之具。刑者，辅治之法。德礼则所以出治之本，而德又礼之本也。此其相为终始，虽不可以偏废。然政刑能使民远罪而已，德礼之效，则有以使民日迁善而不自知。故治民者不可徒恃其末，又当深探其本也。[1]

孔子比较了两种不同的治理架构：第一种是正在兴起的王权制，其两大要素是政与刑，也即行政与刑律，它们都依靠官僚来实施。这种治理模式的根本特征是官民对立，其预设是人性恶。后来主张刑治的法家申明了这一点：人从根本上说是物质主义的，是自私的，因而天然地具有相互伤害的倾向。人性既然如此，就只能以暴力或者暴力威胁来吓阻他们的相互伤害倾向。因此，孔子说，在政刑之治下，民"免而无耻"。孔子的结论是，作为一种治理模式，由政刑两大因素组成的王权制并不可取。或者说，政刑之治并非最优。

礼治已崩溃，又排斥了新兴的刑治模式，孔子的理想治理模式是："道之以德，齐之以礼。"该模式有"从周""复礼"之义，但又加入了新内容。在周的礼治之下，君子之德行见之于各种关系中，包括对庶民。但庶民是被动的。细玩孔子之意，"道之以德"不仅要求君子有德，也要求君子引导整个社会趋向于有德。这就是德治，它已不同于礼治了。这是孔子为新兴平民社会构想的治理模式。

那么，德治之具体含义是什么？董仲舒有更清楚的阐明。战国时代东方六国的刑治还是比较温和的，在秦国，刑治则极端化了。一代儒宗广川董子仲舒，在见证了秦的刑治之残酷现实后，正式从宪制层面向汉武帝提出，以德治取代刑治，在著名的"天人三策"之第二策中，董子

---

[1] 《论语集注》，为政第二。

说明了刑治之不可行性：

> 至秦则不然。师申商之法，行韩非之说，憎帝王之道，以贪狼为俗，非有文德以教训于下也。诛名而不察实，为善者不必免，而犯恶者未必刑也。是以百官皆饰空言虚辞而不顾实，外有事君之礼，内有背上之心；造伪饰诈，趣利无耻。又好用憯酷之吏，赋敛亡度，竭民财力。百姓散亡，不得从耕织之业，群盗并起。是以刑者甚众，死者相望，而奸不息，俗化使然也。故孔子曰："导之以政，齐之以刑，民免而无耻。"此之谓也。

秦专任刑治的治理模式是失败的，董仲舒提出应当"更化"，从根本上改变治理模式："任德教而不任刑。"这句话清楚表明，儒家所实践之德治是与秦之刑治相对而言的。

刑治与现代法治有部分重叠之处，但终属两个不同东西。关键的区别在于，法治对于法律之制定及其执行机制均有特定要求，比如，法律必须是正义的，法律的执行当严格遵守相关程序。刑治做不到这一点。刑治所依据的刑律仅关涉刑事犯罪活动，对民事权利并无规定。更糟糕的是，秦制迷信刑律，致力于摧毁民间社会、依托于民间社会的习俗及其执行机制。结果，整个社会只由刑律和官吏来调整、管理。换言之，刑治的本质是政府垄断治理。法治则以政府承认社会自治为前提。

那么，作为一种治理模式的德治是如何运转的？《汉书·循吏传》所列几位杰出循吏之事迹，揭示了德治的主要制度、机制：

第一，兴办文教，养成君子。比如文翁：

> 景帝末，为蜀郡守，仁爱好教化。见蜀地辟陋有蛮夷风，文翁欲诱进之，乃选郡县小吏开敏有材者张叔等十余人亲自饬厉，遣诣京师，受业博士，或学律令。

……又修起学官于成都市中，招下县子弟以为学官弟子，为除更由。高者以补郡县吏，次为孝弟力田。常选学官僮子，使在便坐受事。每出行县，益从学官诸生明经饬行者与俱，使传教令，出入闺阁。县邑吏民见而荣之。数年，争欲为学官弟子，富人至出钱以求之。由是大化，蜀地学于京师者比齐鲁焉。至武帝时，乃令天下郡国皆立学校官，自文翁为之始云。

儒家始终相信，社会治理的关键是在养成一批君子，分散于基层社会中，扮演基层社会之"现场治理者"角色，组织普通民众生产和分配公共品。如此，基层社会才有优良治理可言。所以，德治的优先措施是兴办文教，养成君子，他们将成为基层社会、具有自我约束意识的领导者。这是社会自治的前提。

第二，为民兴利，令民富庶。这方面的典型是担任南阳太守的召信臣：

信臣为人勤力有方略，好为民兴利，务在富之。躬耕劝农，出入阡陌，止舍离乡亭，稀有安居时。行视郡中水泉，开通沟渎，起水门提阏凡数十处，以广溉灌，岁岁增加，多至三万顷。民得其利，畜积有余。信臣为民作均水约束，刻石立于田畔，以防分争。

今人谈论儒家德治，似乎都以为，儒家空谈道德，而忽略经济、财富问题。实际上，孔子对于治理之次第早就有十分清楚的说明：

子适卫，冉有仆。子曰："庶矣哉！"冉有曰："既庶矣，又何加焉？"曰："富之。"曰："既富矣，又何加焉？"曰："教之。"①

----

① 《论语·子路篇》。

　　孔子断然指出，治国、治民之道，当先富之而后教之。这种治民次第实乃儒家治国基本理念所决定：儒家相信，人自然会有君子与小人、大人与庶人之分，前者道德自觉性较高，因此可以"喻于义"；后者道德自觉性较低，因此只能"喻于利"。对普通民众而言，确实如管子所说，"仓廪实而后知礼节"。故治民、治国首当满足庶民之物质要求，采取各种措施，为民兴利，而不能空谈心性、道德。

　　第三，兴起礼仪，化民成俗。韩延寿担任颍川太守时的做法最为典型：

　　颍川多豪强，难治，国家常为选良二千石。先是，赵广汉为太守，患其俗多朋党，故构会吏民，令相告讦，一切以为聪明。颍川由是以为俗，民多怨仇。

　　延寿欲更改之，教以礼让，恐百姓不从，乃历召郡中长老为乡里所信向者数十人，设酒具食。亲与相对，接以礼意，人人问以谣俗，民所疾苦，为陈和睦亲爱、销除怨咎之路。长老皆以为便，可施行。因与议定嫁娶、丧祭仪品，略依古礼，不得过法。延寿于是令文学校官诸生皮弁执俎豆，为吏民行丧嫁娶礼。百姓遵用其教，卖偶车马下里伪物者，弃之市道。①

　　儒家虽主君子－小人之分，但如孔子所说，"性相近也，习相远也"②。庶人同样具有成就仁、义、礼、智、信之德的可能性，尽管其程度不及于君子。而庶民普遍具有底线性质的道德意识和伦理，对于优良治理而言亦具有重大意义。只不过，这种伦理的养成无法依赖庶人之道德自觉，而须借助于君子、政府之教化，形成风俗。在良风美俗中，民众将于不知不觉间形成合宜的行为模式。因此，君子治民，须致力于塑造风俗，以此塑造民众之心灵和行为。

① 《汉书》，卷七十六，赵尹韩张两王传第四十六。
② 《论语·阳货篇》。

第四，教化为主，慎用刑罚。德治绝不意味着废弃刑罚。还是上面已引用过的召信臣，于行利之余：

> 信臣为民作均水约束，刻石立于田畔，以防分争。禁止嫁娶送终奢靡，务出于俭约。府县吏家子弟好游敖，不以田作为事，辄斥罢之，甚者案其不法，以视好恶。其化大行，郡中莫不耕稼力田，百姓归之，户口增倍，盗贼狱讼衰止。吏民亲爱信臣，号之曰召父。

孟子虽乐观地说，人皆可成尧舜，但儒家清楚地认识到，人是高度复杂的。人群中有人可成就为君子，绝大多数人也可通过风俗化成为好人、好国民，但必然有一些人，因为情感扭曲、理智匮乏或者利益诱惑，而为非作歹。对此，必须予以惩罚。否则，他们将破坏秩序，扰乱风俗。当然，儒家又明确主张，绝不可以刑罚作为主要治理手段，而只能作为一种辅助性手段。儒家用刑，但绝不迷信刑。这就是儒家与法家的区别。

上面所说的德治，不是空谈的理论，我们所引的例子表明，德治频繁见之于历代儒家士大夫之实践。相对于秦的刑治，这样的德治带了治理模式的根本反转：

第一，民众与政府的关系发生了根本反转。刑治意味着君臣、君民的对立，双方完全是靠利己之心暂时合作甚至被迫合作的。德治则至少缓和了这种对立，打破君臣、政府与民众之间的价值隔阂，恢复共同体内部价值的同质性。这是儒家经常谈论的"教化"之前提。

第二，治理的基本架构发生了根本反转。刑治乃是典型的他治，政府垄断治理权，民众是纯粹被动的对象，只能接受君主、官员的治理。以君子之引导、良俗之风化为本的德治，意味着社会在诸多领域的自我治理。

由此我们立刻可以看出作为一种治理模式的德治之宪政主义性质。

刑治的基本治理架构是皇帝、政府垄断全部治理权，皇帝将其委托给官吏行使。德治则依赖于治理之多中心性。德治首先依赖儒家士君子，也依赖民众的广泛参与。这样的德治，离开皇帝，照样可以运转。中国社会之所以在皇权经常滥用权力的政体框架下依然维持基本秩序，社会、经济、文化保持繁荣，奥秘正在于此。

综合上述德治的两个含义，德治之真义也就显现出来了：总体上儒家相信，人可具有德，德对于人具有存在论的根本意义，对于治理也是至关重要的——这种观点，完全不同于法家。德治的基础是每个人自治其身，其中有些人的自觉意识较强，而成就为君子。他们分散在社会各个层面，成为社会的现场治理者。他们以身作则，化民成俗，养成普通民众也具有底线伦理，从而自发形成秩序。这构成了一种与刑治相对的社会治理模式。德治是中国传统社会治理的基础——事实上，这是任何优良治理的基础，没有道德、伦理及立基于此上之自我治理的社会治理，是不可设想的。即便勉强建立，也是无法维系的。

〖第六篇〗
名教导致虚伪吗？

前面对君君臣臣、父父子子、礼教、德治等传统理念的真实含义进行了梳理，而现代人对这些理念有一个共同的指控：导致广泛的虚伪，儒家养成君子之理想，在现实中没养成几个真君子，倒是养成大量伪君子。直到今天，有些信奉制度决定论的知识分子竭力想把道德从社会治理领域中驱逐出去，其理由也是虚伪。

如此指控倒也并非新事。战国时代的墨、道、法诸家对儒家就有类似指控，魏晋玄学同样如此指控"名教"，名教一词在今人心目中也是负面的。但是，名教真的会导致虚伪吗？为此，我们需要对名教的概念、社会功能进行一番探讨。

名与教

名教之名大约有两个含义，且都隐含于孔子思想中。

第一个含义当为"正名"之"名"，也即人在具体伦理、政治关系中的名位。名是权利，权利必然对应义务，即承担相应责任。故战国时代兴起的名家之核心主张是"循名责实"。

这个意义上的名教，大体上就是礼教。礼是规范人之名及其责的，所谓名教就是以名教化天下，教人名实相符，在享有名之权利的同时，承担名所规定的义务，此即"君君，臣臣，父父，子子"之义。《管子·山至数篇》云："昔者周人有天下，诸侯宾服，名教通于天下。"《后汉纪·献帝纪》曰："夫君臣父子，名教之本也。"这个名教就是礼教。

名教之名还有另外一个意思，就是其现代含义：名声、名望，呈现为他人、公众对自己的德行的评价。《论语·卫灵公篇》连续三章记载了孔子对于这个问题的完整意见：

> 子曰："君子病无能焉，不病人之不己知也。"
> 子曰："君子疾没世而名不称焉。"
> 子曰："君子求诸己，小人求诸人。"

孔子教导弟子应当致力于学，第一句话乃是鼓励之辞。类似的意思，孔子反复表达过：

> 《论语·学而篇》：子曰："不患人之不己知，患不知人也。"
> 《论语·里仁篇》：子曰："不患无位，患所以立。不患莫己知，求为可知也。"
> 《论语·宪问篇》：子曰："不患人之不己知，患其不能也。"

孔门兴学的目的是养成君子，行道于天下，而履行这一天职的前提是，君子为人所知，也就是有名。这是一个德、位分离的时代，除开几位例外，孔子的弟子均无位。只能在有名之后，才可能为拥有分配名位之人也即掌权者所知，才有可能获得位。有名固然未必有位，无名则绝不可能有位。所以，孔子说，君子应当追求美好的名声，为人所广知。"没世"也表明，孔子认为，君子应当追求身后不朽之名。

"名"从何来？君子是否具有德性，必须见之于行，也即必须呈现为德行。在未得位之前，君子之德行亦有所表现，在师门或者乡里与人之交接中。在此过程中，他人会对具有君子之德者做出正面的评价，且不断传播，这就是誉、美名。因此，追求名，其实是追求社会的承认，也就是追求自之德。君子如欲得名，就需克己复礼。

当然，孔子立刻又补充说，"君子求诸己，小人求诸人"。君子固然希望成名，然而，绝不可刻意求名。自修其德，运用自己的德、能从事治理活动，如此将自然地得到名。君子无求名之心而得有盛名，君子如果刻意求名，反将堕落为小人。

这样，综合起来，就有了《论语》首章之"人不知而不愠，不亦君子乎"君子有行道于天下之志，当然欲为人所知，欲得盛名。但是，自己虽有德能，而他人不知，君子也淡然处之。如果君子刻意求名，就可能患得患失，那就可能为了名而欺骗他人，也即虚伪。

由此可以看出，孔子关于名的看法，可谓一波三折，曲尽君子于名之种种可能情况。对于儒家来说，这确实是一个非常关键的问题。从根本上说，士君子通过名为人所知，才能实现自己的理想。所以总的来说，士君子绝不拒绝名。

这个意义的名是君子自我教化、自我激励之工具，这就形成第二个意义上的名教。宋儒范仲淹在《上资政晏侍郎书》中，针对坊间流传自己"好奇邀名"的指责，阐明了名教之用：

若以某邀名为过，则圣人崇名教而天下始劝。庄叟云"为善无近名"，乃道家自全之说，岂治天下者之意乎？名教不崇，则为人君者谓尧舜不足慕，桀纣不足畏；为人臣者谓八元不足尚，四凶不足耻，天下岂复有善人乎？人不爱名，则圣人之权去矣。经曰："立身扬名。"又曰："善不积，不足以成名。"又曰："耻没世而名不称。"又曰："荣名以为宝。"是故教化之道，无先于名。三古圣贤何尝不着于名乎？某患邀之未至尔。

范文正坦率承认，自己确在求"名"，在他看来，教化之道自当以名为本。教化就是以名教化。教化不依靠政府强制执行之刑，而依靠士人群体内部及更广泛的社会舆论之认可、赞美或不认可、谴责，由此形成好名或恶名。没有这样的名，如何教化？

简单地说，范文正所说的名教就是鼓励人们追求道德之卓越。历史上，名教大约在三个层面上运作：

第一个层面：儒家士人群体内部之名教。儒家主张"以文会友，以友辅仁"①。儒家士人群体内部同道之间相互评价，形成士林舆论，赋予其中德行、知识卓越者以一定的名。这样的名可激励士人提升自我，养成为君子，从而拥有道德和社会权威。

第二个层面：更广泛的社会领域之名教。君子主导的社会舆论赋予庶民中德行卓越者以一定的名，比如，孝子、节妇之名。这样的名可激励其他庶民向善避恶，从而化民成俗。这个名教是前面所说的礼教、德治的主要机制。

第三个层面：政府也可运用名教，比如对忠君爱国之将领、对治民有方之官员、对德行卓越之庶民赋予一定的名，比如爵位。这有助于激励官员与国民之道德、伦理意识。

上述三个层面的名教，其实不是儒家治理模式所独有，现代民主国家同样有，比如勋章制度。实际上，这是任何优良治理所不可或缺的。因为，社会治理，无非惩罚与激励两种手段。惩罚固不可缺，激励更为重要。至于激励之方，无非三个：物质性利益，比如财富、权力；名誉，荣誉；或者来世的好处。三者均可运用，但单纯运用利益，会产生较大弊端。因为，这可能引发对利益的争夺。而后两项激励却不存在这

---

① 《论语·颜渊篇》。

个弊端。名教就是名誉激励机制。从某种程度上，名教就是激励人们超越物质利益，追求道德之卓越。由于"君子喻于义"，所以，对君子，最好的激励机制是名教。虽然"小人喻于利"，但运用名教，也可以激励庶民向上提升其生命。

因此，名教实乃一种必要而重要的社会治理机制。顾炎武在《日知录·名教》条中说：

> 后之为治者宜何术之操？曰：唯名可以胜之。名之所在，上之所庸，而忠信廉洁者显荣于世；名之所去，上之所摈，而怙侈贪得者废锢于家。即不无一二矫伪之徒，犹愈于肆然而为利者。《南史》有云："汉世士务修身，故忠孝成俗。至于乘轩服冕，非此莫由。晋、宋以来，风衰义缺。"故昔人之言，曰名教，曰名节，曰功名，不能使天下之人以义为利，而犹使之以名为利。虽非纯王之风，亦可以救积污之俗矣。"

经历了亡国、亡天下之痛的顾炎武深切地意识到，既然人非圣贤，那么，以名励人的名教，就是最好的治理手段了。相比于威之以暴力，或者诱之以利，励之以名显然要高明很多，其成本也更低廉。

名教之制度化

古人早就意识到，名教是一种低成本的治理手段，所以早就以名教治国。不过，名教之制度化当始于汉武帝时代，以察举制的成立为象征。

秦人尚军功，其爵制完全依据军功，二十等爵主要取决于杀敌之数。这倒确实为平民提供了上进之阶，然而，其中没有任何道德意味。至于普通官吏，则依照"以吏为师"的宪法性原则，而养成文法吏，充当刑狱专家，其治民亦无任何教化意识。另以官、以财入赀为郎制度，也即官二代、富二代当权，如董仲舒在天人三策之第二策所言，"未必贤也"。这些官吏均没有独立的价值忠诚，不关心道德、伦理，而纯任刑治。

董子提出复古更化，实现治理模式之转换，即从刑治转向德本刑辅，如此则自然要求全面改造官吏构成，为此，他提出如下建议：

> 臣愚以为，使诸列侯、郡守、二千石各择其吏民之贤者，岁贡各二人以给宿卫。且以观大臣之能：所贡贤者，有赏；所贡不肖者，有罚。夫如是，诸侯、吏二千石皆尽心于求贤，天下之士可得而官使也。遍得天下之贤人，则三王之盛易为，而尧舜之名可及也。①

实际上，汉惠帝时即诏"举民孝弟、力田者复其身"②。这些人中似乎包括庶民，孝弟属于德，孝父母，爱兄弟；力田属于能，勤于农事。前者明显属于名。终汉一代，这两者始终受到政府的表彰。武帝建元初，始诏天下举"贤良方正、直言极谏之士"，此后历朝均有此举。但这通常属于临时措施。

汉武帝则采纳董子之建议，建立察举制。董子本希望以儒家士君子替换刑名吏和富家子弟，故看重"贤"。汉武帝则有自己的想法：儒法并重。因此，他下令开设四科：

> 一曰德行高妙，志节清白；二曰学通行修，经中博士；三曰明习法令，足以决疑，能按章覆问，文中御史；四曰刚毅多略，遭事不惑，明足决断，材任三辅县令。③

---

① 《汉书》，卷五十六，董仲舒传第二十六。
② 《汉书》，卷二，惠帝纪第二。
③ 《通典》，卷十三，选举一。

第一科显然是因名而举，第二科也来自于儒门之承认，因而很明显是以名取人。而当事人之名主要来自社会，主要是士人群体。后两者则主要由官员从吏属中发现、举荐，同样带有以名取人的性质。

这些制度继续发展，而形成系统的举茂才、举孝廉等察举制度。也就是说，名教之制度化大体上形成于汉武帝以后。其实质是，社会中特定群体赋予某人以名，以此标识该人之德与能。该群体将此名士推荐给政府，举之入府，政府经过考察之后，授之以官职。古人称这样一套程序为"选举"。这一程序与后来的科举大不相同——科举通过考试，客观地测试士人之水平，察举则诉诸社会赋予士人之名。

察举制之确立为中国治理体制的一次重大变化。周代，士之位德合一。春秋后期，礼崩乐坏，很多士没有位而成游士。孔子以六艺教授他们，训练其为新兴君子，有德亦有治国之艺。然而，礼崩乐坏，各国竞相追求富强，无德而有艺者大行其道，有德有艺之士君子反而不得其位。此时代的治理模式自然就是单向度的政刑之治。在战国之乱世，各国政府选用人才，倒也必观其能，尽管不问其德。到秦汉稳定统治时期，则堕落为官二代与富二代控制官位。

董子–汉武帝复古更化，儒生之贤者有机会进入政治体系。然而，如何辨识贤？贤是不同于能的品质。能更容易以客观化的指标测试，贤则很难。然则，如何选用儒生之贤者？政府把贤与不贤的辨识权交给儒家士大夫共同体，这就是察举之起因。

由此而有了"名士"。春秋后期，随着游士群体出现，就开始有"名士"。但战国、汉初的"名士"似乎主要是指知名之士，至于知名的原因不一而足，可能因为熟悉经籍，也可能因为具有某种特殊技艺，或者因为具有文学天赋。当时诸侯王、公卿争相豢养之所谓名士，其技艺五花八门。而到西汉中期，士人专指儒术，"名士"之义也得以纯粹化转而为名节之士，也即德行高妙、节操卓越之士。

由于朝廷以名取士，所以士人普遍致力于砥砺名节。终汉一代，名士层出不穷，最著名者当在西汉末年，尤其是东汉末年，《后汉书·党锢列传》记载：

> 至王莽专伪，终于篡国。忠义之流耻见缨绂，遂乃荣华丘壑，甘足枯槁。虽中兴在运，汉德重开，而保身怀方，弥相慕袭，去就之节，重于时矣。逮桓、灵之间，主荒政缪，国命委于阉寺。士子羞与为伍，故匹夫抗愤，处士横议。遂乃激扬名声，互相题拂；品核公卿，裁量执政。婞直之风，于斯行矣。

宦官、外戚轮番专权，接受过儒家教育的士人耻于与其为伍，而相互砥砺。也就是说，名教让儒家士人形成了强烈的共同体意识，当时：

> 海内希风之流遂共相标榜，指天下名士，为之称号：上曰"三君"，次曰"八俊"，次曰"八顾"，次曰"八及"，次曰"八厨"，犹古之"八元""八凯"也……君者，言一世之所宗也……俊者，言人之英也……顾者，言能以德行引人者也……及者，言其能导人追宗者也……厨者，言能以财救人者也。

可以说，这是中国历史上名士辈出、名教也最为发达的时代。那么，名教对于彼时之社会治理，究竟产生了何种效果？

显而易见，名教让儒家士人保持着较为强烈的共同体意识，把士林联系在一起的正是名。名教之运转以士人共同体的存在为前提，名则是这个共同体内部最主要的相互激励机制，名教是儒生共同体最为重要的自我治理机制。这个共同体能够给予士人的正是名，也只有名：士人共同体对一个人的奖励是美名，对一个人的惩罚是恶名。而士人伦理，就是在这样的共同体中生成与维系的。

名教对于儒家士人的德性养成产生了巨大的激励作用，社会风气因此而有根本转折。春秋后期礼崩乐坏，中国进入物质主义时代。整个社会重"利"，人们疯狂追求物质性利益，主要是权力和财富。老庄主张无欲，孟子呼吁"何必曰利"，皆在反抗这样的历史趋势，但物质主义依然日益严重。从战国，经秦，一直到汉中期，人们普遍地重功利，弃仁义。汉武帝也是一个过渡性人物，汲黯就当面说汉武帝"内多欲而外施仁义"①。

到西汉后期，物质主义已经退潮，名教制度化，社会以孝廉、仁义等德行之名为重。而儒生是社会治理的中坚，既然儒生共同体主要以名教自我治理，则名教也就具有重大的社会治理功能。粗略观察中国历史，可发现这么一个现象：凡是士人之道德理想主义精神较强的时代，社会治理会较好，比如汉、宋。反之，士人之道德理想主义精神疲弱的时代，社会治理不大好，比如清代。而一个时代士人的道德理想主义精神之发育程度，与名教关系极大。名教有助于社会治理之优良。

何以故？首先，发达的名教体系引入了一种道德理想主义的激励机制。透过名的激励，相当数量的士人形成和保持儒家之道德理想主义，崇仁义、重出处，在人生各个方面，以较为严厉的儒家道德标准自我要求。这种道德理想主义的核心是责任感和公共精神。如董子所说："夫仁人者，正其谊不谋其利，明其道不计其功。""夫皇皇求财利常恐乏匮者，庶人之意也；皇皇求仁义常恐不能化民者，大夫之意也。"②儒生要获得名，就必须重义而轻利，也即节制物质性欲望，勇于承担社会责任，即齐家、治国、平天下。由此，社会有了一个同时具有德、能的领导者群体、君子群体。这是优良治理的前提。

也就是说，名教塑造着"士"气，士人之气节。气节的核心在于蔑视财利也蔑视权贵，忠于自己的价值，坚守自己的理想，勇于承担自己的天职。梁启超先生在《新民说·论私德》篇中对两汉士气赞叹有加。

① 《汉书》，卷五十，张冯汲郑传第二十。
② 《汉书》，卷五十六，董仲舒传第二十六。

现代宪政主义儒者张君劢先生曾经专门撰文讨论"气节"问题。[1]士气、气节就形成于名教。而士气高涨、气节高洁之士人群体，是优良社会秩序的缔造者和维护者。

这一群体的崛起，也必然重新塑造社会价值体系。政府以名取人，主动权似乎在政府手中，然而，士人或者庶人之名誉终究由社会，主要由士人群体生产和传播。政府官员必须推举社会中的成名之士，这些名是儒家价值给出的判断。这些价值激励士人，也激励普通民众。由此，儒家价值弥漫于社会各个层面，整个社会的主导精神就是儒家守护之仁、义、礼、智、信，温、良、恭、俭、让等。这些理念可以提升民众的自我治理水平，也可以推动政体、法律趋向于理性化。名教也是一种有效的教化途径。

从某种意义上说，现代民主制也是一种名教治理体系，因为民主选举的本质是以名取人。民主选举不是通过某种貌似科学的程序测试候选人的客观能力。选民其实是依据自己的主观感受投票的，在一定程度上，选民是根据候选人的名做出选择的。选民很难掌握候选人之实。在竞选活动中，候选人主要通过修辞、通过身体语言赢得民众的好感，也即赢得名，道德之名，能力之名。现代选举制度越发突出了这一点。有意思的是，对民主的一种常见批评意见也正是：民主制度下，政客比较"虚伪"。这从反面证明名教与民主之相通性。

曹操与反名教

魏晋之际，名教遭到部分人的反感、反抗，而始作俑者乃是曹操。陈寅恪先生在《书世说新语文学类钟会撰四本论始毕条后》[2]篇中

---

[1] 张君劢著，程文熙编，《中西印哲学文集》上册，台湾学生书局，1981年。
[2] 陈寅恪著，《金明馆丛稿初编》，北京三联书店，2001年。

说，曹操为宦官之后，宦官向来属于皇权系统，与儒家士大夫势不两立。前面所引《党锢列传》中的名士就以道德理想主义，与宦官作殊死搏斗。而曹操当权、僭权后，乃致力于摧毁名教，以摧破儒家精神堡垒。这最集中地表现于史上有名的"求才三令"中。《三国志·武帝纪》记录了这三条政令：

（汉献帝）十五年春，下令曰：自古受命及中兴之君，曷尝不得贤人君子与之共治天下者乎！及其得贤也，曾不出闾巷，岂幸相遇哉？上之人不求之耳。今天下尚未定，此特求贤之急时也。"孟公绰为赵、魏老则优，不可以为滕、薛大夫"。若必廉士而后可用，则齐桓其何以霸世！今天下得无有被褐怀玉而钓于渭滨者乎？又得无盗嫂受金而未遇无知者乎？二三子其佐我明扬仄陋，唯才是举，吾得而用之。

（十九年）十二月……乙未，令曰：夫有行之士未必能进取，进取之士未必能有行也。陈平岂笃行，苏秦岂守信邪？而陈平定汉业，苏秦济弱燕。由此言之，士有偏短，庸可废乎！有司明思此义，则士无遗滞，官无废业矣。

（二十二年）秋八月，令曰：昔伊挚、傅说出于贱人，管仲，桓公贼也，皆用之以兴。萧何、曹参，县吏也，韩信、陈平负污辱之名，有见笑之耻，卒能成就王业，声著千载。吴起贪将，杀妻自信，散金求官，母死不归。然在魏，秦人不敢东向；在楚，则三晋不敢南谋。今天下得无有至德之人放在民间，及果勇不顾，临敌力战；若文俗之吏，高才异质，或堪为将守；负污辱之名，见笑之行，或不仁不孝，而有治国用兵之术：其各举所知，勿有所遗。

求才三令的核心主张是唯"才"是举。而曹操之所谓才能，就是攻城略地、以刑名治民之才能，与德毫无关系。事实上，曹操一而再、再而三地刻意把德行与才能对立起来。求才三令的真实意图也许并不在于求才，而在于宣示一种反名教的治国新精神——这一新精神与商君、韩非如出一辙。因为，在当时，士人如果讲名节，就无法容忍曹操篡汉。唯有摧破士人精神，曹氏才可篡汉自立。然则，曹操何以终生未敢篡汉？恐怕就是因为儒家三百年陶冶之士气犹在。经过反复摧折之后，其子曹丕才敢取汉而代之。

由此可以看出，名教关乎政治。而士人之反名教观念，也正是由于政治原因而形成的。按照陈寅恪先生的说法，司马氏本为士族代表，且在士族支持下替换曹魏。嵇康却是曹操之曾孙女婿，因而忠于曹魏，而反对司马氏。这似乎可以解释，嵇康何以最为激烈地毁弃名教、菲薄汤武。当时主张毁弃名教者，差不多都反对司马氏。

曹氏反名教，让现代文人如获至宝，热衷于为曹氏翻案，因为现代人反对儒者维护之名教，而曹操也反名教。现代文学和哲学史也坚定地站在嵇康等魏晋名士一边，因为现代人反名教，而嵇康等名士也反名教。有趣的是，到魏晋时代，"名士"的含义再度发生巨大变化。这个时代的名士之精神结构，常与两汉名士截然相反。由名士之反名教，士人群体，至少其中一部分，开始抛弃经学，放浪形骸，耽溺清谈。

后人有"清谈误国"之说，实有一定道理。汉晋社会秩序在很大程度上是靠名教维系的，正是名教维持着士人之道德理想主义，维系着社会之良风美俗，从而以儒家士君子为中心，社会形成较为坚实的自治性组织，并有效地生产和分配公共品。反名教则必然侵蚀这样的社会秩序，导致社会组织松动甚至解体。《晋书》列传第六十一《儒林》概述说：

有晋始自中朝，迄于江左，莫不崇饰华竞，祖述虚玄。摈阙里之典经，习正始之余论。指礼法为流俗，目纵诞以清高。遂使宪章弛废，名教颓毁。五胡乘间而竞逐，二京继踵以沦胥。运极道消，可为长叹息者矣。

名教透过名，激励士人和庶民忠诚于仁、义、礼、智、信等华夏核心价值，这些信念把君子、小人联结为大大小小的组织。这些组织生产和分配公共品，并构成维护国家安全的基础性力量，威慑蛮夷。诋毁名教，则摧毁核心价值，士人刚健精神崩溃，公共精神丧失，完全回归个体之情感、欲望。由此，社会缺乏负责任的领导者，人心涣散，组织解体，则必然启蛮夷之野心，一旦入侵，华夏也无力抵御。南北朝时期五胡之长期乱华与名教之废坠之间，有直接关系。

当时就有人对此种风气大加抨击。比如，《晋书》卷四十三《列传第十三》记载：

是时王澄、胡毋辅之等，皆亦任放为达，或至裸体者。（乐）广闻而笑曰："名教内自有乐地，何必乃尔！"其居才爱物，动有理中，皆此类也。

只是，当时的文人很难认识到这一点，他们沉溺于自己的情绪中难以自拔，完全忘记了治理社会的天职。后世文学之士经常反名教，现代启蒙文人即是这一传统的继承者。他们受私人情绪支配，缺乏责任意识和公共精神，很难认知名教对优良治理的决定性意义。

"虚伪"辨

现代人对名教的常见批评是滋生虚伪。这也是批评礼教、德治的主要理由。现代知识分子反对礼教、德治的重要理由是，礼教、德治制造伪君子。比如前面所引吴虞对礼教的主要指控，也正是虚伪。

这种指控在二十世纪八十年代十分流行。王朔的小说、葛优的电影，通过京味幽默，致力于消解官方意识形态的伪崇高。很多人把这种伪崇高等同于虚伪。

伪崇高当然是一种虚伪，但它相当特殊。它的要害在于做崇高状，把普通人的生命置于一种宏大政治叙事中，要求普遍人具有革命的高调道德。因此，伪崇高有一种强烈的集体主义倾向，要求人们为此集体之崇高目标而牺牲自己。实际上，在意识形态高强度动员时代，人们也许能够做到这一点。唯当高强度动员期结束后，就很难做到。伪崇高所批评的对象就生活在后动员时代：基于惯性或者投机，高唱崇高目标，却在追求私人的琐屑利益，由此形成高度喜剧性的反差。

一般意义的虚伪则与此不同。根本的区别在于，传统的道德是平实的，人人皆可做到。因而这种情况下的虚伪或有两种情形，第一种，社会崇尚名节，有人矫饰情貌，故作清高，以博取士林清誉。第二种，人本有逐利之心，慑于社会风气，不能不有所节制。第二种情况就是荀子所说的"化性起伪"，也即以礼义约束利欲之心。但这正是教化之效用。第一种才算真正的虚伪，但这种虚伪至少表明，整个社会具有较浓厚的道德空气，否则，这种虚伪就是多余的。

现代知识分子之反虚伪实引发了一场具有重大历史意义的"道德反转"。这个概念是当代重要的思想人物迈克尔·波兰尼（Michael Polanyi）提出的。[①]波兰尼指出，启蒙运动高扬理性，由此释放出两个相反而又融为一体的力量：怀疑主义与"人道情感的新浪潮"或者说"慷慨的希望"。既然人具有高超的理性，那他就可借由理性重新全盘设计构造新秩序，让自己进入永恒的幸福状态。他也有权利怀疑一切既有的信念、制度、文化。经过理性的审查之后，启蒙者宣告，既有的道德规范是腐朽的，人们基于此一道德规范体系而形成、反过来又支持着这一道德规范体系之正常运转的道德感是虚伪的，由此规范及其他社会制度支持的社会秩序是落后的，由此规范及诸多制度支配的人是愚昧无知的。在启蒙者笔下，旧秩序中的人物——不论其为教士，还是贵族，或者是商人——的最大之恶就是"虚伪""伪善"，他们也最喜欢对此予

---

① ［英］迈克尔·波兰尼著，《社会、经济和哲学——波兰尼文选》，北京商务印书馆，2006年，第91—121页。

以揭露。他们把揭穿这一道德规范体系和种种社会制度的虚伪、摆脱其束缚的败德行为，说成是"真正的"道德。启蒙者坚决抛弃"虚伪"，回到真正的道德——其实就是无道德的自然肉体状态。

这就是"道德的反转"。这样的心智影响深远，此后，无数现代知识分子都在炫耀自己的败德行为，尤其是法国，盛产这类知识分子。这类知识分子在中国也有很多粉丝。比如，·"范跑跑"就把自己的不道德、反道德的主张，描画成"真正的"道德，并声称那些要求他尽到教师职责的人是虚伪的。

由此形成一种反道德的道德优越感。现代知识分子中间有一句非常流行的话：真小人好过伪君子。知识分子根本不承认这个世界上有君子。由此更进一步，他们断言，没有崇高、没有君子的世界是一个更好的世界。再进一步，他们断言，道德和君子根本是反道德的，不讲道德才是最道德的。反道德的逻辑至此圆满。

基于这种道德的反转，现代知识分子的思想、观念和知识工作，主要是摧毁道德，现代法国知识分子如此，二十世纪中国的知识分子同样如此——当然，这里需要说明，知识分子与绅士、君子是两个概念。后两者在这两个社会中还坚持道德，从而维持了社会的一线生机。

毫无疑问，有道德，就一定有虚伪。道理很简单：道德是美好的，人却是不完善的。希望获得好名声的不完善的人，有时会伪装自己。但这显示了这个不完善的人仍承认完善是好的、让人羡慕的。这些虚伪的人会节制自己本来的私欲或者粗鄙。现代知识分子的反虚伪则通往虚无主义。它根本否认善、道德，由此得到的只能是丛林世界。

历史已经证明，因为人践行道德的不完善而否定道德，也即，因为虚伪而否定道德，乃是愚蠢的。古人对这个问题的看法相当理智，《后汉书·方术列传上》有这样的议论：

论曰：汉世之所谓名士者，其风流可知矣。虽弛张趣舍，时有未纯，于刻情修容，依倚道艺，以就其声价，非所能通物方，弘时务也。及征樊英、杨厚，朝廷若待神明，至竟无它异。英名最高，毁最甚。李固、朱穆等以为处士纯盗虚名，无益于用，故其所以然也。

然而，后进希之以成名，世主礼之以得众，原其无用亦所以为用，则其有用或归于无用矣。何以言之？夫焕乎文章，时或乖用；本乎礼乐，适末或疏。及其陶搢绅，藻心性，使由之而不知者，岂非道邈用表，乖之数迹乎？而或者忽不践之地，赊无用之功，至乃诮嘿远术，贱斥国华，以为力诈可以救沦敝，文律足以致宁平，智尽于猜察，道足于法令，虽济万世，其将与夷狄同也。孟轲有言曰："以夏变夷，不闻变夷于夏。"况有未济者乎！

范晔清楚，名教导致了某些士人的虚伪，他们故作清高，博取令名，实则名不副实，徒有虚名。尽管如此，范晔也指出，名教自有其大用。因为，以节操为名，至少可以诱导士人群体和整个社会追求道德。容忍虚伪，意味着还承认道德的作用。而只要道德发挥作用，社会基础性秩序就有保障，这样的基础性秩序是人的尊严与幸福的最基本保障。因为虚伪而舍弃道德，放弃名教，则社会基础性秩序遭到侵蚀，必走向秩序的解体。

〖第七篇〗
儒家主张人治吗？

对于儒家，对于儒家所塑造的中国治理秩序，常有这样一种批评：人治。礼教、德治都被具有启蒙情怀、自以为掌握了现代社会治理之道的人士，蔑视地称为"人治"。

这种批评的参照是西方。据说，西方社会或者说现代社会的基本治理模式是法治，更多地依靠制度。中国则不然，实行人治。中国要建立法治社会，就必须抛弃这一人治传统，为此也就必须抛弃儒家思考社会治理的范式。

然而，儒家果真主张人治吗？或者更进一步说，儒家即便主张人治，果真错了吗？

孔子：为政在得人

批评儒家人治倾向的人士所关注的问题是人与制度的关系，在很多时候，这种关系被等同于道德、伦理与制度之关系。儒家经典文献对两者间联系，确有很多论述，而这些批评者忽略了儒家理念之丰富性。我们不妨择其较为常见而重要的论述，略作分析。

首先来看《中庸》：

哀公问政，子曰："文武之政，布在方策。其人存，则其政举；其人亡，则其政息。人道敏政，地道敏树。夫政也者，蒲卢也。故为政在人，取人以身，修身以道，修道以仁。"

朱子注：方，版也。策，简也。息，犹灭也。有是君，有是臣，则有是政矣。敏，速也。蒲卢，沈括以为蒲苇是也。以人立政，犹以地种树，其成速矣，而蒲苇又易生之物，其成尤速也。言人存政举，其易如此。

"为政在人"，《家语》作"为政在于得人"，语意尤备。人，谓贤臣。身，指君身。道者，天下之达道。仁者，天地生物之心，而人得以生者，所谓"元者善之长也"。言人君为政在于得人，而取人之则又在修身。能修其身，则有君、有臣，而政无不举矣。[①]

周文王、武王所立之大法被记录在简册和各种器物上，为万世不易之大法。孔子指出，但是，这些优良之法并不能自行运转，也需要借助于人，方可实施。

那么，这里的"人"是谁？批评儒家人治论者经常望文生义，把这里的人理解为君王。然而，汉儒、宋儒均不作如是解。汉儒郑玄注"为政在人"意为"在于得贤人也"[②]，人是指君王之外的贤能之人。朱子之解相同。因而，"为政在人"是对君而言的，其实表达了对君权的不信任：君不应迷信自己的能力，而当致力于发现贤能之人，委托他们治理国家。

因此，"为政在人"其实论述了儒家政治哲学的基本命题：最好的治理架构是士君子共和。《礼记·礼运篇》描写大同之世，第一项制度是"大道之行也，天下为公"，这不是现代人望文生义所理解的，要求天下人公而忘私。它其实阐明了天下主权归属之基本原则：天下是天下人之天下。所以，天下之最高治理权威——君位，须实行禅让制，由天下人共同推举。紧接着一句话则是："选贤与能。"经由天下人推举产生之君承担天下人赋予其职

---

① 《中庸章句集注》。
② 《礼记正义》，卷五十二，中庸第三十一。

责的最好途径，就是与天下贤能共同治理天下，也即"为政在人"。

当然，孔子这段话也确实突出了人的重要性：共同参与治理的士君子群体对于优良治理之形成和维系具有决定性意义。但需注意，这是以"文武之政，布在方策"为前提的。也就是说，《中庸》所讨论的问题是，若已存在一套优良制度，如何达成优良治理？

在这个问题上，现代知识分子与儒家存在分歧。过去二十多年来，种种因素促成了制度决定论在学界和舆论界的兴起：从情感角度看，很多人厌烦了二十世纪中期的高调道德动员，故对道德本身表示反感、拒斥。从知识的角度看，过去二十年，经济学居于学术体系的支配地位，"理性经济人"假设已变成各学科的普遍预设，甚至变成一种伦理信条。没有人再相信人可以或应当是道德的了。而在大众传播媒介上最为热门的经济学是新制度经济学，它告诉人们，制度至关重要，甚至最重要。这一论断正好切合反感道德之政治性情感。于是，"制度最重要"之说演变成制度决定论——决定论对于现代知识分子总是具有致命吸引力；知识分子尤其愿意相信，某种貌似客观的力量在决定着历史。

基于制度决定论信念，人们相信，只要制度优良，人是否道德根本就不重要。理由是：制度本身可以让制度约束下的人道德起来。这种说法当然不是没有道理，但显然不算完整。其最大问题在于，制度似乎外在于人，而人究竟是怎样的，是由人之外的神秘的制度所决定的。

然而，制度不是存在于人之外的对象之物。制度是哈耶克所说的"社会科学的事实"[①]，它们确实是客观的，但仅存于人与人的关系中。制度就是人与人之间相对稳定的关系模式、互动模式，比如，政治制度在很大程度上就是君与民的特定互动模式、君与臣的特定互动模式。而人际关系本质上处于精神活动范畴，人的信仰、价值、理念决定人如何对待他人及其具体行为，并据此确定自己与之交接的策略。

----

① [英] 弗里德里希·A.哈耶克著，冯克利译，《科学的反革命：理性滥用之研究》，译林出版社，2003年，第17—29页。

因此，人的存在状况，尤其是精神状态，对于制度之运转乃至存在本身，具有重要影响。即便制度优良，但制度中人普遍精神败坏，则优良制度就不能正常运转，并必然很快瓦解。事实上，若人的精神状态恶劣，也就不可能形成优良制度。两者是互动的，向上的精神与优良制度相互生成，败坏的精神与扭曲的制度也会形成恶性循环。制度决定论是不能成立的。

孔子的说法是完全正确的。文武之道尽管布在方策，也依然需要贤能之人具体操作实施，才会有仁政。如果没有一批既贤且能之士君子遵循文武之道，而由专断的君王滥用自己的意志和权力，则断无文武之道之治。优良治理的确在于得人，不论是否有文武之策。

孟子：人与制度同等重要

《孟子·离娄上篇》的一段话，语境则发生了重大变化：

孟子曰："离娄之明，公输子之巧，不以规矩，不能成方员（圆）；师旷之聪，不以六律，不能正五音；尧舜之道，不以仁政，不能平治天下。今有仁心仁闻而民不被其泽，不可法于后世者，不行先王之道也。故曰，徒善不足以为政，徒法不能以自行。"

孟子生活在战国，此时礼崩乐坏，三代优良之法已荡然无存。孟子面临的问题也就与《中庸》不同，孟子提出的解决方案当然也就与《中庸》不同：在孟子看来，治国者要平治天下，首先必须建立各种制度，更具体地说，首须恢复先王之道，这是优良治理所必须的制度。孟子明明白白地说，没有这样的优良制度，君王、君子光有仁善之心，是不足以通往善政的。

这样，我们看到了另一个孟子。宋明儒特别重视孟子，又特别重视孟子的心性之学，牟宗三先生等现代新儒家更以孟子心性之学概括整个儒家。但实际上，孟子关注的问题绝不仅限于心性。只要看一下《孟子》文本就会发现，孟子对制度的关注，与对心性的关注，实不相上下。

当然，孟子心目中的优良制度大体上就是封建制度。孟子最早明确表达了儒家构建制度的复封建倾向，他对井田制、封建爵禄之制、明堂制及君主易位等制度，进行了深入讨论。关于具体制度的讨论，孟子其实远多于荀子。孟子也利用一切机会向君王介绍他的制度构想，他很清楚，唯有通过制度构建，仁政方可从理想变成现实。比如，关于井田制，《孟子·梁惠王上篇》中是这样论证的：

无恒产而有恒心者，惟士为能。若民，则无恒产，因无恒心。苟无恒心，放辟，邪侈，无不为已。及陷于罪，然后从而刑之，是罔民也。焉有仁人在位，罔民而可为也？

是故明君制民之产，必使仰足以事父母，俯足以畜妻子，乐岁终身饱，凶年免于死亡。然后驱而之善，故民之从之也轻。今也制民之产，仰不足以事父母，俯不足以畜妻子，乐岁终身苦，凶年不免于死亡。此惟救死而恐不赡，奚暇治礼义哉？

王欲行之，则盍反其本矣！五亩之宅，树之以桑，五十者可以衣帛矣；鸡豚狗彘之畜，无失其时，七十者可以食肉矣；百亩之田，勿夺其时，八口之家可以无饥矣；谨庠序之教，申之以孝悌之义，颁白者不负戴于道路矣。老者衣帛食肉，黎民不饥不寒，然而不王者，未之有也。

孟子相信，人皆有善端，士则具有较强的"思"的能力，故其道德自觉意识较强，即便没有财富激励，也可持之以恒地追求高尚的目标。普通民众却做不到这一点，只有当其享有稳定的财产，过上温饱生活，才有可能尊重伦理、法律与政治秩序。因此，治国者首先必须建立合理的经济、社会制度；在此基础上，再图建立教育、文化制度，以塑造优良秩序。或许在孟子看来，其实君王之仁的根本表现，就是建立这些制度，这才是大仁大义。

因此，我们可以说，孟子相信，制度至关重要。不过，孟子马上又补充说，"徒法不能以自行"。孟子延续了《中庸》的传统，而断言人同样至关重要。这样的人，同样是士君子。这正是孟子讨论的另外一个核心议题：普通人如何养成为君子，积极地承担建立和运行合理制度之天职。

这样，我们看到了一个复杂而丰富的孟子：孟子对人性是乐观的，所以他相信，世间必有君子。孟子又是务实的，所以他相信，制度很重要。人与制度，他同等重视。孟子相信，这两个要素同时具备，优良治理才有可能实现。

黄宗羲：有治法而后有治人

再看明末大儒黄宗羲的一段话，出自《明夷待访录·原法》，经常被人引用：

即论者谓有治人无治法，吾以谓有治法而后有治人。自非法之法桎梏天下人之手足，即有能治之人，终不胜其牵挽嫌疑之顾盼。有所设施，亦就其分之所得，安于苟简，而不能有度外之功名。使先王之法而在，莫不有法外之意存乎其间。其人是也，则可以无不行之意；其人非也，亦不至深刻罗网，反害天下。故曰有治法而后有治人。

与孟子相比，黄宗羲生活的环境再度发生巨大变化，其论说的重点也就进一步转移。孟子的问题是，没有法度，故强调创制立法之重要性。明代的情况则是：存在着一个体系完备的法度，但其结构是混乱的，其性质是专制的。基于这样的经验，黄宗羲痛斥当时所行之法乃是"非法之法"，此制给小人以太多可乘之机，君子则备受牵制，不能有所作为。

在此环境下，黄宗羲断然提出一个全新命题：制度是决定性的。如果制度不合理，即便有士君子，也没办法施展手脚。制度如果比较合理，士君子可以如鱼得水，于制度之下广行善政。即便小人在位，也不能肆意妄为。黄宗羲的结论是，不变法，而且是根本性变法，实际上是制度革命，而在旧制度之下左右弥缝，绝无优良秩序可言。整个《明夷待访录》都在论证这一命题。黄宗羲剖析了各个领域的制度之不合理，并提出了自己的制度构想。

就文本本身而言，黄宗羲确实比较重视制度。这一点，大约与明亡的惨痛经历有关。当时有士人"无事袖手谈心性，临危一死报君王"，所以，明清之际三大贤人，黄宗羲、顾炎武、王夫之均十分重视制度。也正是这种取向，与晚近三十年来人们重视制度的取向相同，因而，黄氏之说也被今人广泛引用。

但是，这种基于特殊时代经验的论断，未必具有普遍性，且其忽略了一个至关重要的问题：制度既然是决定性的，它本身从何而来？制度决定论者从来没有对此问题做出明确的回答。他们只能把制度变革的希望寄予奇迹，比如某位享有巨大威权的开明专制者降临，于一夜之间全盘改变整个制度，开启一个新时代。这当然并非全无可能，但这不是社会科学理论应当讨论的问题，而完全是命、也即运气的问题。

总结：人确实至关重要

上面横跨两千年的三段话，揭示了儒家关于人与制度之关系的完整理念的不同面相：

孔子讨论的情形是，尚存在着优良制度，这时，治理之好与更好就取决于人，取决于各种层级的治理者之德，甚至也取决于民众之德。

孟子讨论的情形是，没有制度，但存在着具有德行的人，这个时候，重要的问题当然是构造制度，而人也让制度可被构造出来。

黄宗羲讨论的情形是，现有制度整体上不合理，则当务之急就是改变制度。"有治法而无治人"毋宁更多地表达了期待优良制度的强烈愿望。

不管怎样，上面最简单的梳理清楚地表明，儒家绝非不重视制度。儒家关心的是如何达成优良治理秩序，而一旦思考这个问题，就不可能不注意制度，不可能不重视制度。

至关重要的是，儒家对人性，并非如今人想象的那样天真，这一点将在讨论儒家人性论时仔细辨析。孟子最多只是相信人皆有善端，唯有依赖"思"，善端才能成为善本身。但思的能力在人们中间的分布是不均匀的，所以，君子总是少数，小人总是多数。董子更为具体地说，"中人"有善质，有待于政、教，才可抑制恶，实现善。政、教就是道德、礼法、刑律，它们共同构成约束–激励人的制度体系。

不过，儒家又从来不是制度决定论者。儒家绝不相信，光靠制度就可以实现优良治理。健全的制度也需要健全的人来建立并操作，才有可能健全地运转。孟子所说"徒善不足以为政，徒法不能以自行"，是对儒家关于人与制度的立场一个比较完整的界定。

而由上面三位圣贤的论述可发现，制度越是不合理，他们越倾向于强调制度的重要性，人的重要性则有所降低。而我想补充的是，其实，制度越是不合理，人，也即人的道德自觉越重要。

回到黄宗羲问题：制度从根本上说不合理，因此，制度变革极为紧迫。于是，黄宗羲问题就转变为：如何构建合理制度？

首先可以确定一点，只有人能够改变制度。改变制度就是改变人际间的稳定互动模式。人既是制度的主体，又是制度的呈现者，那么改变制度的只能是人自身。接下来要问：什么人有这种能力？最有可能的是，那些具有道德理想主义精神的君子。

不妨设想，面对不合理的制度，不同人的反应：

第一，那些没有道德感的人，也即小人，完全可能如鱼得水，充分利用不合理的制度牟利。故他们不可能改变制度，而将成为制度变革的障碍。

第二，大多数人有一点道德感，但不够强烈，制度能在一定程度上塑造他们。在不合理的制度下，他们漠然地生活着，尽管可能有一些不满。即便遭受制度的侵害，他们也宁愿忍气吞声。

第三，另有一些人的道德感更强一些，当自己的权利、利益遭受侵害，会产生强烈反应。但他们通常只有愤怒，只有个别的不满激情，而没有能力产生变革制度的念头。制度就在人身上，但以抽象的关系的方式存在。那些权益遭受侵害的人可能被具体的人际关系所限制，而无法想象这关系所代表的抽象制度。他会痛恨直接侵害他的人，比如个别官员，却不能因此而反思制度，产生改变制度的念头。即便有些人产生改变制度的想法，却无力采取有效行动，因为，改变制度需要集体行动。

由此可以看出，改变制度乃是一件高度复杂的事件，并不是随便什么人就可启动并完成它。具有较为强烈的道德理想主义精神的君子群体的形成，则让制度变革成为可能。

我们可用孔子经常提及的智、仁、勇三者，对此予以说明——《中庸》也说："智、仁、勇三者，天下之达德也。"即便自己的权利、利益未遭到直接损害，君子也会因为较为敏锐的仁心、义心，而对他人的损害产生同情。借助于智，君子能超越个人伤害之具体性，洞悉制度之不合理处，并构想更为合理的制度，提出制度转型之方案。智就是制度抽象与构想之能力。由于勇，君子会义无反顾地投入改变制度的实践中。这样的实践是充满风险的，按照经济人理性看是得不偿失的。然而，"见义不为，无勇也"[1]，君子能够见义勇为，义者，宜也，君子基

---

[1] 《论语·为政篇》。

于仁心为自己设定伦理义务。由此，君子可超越"理性经济人"的成本－收益计算，投入高风险的制度变革事业中去。

因此，成功的变法者必具备这"三达德"。当然，具有这三达德的君子如果只是零星的，显然也是不够的，需要一群人具有这三达德。君子需要形成一个休戚与共的共同体。而唯有借助于仁，借助于道德理想主义，人才能够克服经济学家所说的"集体行动的困境"，解决困扰着制度经济学家的"搭便车"难题，采取集体行动，有力地、有效地改变制度。

换言之，在制度不合理、需要予以改变的时代，道德理想主义比任何时候都重要。唯有借助这种强烈的道德感，才有见义勇为的君子，才有君子的集体行动，也才有变法、立宪的政治，由此，合理的制度才有可能被建立起来，从而进入"治法"时代。

当代中国也正处于这样的时代。大多数人都深知，现有体制存在广泛而严重的不合理处，人们也普遍知道应当向什么方向变革。问题仅在于，投入变革中的力量不足以推动变革。也即，这个时代有制度理想，却缺乏实现这理想之人。而人的根本问题是德。儒家对于这个转型时代的价值也正在于塑造人，具体地说是塑造一群君子，他们可具有仁、智、勇三达德，可超越自身利害之考量，投入"理性经济人"所不愿从事的立法改制事业。

实际上，正是儒家士君子推动了中国历史上三次最为重大的制度变革：

第一次，孔子再传弟子推动了战国初年魏的王权制的建立，这是整个东方王权制的范本。

第二次，董仲舒为代表的汉儒改造了秦制，推动建立了儒家士大夫与皇权共治体制。

第三次发生在现代，远从曾国藩，近从康有为开始，张謇、梁启超等儒家士人推动了清末立宪以及共和国的建立。民国时代，张君劢、梁漱溟等儒家同样致力于立宪事业，张君劢先生为1947年《中华民国宪法》之起草人。

这个最为简略的历史回顾清楚地说明了儒家对于制度的重视，儒家也存在一个创制立法的悠久而深厚之传统。《重新发现儒家》第二部将对此进行稍微详尽的研究。而这些儒者之所以能够改变制度，乃因为他们超越了利，而"喻于义"，且"见义勇为"。

总结一下，儒家关于法与人，也即社会治理过程中制度与道德间关系之看法是完整而健全的：制度至关重要，道德同样至关重要。事实上，在任何时候，人都是至关重要的。制度健全之时，制度正常运转固然有赖于具有一定道德自觉的君子群体之存在。当制度不健全、不合理之时，人更为重要：唯有通过具有强烈道德理想主义精神的君子们的努力，甚至是牺牲，制度才有可能被改变。

也就是说，人确实是最重要的。儒家对于人之强调其实是完全正确的。归根到底，人世间的一切都是由人决定的。

"内圣外王"辨正

今人对人治的批评也经常针对儒家修身思想及内圣外王理念而发。

首先需要说明，内圣外王之说的首倡者并非儒者，而是《庄子·天下篇》①。据此，似乎可以说，内圣外王说也许并不属于儒家思想。当然，宋明儒接过了这一说法，但这未必妥当。

---

① 天下大乱，贤圣不明，道德不一。天下多得一察焉以自好。譬如耳目鼻口，皆有所明，不能相通。犹百家众技也，皆有所长，时有所用。虽然，不该不遍，一曲之士也。判天地之美，析万物之理，察古人之全。寡能备于天地之美，称神明之容。是故内圣外王之道，暗而不明，郁而不发，天下之人各为其所欲焉以自为方。悲夫！

内圣外王说的问题在于截断内与外，分裂内之修身与外之治理，仿佛儒家主张，人可以先行修身养性，随后投入社会治理活动中。但是，纵观儒家思想，其实并没有这种区别。比如，《大学》是这样说的：

> 大学之道，在明明德，在亲民，在止于至善。
> 知止而后有定，定而后能静，静而后能安，安而后能虑，虑而后能得。物有本末，事有终始，知所先后，则近道矣。
> 古之欲明明德于天下者，先治其国；欲治其国者，先齐其家；欲齐其家者，先修其身；欲修其身者，先正其心；欲正其心者，先诚其意；欲诚其意者，先致其知；致知在格物。
> 物格而后知至，知至而后意诚，意诚而后心正，心正而后身修。身修而后家齐，家齐而后国治，国治而后天下平。
> 自天子以至于庶人，壹是皆以修身为本。其本乱而末治者否矣。其所厚者薄，而其所薄者厚，未之有也。

第一句话为《大学》"三纲"，提出大人之学、君子之学的三个目标，这三个目标是平行而又相互套嵌的。这句话是全篇纲领，"三纲"就是对下面的"八目"的概括："明明德"就是下面将要讨论的格物、致知、诚意、正心，这些共同构成"修身"。"亲民"就是下面将要讨论的齐家、治国。"止"者，瞄准目标也，"止于至善"就是下面所说的明明德于天下。

在这一论说结构中，最有意思的是"修身"一目，它是整个大学之中心环节，因此下面又专门说，自天子至于庶人，皆须以"修身"为本。那么，何谓"修身"？它是不是"内圣"？"内"通常是指"心"，但《大学》之"身"显然不限于"心"。"正心"确实包括在"修身"中，但"修身"的范围更为广泛，包括曾子所说的"容貌""颜色""辞气"①。动容貌、正颜色、出辞气需借助于诚意、正心，但仅此还不够，还必须设定于与具体他者交接之场景中。这就需要借助于格物、致知：物者，事也，人也，具体地说就是齐家、治国、平天下之事。设想自己处于各事之具体场景中，借助于诚意、正心确定自己的合宜行为，此即"致知"。因此，作为大学八目之关键环节的"修身"，绝不只是修心，不是单纯养成内在的"德性"，而是养成合内外或者说不分内外之"德行"，或者说，确定具体场景中合宜的行为模式。下文言"为人君止于仁，为人臣止于敬，为人子止于孝，为人父止于慈，与国人交止于信"，其实也就是设定合宜之行为模式。作为君子之学的《大学》，从一开始就指向与他人交接的伦理与治理实践。

《论语·宪问篇》的一条重要记载，恐怕就是《大学》整体理念之所本：

子路问君子。

子曰："修己以敬。"

曰："如斯而已乎？"

曰："修己以安人。"

曰："如斯而已乎？"

曰："修己以安百姓。修己以安百姓，尧舜其犹病诸。"

显然，此处的"修己"就是《大学》的"修身"——孔子告诉颜子的克己，同样是修身。"修己以敬"就是"明明德"，"修己以安人"就是"亲民"，"修己以安百姓"就是"止于至善"。而这里也清楚地揭示，修身旨在养成"敬"的精神状态，这恐怕就是《大学》诚意、正心的用意。所谓"修身"包括两个方面，一方面养成敬的"心"态，另

---

① 《论语·泰伯篇》：曾子有疾，孟敬子问之。曾子言曰："鸟之将死，其鸣也哀；人之将死，其言也善。君子所贵乎道者三：动容貌，斯远暴慢矣；正颜色，斯近信矣；出辞气，斯远鄙倍矣。笾豆之事，则有司存。"

一方面确定自己在各种伦理、政治关系中的恰当行为模式。

如此修己、修身本来就是在具体伦理、政治关系进行的，也就内含着伦理政治实践之直接意向。事实上，君子就是在伦理、政治实践中修身的，如此修身立刻可以对自己行为之相对人产生正面影响，而收到优良治理的效果。这或许就是"知行合一"之义。由此不断扩展，就可以齐家、治国也即安人，最终平天下也即安百姓。

因此，君子之学没有内圣、外王两阶段之分，而只有"本末"之分，或者更确切地说，只有治理实践的范围大小之分。儒家最好不要再谈论内圣外王。有些宋明儒高谈内圣外王，结果经常走入迷信内圣、轻视外王的歧途，而与佛家合流——不少宋明儒遁入禅门。不是说禅门不好，而是说，这种倾向偏离了儒家以治理主体性意识构建合理秩序的整体规划。

针对儒家人治、内圣外王的另一种批评是，儒家把优良治理的希望寄托于君主的道德修养。宋明儒确有"致君行道"之说。但这一点都不奇怪：在皇权制架构中，皇帝高踞政治秩序的最顶端。那么，对有志于行道天下的儒者而言，说服皇帝、教育皇帝，就是最有效率的办法。

尽管如此，儒家从来没有天真到把全部希望寄托于君王之诚意正心上。实际上，儒家政治思想传统中始终有一种对君王的不信任。正因为不信任皇帝可以自行养成德性，所以儒家才主张，需要由师儒"致君行道"，也即引导君王认识道，行道。对于优良治理而言，师儒比君王甚至更重要。此更进一步，在政治上，儒家还有一个永恒而重要的理念：皇帝须与贤能共治天下，也即与儒家士大夫共同治理天下。儒家向来主张，在这个共治结构中，贤能之作用超过皇帝。因此，儒家确实主张，君王应当修身，但其主要目标其实是要皇帝节制自己的意志，控制自己的骄傲，而委任、信赖贤能之士君子。这也正是"为政在得人"之真义。

总之，面对高度复杂的治理事务，儒家绝不天真。儒家相信人，也重视制度。儒家重视皇帝，更重视维护共治架构，尤其是士君子在其中的主导地位。

〖第八篇〗
儒家主张集体主义吗？

　　过去一百年来，个人权利、个性解放是知识分子追求的崇高价值。新文化运动提出的"民主与科学"中之"民主"，其实主要是指个人自由，更准确地说是个性解放。而知识分子判决说，儒家不支持个性解放，便立刻对儒家发起攻击。

　　顶奇怪的一件事是，一些激烈反儒家的现代知识分子，如陈独秀，很快就知道并且喜欢上外来的"集体主义"理念。正是在他们的努力下，到二十世纪中期，集体主义成为中国社会的一种普遍价值。

　　二十世纪八十年代，知识分子再度发起启蒙运动，他们把目标对准集体主义。集体主义理念分明是外来的，他们却将其安到儒家头上，声称儒家的价值观是集体主义。而现代生活和宪政制度的价值基础是个人主义，因此，清理儒家价值观就是中国人通往美好生活而必须完成的思想观念工作。很多人自豪地宣称，自己正在进行这样的工作。

　　但是，儒家果真是集体主义吗？我们可以确定地回答：不是。那么，儒家是个人主义吗？我们同样可以确定地回答：不是。那么儒家是什么？下面将首先厘定几个主要概念，再来回答这个问题。

集体主义是什么

首先得确定何为集体主义。在中国，人们虽经常谈论该词，但没有、似乎也很难给出一个清晰的定义。奥地利学派经济学家米塞斯对此有比较准确的描述：

按照全体主义（Universalism）、概念实在论（Conceptual realism）、整体主义（Holism）、集体主义（Collectism）以及格式心理学（Gestalt-psychology）某些代表者的那些教条，社会是一个有自己生命的存在体，独立于各个人的生命而分离，为它本身的目的而行为，而它本身的目的不同于个人们所追求的目的。按这种说法，社会目的与社会分子的个人目的之间，当然会有冲突发生。为保障社会的繁荣与发展，控制个人的自私，强使他们牺牲自利的计划以利于社会，就成为必要的了。在这一点，所有整体主义的教条，必然是放弃人的科学和逻辑推理的一般方法，而转到神学的或玄学的一些信条。他们一定假定：神，经由他的先知们、使徒们、受命的领袖们，强迫那本质上就是邪恶的人们，也即惯于追求他们自己的目的的人们，走上上帝或"世界精神"（Weltgeist）或历史想他们行走的正途。[①]

在西语中，所谓"主义"就是奉某物为至上之价值，所谓集体主义就是集体之成员以自己所在之集体为至上价值。集体主义预设了一个集体的存在，它可以是家庭、社团、利益集团、阶级、国家等。至关重要的是，这个集体自有其生命，自有其利益，独立于组成它的成员之个别生命、利益或其加总。也就是说，它有一个真身，存在于组成它的成员

---

① 米塞斯著，夏道平译，《人的行为》，上册，台北远流出版公司，1991年，第215—216页。

之外，更确切地说是在他们之上。这似乎有点难以想象，因此，米塞斯才说，集体主义总是具有某种神秘色彩。米塞斯接着讨论了集体主义的伦理准则：

> 如果有人假设：在个人行为之上、之外，还有一个永久不灭的存在体，它有自己的目的，和我们终归要死的个人的目的不同，做这个假设的人已经构成了一个超人的概念。这样一来，这个人就逃避不掉一个问题，即：在目的上发生冲突时，哪一个优先——国或社会的目的，还是个人的目的？这个问题的答案，已经蕴含在集体主义者和全体主义者所具有的"国"或"社会"这类概念中，如果某个人主张有一个存在体，在定义上比个人较崇高、较高贵、较善良。于是，不容置疑地，这个超越物的目的必然高出卑微的个人的目的。如果社会或国是一个有意志、有目的、有集体主义赋予它的一切其他性能的话，那么，拿卑微琐屑的个人目的与社会或国家的崇高计划相对自然是荒唐的。[①]

集体是个神秘的实体，在组成它的成员之上，只要面临权利和利益的冲突，集体主义当然主张成员应当无条件地服从于集体。并且事实上，在很大程度上，集体利益与个体利益是对立的。集体利益之增进，通常以个体的牺牲为前提，只是到了末世，集体一定会增进其全体成员的利益，给大家带来永久幸福。但在这之前，个体必须服务于集体。个体如果不顾集体，而盲目地增长自己的利益，集体利益必然遭到损害，最终，个人利益也将彻底毁灭。

集体主义就是为了驯化个体而产生的，其主要目的是教导其成员为了集体利益而自愿牺牲自己。如果成员拒绝自愿牺牲，集体就可以强制其牺牲，因为，集体利益在道德上本来就高于个体利益。集体主义就是

---

① 《人的行为》，上册，第222页。

为集体利益压倒其成员利益而形成的一种现代意识形态。

儒家不是集体主义

以上述集体主义定义衡量，儒家显然不是集体主义。

首先，儒家似乎从来没有肯定过什么超出于个人之外、之上的集体。

经常被视为集体的组织，在现代通常是国家。但儒家并不认为邦国是神圣的，邦国只是自己行道于天下之工具。所以，孔子说，"道不行，乘桴浮于海"[①]。孔子并没有愚忠于鲁国，而是周游天下。后世儒者没有这样的选择机会，但他们会慎重地处理"出、处"问题。对于君，孔子说，"君使臣以礼，臣事君以忠"[②]，那么，如果君不使臣以礼，臣就不必事君以忠。当然，儒家士大夫会杀身成仁，从容赴义，但这是为了自己所追求的仁、义，而绝不相信国家或君王在自己之上。

另外一个经常被当作集体提及的组织是家庭。启蒙知识分子说，儒家主张家庭成员应当无条件服从家庭，家庭对其成员拥有绝对权威，正是家庭严重地压抑了中国人的个性。然而，儒家从来不相信，家庭是一个可以脱离其成员而存在的集体。家庭不在其成员之外，而就在其成员的相互性关系中。前面关于父子、关于夫妇关系的讨论即可表明，儒家主张，家庭内每个成员当明白自己的本分，恪尽自己的义务，并且是相互地，由此共同构造出一个家。

总体而言，儒家从来不主张在人与人的关系之外，还存在一个超级的集体，人应当为它而压制自己甚至牺牲自己。《礼记·礼运篇》所说的"父慈、子孝，兄良、弟弟，夫义、妇听，长惠、幼顺，君仁、臣

---

① 《论语·公冶长篇》。
② 《论语·八佾篇》。

忠"之"十义"，十分清楚地说明了儒家之理念。由此我们看到，儒家绝不是从集体的角度思考问题，而是从人与他人的相对关系的角度思考问题的。这当然不是现代之个人主义，但也绝非集体主义。这一点，下面将会详尽讨论。

实际上，儒家另外一些讨论更为明白地表明其非集体主义的性质，比如，孔子说："古之学者为己，今之学者为人。"①孟子以降的儒家，尤其是宋明儒反复强调，儒家之学是"为己"之学。当然，这里的"为己"不是自爱，更不是自利，而是扩充自己固有之不忍人之心，下学而上达，成就自己为君子。儒家相信，自己能否成为君子，完全看自己的努力，一个人要对自己的善恶承担全部责任。这怎么看，也不像集体主义。

实际上，从十九世纪末开始，那些追求建立现代国家的先贤，比如康有为、严复、梁启超、孙中山等先生都认为，中国的严重问题是人民"一盘散沙"，过于"个人主义"了。梁漱溟先生对这个问题的评说似乎最为系统。他在《乡村建设理论》、尤其是《中国文化要义》中提出的核心观点正是：西洋人习惯于集团的生活，中国人反而缺乏集团的生活，这里的集团主要指宗教组织和国家。今天，很多人也为这一点痛心疾首。这一事实似乎也说明，儒家并非集体主义，因为，中国人的理念主要是由儒家塑造的。

伪个人主义

当然，儒家也不是现代个人主义。这一点是显而易见的，几乎不需要论证。

---

① 《论语·宪问篇》。

而我立刻要补充说，这绝不是儒家的遗憾。知识分子认为儒家缺乏的个人主义，在西方也未必是主流。知识分子痛批儒家思想、价值中没有他们所定义的个人主义，其实是拿一个本身就不准的模子，衡量一个本来很周正的东西。

过去二十多年来在中国思想界、学术界产生较大影响的哈耶克思想之精髓，正在这里，而九十年代以来，言必称哈耶克的人，却起劲地批评儒家缺乏个人主义——这实在是怪事一桩。

二十世纪四十年代，哈耶克撰写《个人主义：真与伪》一文，这里透露了他此后全部思想的基本线索。[①]哈耶克首先指出现代思想观念市场上无所不在的概念混乱现象：在历史演变过程中，自由、民主、资本主义等词被人们用来指称一些其实完全相反的事情。个人主义一词也有如此遭遇。因此，哈耶克被迫区分"真个人主义"和"伪个人主义"。

哈耶克所说的真个人主义始于洛克，而在苏格兰道德哲学家那里得到完整表述，这包括休谟、亚当·佛格森和斯密等人。开创了现代保守主义的柏克，还有托克维尔、阿克顿勋爵等人，也在这个思想传统中。至于伪个人主义，哈耶克认为，以笛卡儿为代表，包括法国启蒙运动的代表人物，还有鼓吹个性发展的德国浪漫主义，其中经常被中国人引以为自由主义之代表作的穆勒《论自由》，在哈耶克看来，在很大程度上也是在主张伪个人主义。

也就是说，中国知识分子心目中的个人主义鼓吹者，在哈耶克的谱系划分中，差不多都属于伪个人主义。其核心主张是，个人当从社会关系中解脱出来。穆勒的《论自由》就清楚地表明了这一点，其核心观点是："当社会本身是暴君时，也即当社会作为集体而凌驾于构成它的个别个人时，它的肆虐手段并不限于通过其政治机构而做出的措施。"[②]因此，自

---

① [英] F.A.哈耶克著，邓正来译，《个人主义与经济秩序》，北京生活·读书·新知三联书店，2003年。
② 约翰·密尔著，程崇华译，《论自由》，北京商务印书馆，1996年，第4页。

由的最大敌人其实是"社会的暴政（Social tyranny）"，因此，只防御官府的暴虐还不够；对于得势舆论和得势感想的暴虐，对于社会要借行政处罚以外的办法来把它自己的观念和行事当作行为准则来强加于所见不同的人，以束缚任何与它的方式不相协调的个性的发展，甚至，假如可能的话，阻止这种个性的形成，从而迫使一切人物都按照它自己的模型来剪裁他们自己的这种趋势——对于这些，也都需要加以防范。[①]

　　这是十九世纪才产生的新思想，或可称之为现代自由主义理念。此前的自由主义是古典自由主义，古典自由主义的核心理念是人免于不受约束的政府权力之随意侵害，其追求之目的是信仰自由、政治自由与财产权之稳固保障。而现在，个人主义防范、反对的主要对象是"社会"，追求的目标则是个性（Individuality）之发展与解放。为此，个人必须从习俗、从宗教、从传统、从形形色色的社会关系中解放出来，凡此种种"社会"均在妨碍个体之个性发展。
　　穆勒式自由主义规划中的个体决定成为他自己，摆脱社会的束缚，走向孤立的原子式存在。他将自主地就所有事情为自己做出决策，而不受任何外在束缚。总之，对穆勒式个人主义者来说，上帝已经死了，其他人与自己无关，或者根本就是敌人，他自己就是自己，也就是上帝。

法家之个人主义与集体主义

　　用上述标准衡量，必可得出一个乍看起来令人惊讶的结论：在中国已有价值、思想传统中，法家才具有最为强烈的个人主义倾向。

[①] 约翰·密尔著，程崇华译，《论自由》，商务印书馆，1996年，第4—5页。

　　与儒家不同，法家所讨论的人乃是孤立的个体，他仅仅关注、追求自己的利益。哪怕是父母与儿女之间，也不存在温情："且父母之于子也，产男则相贺，产女则杀之。此俱出父母之怀衽，然男子受贺，女子杀之者，虑其后便，计之长利也。"①父母对儿女，也即以利害相处。这是典型的个人主义。

　　这样的个人主义却导向了集体主义。在法家看来，只追求自己利益的孤立的个人不仅是人性的事实，也应当是政治思考之伦理预设。法家追求的唯一目标是建立秩序，而他们相信人性恶，那么，唯一可行的秩序就是所有人服从一个人。在《商君书》中，"摶"和"作壹"这两个字反复出现。"摶"就是捏合；"作壹"即把全国人整合成为单一的身体。当然，此身之头脑是君王，他是摶造国家的主体，他是国家的中心，他就是主权者。"作壹"就是由这个君王高高在上，指挥由无数民众组成一个身体——这个身体也就是霍布斯所说的"利维坦"。

　　如何"作壹"？商鞅在《画策篇》中为君王出谋划策："昔之能制天下者，必先制其民者也；能胜强敌者，必先胜其民者也。故胜民之本在制民，若冶于金，陶于土也。"《弱民篇》又说："民弱国强，民强国弱。故有道之国，务在弱民。朴则强，淫则弱；弱则轨，淫则越志；弱则有用，越志则强。"按照商鞅的看法，人民与君相互为敌，双方一直在相互算计对方，人民总在想办法骗取君王的好处。而君王就是国家，君王要拥有一个强大的国家，要做的第一件、也是最重要的事情，不是打击外部敌人，而是打击内部敌人，也即压服人民。

　　怎么让人民驯服？在《定分篇》中，商鞅提出了控制人民的基本原理："民愚，则易治也。"要控制人民，需要"愚民"——各位看官看仔细了，愚民思想就是法家提出的。同时，也需要拆散各种小型共同

①《韩非子·六反篇》。

体。为此，商鞅和秦孝公针对三个不同阶层，分别做了三件工作：第一，消灭贵族，因为，贵族会分散国家的权威。第二，摧毁一切民间学术思想活动，消灭士人群体及其社团，他们的权威也会威胁国家。第三，至于普通民众，则驱之于"农战"。法家和秦制的要害在于禁止人们联合，组成自治性组织。

法家这么做的目的，当然不是文人幻想的个性发展，而是让个人直接且仅仅臣服于君主。但法家理论及秦制实践清楚地展示了原子式个人主义，也即哈耶克所说的伪个人主义与集体主义之间奇妙的同体共生关系。为了让每个人都成为君主的绝对忠实之臣民，充当君主实现自己目标之机械工具，政府致力于用强力塑造原子式个体。关于这一点，托克维尔就已指出过：

专制主义由其性质决定了是充满恐惧的，故它会把人的隔绝视为维持统治的最可靠保障，总是倾其全力让人相互隔绝。在人心的所有恶之中，它最喜欢的，莫过于利己主义（Egoism）。专制者完全可以原谅被治者不爱他，只要被治者不彼此爱护即可。他不会请被治者帮助他管理国家，只要被治者不宣称自己治理国家就足够了。那些为了创造共同的繁荣而呼吁联合起来的人，他称之为暴徒；那些退缩回自己的狭小空间的人，他则称之为善良公民。①

专制的最佳社会基础是人之原子化存在。为此，法家和秦制致力于消灭社会。所谓"社会"就是各种"会社"的集合，这些会社或者是自然地形成，由习俗所保障，比如家庭、教会、社区；或者是人们自愿结成的，如学术组织、NGO等。这些会社一经成立，就会享有某种治理权威，这是追求权力集中的专制者所不能容忍的。因而，在法家建议下，

---

① Alexis de Tocqueville, Democracy in America, edited by Eduardo Nolla; translated from the French by James T. Schleifer, by Liberty Fund, 2010, vol.3, p.887—888.

秦致力于摧毁这些会社，把人从各种自然的、契约的社会关系中解脱出来，成为孤零零的个体。在这个基础上，可以令亿万人"作壹"，摶造出一个整齐划一的国家。

由此也可以看出，集体主义与个人主义之间有着某种令人惊讶的内在联系。凡欲构造集体者，第一步必然是摧毁习俗、传统等人们原有的社会联结纽带，塑造出原子式个体。然后用一系列全新的规范、制度把这些人重组起来。人民公社制度是典型的集体主义制度，而它的前提则是政府以强力要求人们否弃家庭、否定亲情、否定一切传统人际关系，把人从传统的社会关系中解脱出来。于是我们不禁要追问一句：那些曾经热情地主张个人解放、呼吁摧毁传统社会结构的现代启蒙知识分子，对于二十世纪中期集体主义各种制度之形成和维护，究竟扮演了什么样的历史角色？

西方主流价值是什么

根据托克维尔、哈耶克的论述，大体可以推定：现代西方的价值基础绝不可能是个人主义。托克维尔特别指出："专制主义所制造的恶恰恰就是平等所助长的恶。两者以一种致命的方式相互补充，相辅相成。"①这里的恶就是个人主义。贯穿《论美国的民主》一书，托克维尔之核心问题意识是：现代社会的根本特征在平等，它固然可以带来很多善，但也可能带来诸多恶，比如民主的暴政，物质主义，以及个人主义。换言之，在托克维尔那里，个人主义是个有待于解决的现代性病症。只有有效地抑制之，现代人才能够生活在自由秩序之中。也就是说，西方现代社会确实盛行个人主义，但它未必是现代秩序的基础。那么，这个基础究竟是什么？这个问题十分复杂，我们首先来看两个横剖面。

---

① Democracy in America，p.889。

首先进入英美社会，看看普通法传统。今天，很多人谈论罗马法与宪政的关系，但他们忘记了一个简单的历史事实：现代法治最早是从英格兰普通法传统中发展成熟的。而按照罗斯科·庞德院长的看法，普通法的中心观念是"关系"，"关系及其法律后果的观念贯穿了英美法的每一个方面"。罗马法与普通法的根本区别就在于，前者以当事人的意愿为中心，后者以关系为中心。比如，《大宪章》"主要是对英王对其直辖地承租人的法律关系中所涉及到的责任的概括"。[1]庞德院长还特别指出：

在十九世纪，罗马法中试图适用于一切可能情况的法律行为的观念被看作是成熟的法律所必须具备的规定。但这一概念只注意了作为个体的人。当然，在十九世纪的美国拓荒垦殖的农业社会里，有此概念足矣。但在今天工业化、城市化的社会中，阶级、集团、各种关系必须得到不低于个体的人所得到的关注。[2]

庞德院长认为，现代社会反而应当重视关系。人们经常引用这样一句话：没有救济就没有权利。这句普通法格言确实相当完整地体现了普通法保护自由、权利的进路。这就是英国学者戴雪在《英宪精义》中反复论述的：普通法并没有事前抽象地规定个体拥有什么权利。所以，在普通法文献中，在十九世纪之前的宪政文献中，人们只谈论"权利"，而没人谈论"个人权利"。这是两个含义大相径庭的概念。普通法会在一个人遭到侵害后，界定被侵害人在特定关系中获得救济的权利。这是一种相对关系中的权利，而不是抽象的人的权利。英美法治、宪政制度恰恰是在这样的理念中发展起来的。

那么，美国社会是靠个体维系的吗？看看托克维尔对美国社会的观

---

① ［美］罗斯科·庞德著，唐前宏等译，《普通法的精神》，法律出版社，2001年，第14页，第18页，第17页。
② 《普通法的精神》，第21页。

察。前面已提及托克维尔对个人主义的警惕态度。关于个人主义，托克维尔这样说：

个人主义是由一种新观念创催生出的一个新词。我们的祖先只知道利己主义（Egoism）。

利己主义是一种充满激情的、过分的自爱，它令人仅从自己的角度看待一切事物，偏爱自己甚于一切。

个人主义则是一种让每个公民与其同胞相隔绝，与其亲属、朋友相疏远而心安理得的情感。如此，每个公民各为自己建立了一个小社会后，就刻意地罔顾大社会，而任其生灭。

利己主义源自盲目的本能，个人主义与其说出自不良之情感，不如说来自错误之判断。其根源既在理性之欠缺，也在心灵之邪恶。

利己主义窒息一切美德的种子，个人主义则首先让公德之源泉干涸，但久而久之，将会打击和摧毁一切其他美德，最终沦为利己主义。

利己主义是与世界同样古老的恶习，与社会属于什么形态无涉。个人主义则是民主主义的产物，并随着人的状态之平等之扩大而发展。①

托克维尔承认，个人主义确是日趋平等的现代社会中一种强大的价值、观念。这种个人主义让人回到自身，疏远他人，对公共事务漠不关心。这种个人主义若无限蔓延，必致社会秩序崩溃。因此，必须控制个人主义。托克维尔讨论了美国人如何控制现代人的个人主义倾向。首先是国民参与公共治理之制度安排，具体是指地方自治：

公民们若被迫投入公共事务，则必然走出其个人利益之小圈子，并且逐渐地，不再只是考虑自己。

① Democracy in America, vol.3, p.881—883。

自人们共同处理公共事务之时起，每个人都会注意到，他并不是最初以为的那样独立于他人，并注意到，要得到他人之帮助，自己就得经常准备帮助他人。①

可使大多数公民重视邻里之情的地方性自由，会不断地让人们彼此靠近，即便本能要分开他们，也会迫使他们相互帮助。②

其次是结社。托克维尔注意到，美国人结成了五花八门的社团，在几乎所有领域进行着自我治理。这一点，对于克服个体相互疏远之倾向具有重大意义：

反之，在民主国家，所有公民都是独立而软弱的。他们很难单凭自己做成任何事情，而其中任何人都不能强迫他人帮助自己。因此，他们如不学会自愿地互助，将全部陷入无能为力之状态。③

在本章最后，托克维尔提出一个十分重要的理论命题：

在民主国家，联合的科学（the science of association）是一切科学之母。其余科学之进展都取决于这门科学之进展。

在支配人类社会的一切法则中，有一条法则似乎比其他法则更为确定、明晰：人们欲维持在文明状态或通往文明状态，他们中间就必须发展联合的技艺（the art of association），且与状态的平等同步发展、完善。④

托克维尔相信，要维护自由，要维系文明，人就必须克服其相互隔

---

① Democracy in America，vol.3，p.889。
② Democracy in America，vol.3，p.892。
③ Democracy in America，vol.3，p.898。
④ Democracy in America，vol.3，p.902。

绝的个人主义倾向，而进入社团生活、进入社会生活之中，与其他人建立关系，相互合作。

为此，美国人也发展出了一种伦理，并通过各种方式进行教化，这就是"正确理解的利益"：

> 世上没有任何力量可阻止状态平等之日益提升引导人心致力于追求有用之物，并使每个公民自我封闭。
>
> 因此你必须承认，个人利益即使不是人的行动之唯一动力，也总是主要动力。不过，每个人将会如何理解其个人利益，将是如何理解的。
>
> 公民若在获得平等之后仍处于无知、粗野状态，则很难预料其利己主义将引导其做出何等愚蠢之行径；恐怕也很难事先断言，由于害怕牺牲自己的某些个人福利以造福他人，将让自己陷入何种令人羞惭的悲惨境地。[1]

所谓"正确理解的利益"当然不能脱离个人利益，也不否定个人利益；但它也绝不宣称，个人利益至高无上，这个世界上只存在个人利益。相反，它坚持：存在着超越个人利益的某种客观标准，人应当理解这个标准，从而"正确地"看待自己的利益。换言之，个人当意识到，除了个人利益还有他人利益，因此也就存在着共同利益。为此，个人应当知"义"，"君子喻于义"之"义"，在与他人的合作中增进自由和幸福。

亚当·斯密在《道德情操论》所讨论的"同情心（sympathy）"，就是在讨论这种"正确的"心智。而哈耶克也说，苏格兰道德哲学家所坚持的、与普通法一脉相承的真个人主义，"首先是一种社会理论，亦即一种旨在理解各种决定着人类社会生活之力量的努力"，它不以"孤立的或自足的个人的存在为预设"。[2]伪个人主义者才坚持这一点，而在看到人并非如此存在时，就决意摧毁种种习俗、传统。一旦如此，自由

[1] Democracy in America, vol.3, p.922—923。
[2] ［英］哈耶克著，《个人主义与经济秩序》，北京生活·读书·新知三联书店，2003年，第11页。

也就危乎殆哉。

由此我们可以看出，自由秩序之主流观念固然反对集体主义，但也反对个人主义，而坚持一种中道观念。哈耶克称之为真个人主义，也许可命名为"关系中的个人主义"，或者"社会性个人主义"。人自可追求个性、追求个人利益，但人又内在地具有社会性。社会性不是个性之敌，而是其内在组成部分。由此，人们维持着合作关系，形成稳定的社会秩序。

哈耶克所说的伪个人主义实以这样的秩序为条件。真个人主义、社会性个人主义是大海，穆勒式伪个人主义不过是大海上翻起的几朵浪花。前者维持了社会秩序，少数人才可以在这个秩序中追求放荡个性。中国过去一百年的问题在于，知识分子只看到美丽的浪花，而没有看到大海。知识分子只看到西方现代文人的时髦言说，而没有看到西方源远流长的风俗。西方文人当然张扬摆脱一切束缚的个性解放，于是，中国现代文人们也积极宣传个性解放，以为这是现代化的必由之路。为此，知识分子掀起反传统的狂潮，包括贬低、抨击儒家价值。现在看来，这样的知识分子简直是要在没有大海的浪花上航海。

关系中的个人主义

经过上面的分疏，我们或许要再一次惊讶了：其实，儒家与西方主流价值并没有本质区别，因为，儒家既不是现代集体主义，也不是现代个人主义，而接近于"关系中的个人主义"或"社会性个人主义"。

晚近以来，中外均有学者提出，儒家是"关系主义"。余英时先生则指出，儒家之价值观不是individualism，而是personalism[1]，如果勉强

---

[1] 余英时著，《文史传统与文化重建》，北京生活·读书·新知三联书店，2004年，第468—477页。

翻译，似为"人伦主义"。不过，此说似仍不能传达出由我之本有之仁推出各种人伦关系的意思，而这才是儒家人伦理念之关键。也许，"关系中的个人主义"较为恰当。

最简练地表达"关系中的个人主义"之精义的话是《中庸》"仁者，人也，亲亲为大"。郑玄注曰："人也，读如相人偶之人，以人意相存问之言。"孔子所发明的仁，就是人首先把自己当作人，并把其他所有人当成人对待。人天然地具有群性、社会性。仁会寻求扩充，人会自我完善。但这完善又始终是在与他人的关系中展开，"亲亲"就是一般人最熟悉的关系。因此，对个人来说，"亲亲"是自然的，是个性完善的通路。人为实现内在的社会性，而与不同人建立关系。形成合宜关系之规范就是"义"，它界定特定关系中合宜的行为模式。义之客观化呈现就是礼。礼约束人，但它实则发自于内在之仁，礼治乃是人的自我约束。正是在这种约束中，人享有自由。如前面已引用过的《礼记·礼运篇》所说：

四体既正，肤革充盈，人之肥也。父子笃，兄弟睦，夫妇和，家之肥也。大臣法，小臣廉，官职相序，君臣相正，国之肥也。天子以德为车，以乐为御；诸侯以礼相与，大夫以法相序；士以信相考，百姓以睦相守，天下之肥也。是谓大顺。大顺者，所以养生送死，事鬼神之常也。故事大积焉而不苑，并行而不缪，细行而不失；深而通，茂而有间；连而不相及也，动而不相害也。此顺之至也。

"连而不相及也"就是关系中的个人主义，"动而不相害也"就是自由的秩序。关系中的个人主义是关于人的存在的唯一健全的伦理预设，内在地指向自由的秩序。而现代知识分子信奉的从社会中解放之原子式个人主义与其所痛恨的集体主义，倒更像是一场双簧戏表演中两个相互配合的角色，偏离人性，也就无从达到自由的秩序。

【第九篇】
儒家维护等级制吗?

现代性最核心的理念是平等。而在古典社会,人总会有各种各样的不同。很自然地,现代启蒙知识分子对此发起了猛烈攻击,并将其责任归咎于儒家。他们断言,儒家在维护等级制度。比如,"君君,臣臣,父父,子子"就是在维护等级之别。对此前面略有辨析,至于儒家反平等之一般性指控,还需进一步辩驳。

平等悖论

现代平等理论都产生于古典社会崩溃之后,平等理论家也对古典社会深恶痛绝,他们矛头所指为封建制。为了反封建,伏尔泰等法国启蒙知识分子编造了"黑暗的中世纪"神话。尽管在西方学术界,此一神话于十九世纪末已破灭,但在中国学界、舆论界,其影响迄今仍十分深远。

乍一看,封建制最为显著的特征是等级制,王、公、侯、伯、子、男等爵位之间,君、卿、大夫、士、庶人等禄位之间,有严格而僵化的等级之分,几乎无人可以逾越。

　　然而人们经常忽略一点，封建制必伴随"共同体主义"①。封建治理呈现为多中心的小型共同体之自我治理。在这些共同体中，君与其臣是伙伴关系，这些君子与庶民也有休戚与共之情。而所有这些人都生活在礼之下。礼或者说共同的智慧治理所有人，包括君。因此，所有人在礼之下反而享有了某种形式的平等。中西封建制都呈现为这种情形。西人说封建的"温情脉脉"，孟子也说在封建的井田制下，人们"乡田同井，出入相友，守望相助，疾病相扶持"。②

　　封建制崩溃，现代性兴起。在中国，这发生于春秋后期到战国。这个时代也就出现了平等主义思想。也许听起来有点怪异，鼓吹平等最力者其实是法家，最大限度实现了人与人之平等的乃是以法家为本的秦制。打破封建等级制，正是商鞅对秦孝公提出的：一方面，庶民"有军功者，各以率受上爵"；另一方面，"宗室非有军功论，不得为属籍"。③封建贵族因此丧失了地位与尊严，庶民则获得了上升通道，两者被客观的、量化的杀人功绩拉平，封建之等级不复存在。商鞅刻意惩罚太子之傅的行为也旨在表明其政治决心：此后，刑律将平等适用于一切人。而这是平等的根本含义。由此，秦制实现了君主之下的人人平等。秦末三个反叛者所说三句话清楚表明，平等理念在秦制下是多么深入人心：

　　陈胜曰："王侯将相，宁有种乎！"④

　　秦始皇帝游会稽，渡浙江，（项）梁与（项）籍俱观。籍曰："彼可取而代也。"梁掩其口，曰："毋妄言，族矣！"梁以此奇籍。⑤

　　高祖常繇咸阳，纵观，观秦皇帝，喟然太息曰："嗟乎，大丈夫当如

① 关于这一点之详尽论证，可参看拙著《华夏治理秩序史》，第二卷，封建，上册，第五章"共同体主义"。
② 《孟子·滕文公上》。
③ 《史记》，卷六十八，商君列传第八。
④ 《史记》，卷四十八，陈涉世家第十八。
⑤ 《史记》，卷七，项羽本纪第七。

此也！"①

尊贵的皇帝在这三位平民眼里根本不算什么，因为，人与人是平等的。每个人都有资格当皇帝，这是典型的平等主义精神。

然而，这样一个平等社会却又被绝对的权力划分出另外一种等级。这种新式等级制仍为法家所设计。法家的核心目标是建立稳定的政治秩序，而法家假设人性恶，人人都为追求自己得利益而时刻准备伤害他人。《商君书》反复说明，国与民是敌对关系，国民都被看成君王潜在的敌人。如此就必须在所有人之上树立一个主权者，他垄断暴力，对任意个体均拥有压倒性力量。这就是法家所说的"势"。所谓势，就是权力之间的位差。法家竭力拉大这种位差，以达到君王对任何人享有绝对优势之地步。法家认为，这是秩序稳定的根本保证。法家所说的法、术，乃是由势派生出来的，且服务于势之维持。借助于这个势，君王可以按照自己的意志制定刑赏之"法"，这就是法家意义上之法，也即刑律及政令。同时，韩非也详尽地讨论了君王驭臣之"术"。法和术皆在维护势。这样的势既针对臣，也针对民。这样，在现代的秦制之下，君臣之间、官民之间的位差十分巨大。

由此我们看到一个奇妙的对比：封建制是等级制，却存在共同体主义。在法家理想、在秦制现实中，君王之外的所有人一律平等，但君臣之间、官民之间却形成绝对的等级制。社会只不过从具有灵活性的封建的习俗性等级制，演变成为更为僵硬的权力的等级制。在秦制下，人们确实平等了，但只是被压迫的平等。

汉初继续维持这种局面，儒家则推动改变了这种局面，中国社会向着真正的平等方向大步迈进。

---

① 《史记》，卷八，高祖本纪第八。

儒家推动真正的平等

孔子生活于礼乐开始崩坏之时代，其思想结构可用两个字形容：礼与仁。孔子删定六经，六经皆礼。在见证了新兴制度之无道后，孔子主张"复礼"。但对这个礼，孔子注入一种新精神，那就是仁。子曰："人而不仁，如礼何？人而不仁，如乐何？"①

那么，仁是什么意思呢？孔子从多个角度谈论仁，但也许，最为根本的意义，乃是《中庸》所记孔子一句话："仁者，人也。"汉儒郑玄注曰："人也，读如相人偶之人，以人意相存问之言。"也即，人相互把对方当成人对待。孔子还指示了两种仁之方，也即忠、恕：

子贡曰："如有博施于民而能济众，何如？可谓仁乎？"子曰："何事于仁，必也圣乎！尧舜其犹病诸！夫仁者，己欲立而立人；己欲达而达人。能近取譬，可谓仁之方也已。"

朱子集注：譬，喻也。方，术也。近取诸身，以己所欲譬之他人，知其所欲亦犹是也。然后推其所欲以及于人，则恕之事而仁之术也。②

子贡问曰："有一言而可以终身行之者乎？"子曰："其恕乎！己所不欲，勿施于人。"③

因为他人与我都是人，所以，我之所欲也是他人之所欲，所谓"人同此理，心同此心"。我欲如此成就自己，他人也会如此成就自己。另一方面，孔子又提出恕，既然我们是同样的人，我们就不该相互伤害。

① 《论语·八佾篇》。
② 《论语集注》，雍也第六。
③ 《论语·卫灵公篇》。

不论忠、恕，都以我、你、他之本体论意义上的同，作为终极依据。在这个意义上，我们是平等的。也就是说，孔子对于人格平等给出了最为深刻、清晰的论证。当然，孔子的这种理念是以天道信仰为依据的：天生人，"天命之谓性"，天所生之人一定是平等的。也因此，人格平等就是孔子的信念。这也是儒家的基本理念。

从社会结构角度看，孔子也极大地推进了人与人的平等。基于平等信念，孔子实行"有教无类"原则，将原来由君子独占的"学"，广泛施及平民。孔子之弟子多为庶民，比如颜渊。从孔子之后，中国社会大体上保持着人与人在知识、德行面前的平等。

借助于学之平民化，孔子极大地推动了社会治理之平民化：孔子的平民弟子借助于学，成就为新兴君子，据此获得社会治理之位，而以前，这样的位是由贵族垄断的。此后两千多年，儒家士人大体上出自平民，至少平民是可以学的，而通过学确实是可以进入社会治理体系中的。这就让中国社会的治理始终对平民保持着相当程度的开放性，其政治也始终带有强烈的平等性质。

汉代儒家开始进入政府，也对原来秦制下君臣、官民之间的权力等级制进行改造，使之趋向于平等。

儒家并不认为君主是主权者，相反，基于封建的共同体主义，儒家主张，君臣乃是共同承担治理之责的伙伴，君主应当与贤明的大臣共同治理天下。比如，秦汉之际儒生伏生之《尚书大传·皋繇谟》有这样的说法：

古者，诸侯之于天子也，三年一贡士。天子命与诸侯辅助为政，所以通贤共治，示不独专，重民之至。

古者，天子必有四邻：前曰疑，后曰丞，左曰辅，右曰弼。天子中立而听朝，则四圣维之，是以虑无失计，举无过事。故《书》曰"钦四邻"，此之谓也。

与天子共治天下是儒家永恒的政治理想。经过汉初种种努力，从董子-汉武帝更化时代起，儒家也确实改造了秦制，逐渐建立了儒家士大夫与皇权共治天下的治理架构。在这样的治理架构中，大臣与皇帝的相对地位大大地不同于秦制。简单地说，两者的位差大大缩小了：此时，皇帝相对于大臣之势，法家一定会大大地失望。这样一来，韩非奉献给皇帝的驭臣之术，使用起来也就不那么顺手了。

反过来说，大臣具有了一定的尊严。儒家从一开始就树立自己相对于权力的道之优势，这一点，在孟子思想中表现得特别明显。皇帝固然掌握刑赏之权力，但是士大夫守护着道，道让儒家士大夫取得了相对于皇帝的精神上的优势。面对这种优势，皇帝也不能不尊重大臣。宋代确立了不杀文臣的宪法惯例。最有意思的是清代：满蒙大臣对皇帝自称"奴才"，但儒家士人出身的汉人大臣对皇帝则自称"臣"。两相对照，地位大大不同。

至于官民之间的关系，在共治体制下也发生了根本变化。首先，儒家官员相信礼治、德治，于是，民众就不再是完全被动的对象了，而成为社会治理之主动参与者，尽管君子居于主导地位。其次，官府也承认了社会的自治权利，儒家士君子-绅士领导的自治分散了政府权力，权力直接管理的范围大大缩小。

凡此种种变化的关键在于大量儒家士君子成为社会治理的主体。他们具有中间身份，介于政府、民众之间。大多数公共品的生产、分配，是由他们在基层社会组织进行的。大多数情况下，普通民众直接与他们打交道，而无须与官府打交道，而士君子的权威更多地是道德和社会权威，他们缓和了官府之暴虐权力对民众的压力、压迫。因此，在共治体制下，官民之位差缩小了。

同时，儒家进入历史舞台后，也致力于消除社会中的不平等。人们可能忽略了，在中国历史上，儒家也曾经推动过废奴运动。秦制下存在一个奴婢阶层，又有官、私之分。他们缺乏人身自由。王莽曾在一份诏书中说，秦"又置奴婢之市，与牛马同栏，制于民臣，颛断其命。奸虐之人因缘为利，至略卖人妻子，逆天心，悖人伦，缪于'天地之性人为贵'之义"。①这是一个贱民阶层。儒家基于其平等理念，始终不能接受这一阶层的存在，而做了多次废奴努力。比如，董子曾对汉武帝提出："去奴婢，除专杀之威。薄赋敛，省徭役，以宽民力。然后可善治也。"②董子这一建议源于其基本理念，在"天人三策"之第二策中，他这样说：

> 人受命于天，固超然异于群生，入有父子兄弟之亲，出有君臣上下之谊；会聚相遇，则有耆老长幼之施；粲然有文以相接，欢然有恩以相爱：此人之所以贵也。生五谷以食之，桑麻以衣之，六畜以养之，服牛乘马，圈豹槛虎，是其得天之灵，贵于物也。故孔子曰："天地之性人为贵。"③

因为人受命于天，因此，人不应被当成物对待，而应彼此以人对待，在上位者也不得以权力、财富轻贱在下位者。同样因为人受命于天，所以，所有人在精神上、人格上是平等的，即便他们的能力并不相同。这就是儒家的基本信念，这是儒家式社会秩序的基础性原则。

君子、小人之别

不过，儒家在肯定人与人在人格上、精神上的平等之后，也承认，现实中的人与人在德行、知识、技艺等方面必然会有所不同，从而共同体中一定会有君子、小人之分，也即卓越者与凡人之别。儒家所设想的整个社会治理架构均以君子群体之存在为预设，而如《大学》所显示的，从根本上说，儒家之学也就是君子养成之学。

儒家反复强调君子、小人之别，很多人据此说，儒家制造人与人的

---

① 《汉书》，卷九十九中，王莽传第六十九中。
② 《汉书》，卷二十四上，食货志第四上。
③ 《汉书》，卷五十六，董仲舒传第二十六。

不平等，或者维护不平等。这样的说法失之于天真，而不能成立。

社会治理的核心问题是人群之组织，组织之关键又是一些人具有发起和领导组织之意愿和能力。任何社会要形成治理（governance），就不能没有这样一群人，以政治平等为基本原则的现代民主制度，也不例外。

基层社会具有自治性质的公共品之生产与分配，都需要解决"集体行动的困境"问题，都需要依托组织，因而都需要组织的发起者、领导者，英美社会中的绅士和中国社会中的君子或绅士，就是愿意、也有能力承担这些责任的人。

至于一个政府，如果人们期望它节制地行使权力，尽可能少地侵害民众权益而尽可能多地增进民众权益，更进一步说，如果人们期望它有一套较好的制度，那这个政府就需要由君子或绅士组成，至少那些具有政治决策权的人应当如此。在中国历史上，汉代以来的共治体制与秦制的根本区别就在于官员之构成不同：秦制的官员是文法吏，而汉人就清楚地指出，"治狱之吏皆欲人死，非憎人也，自安之道在人之死"。[1]接受过儒家教育的官员则相信仁、义、礼、智、信，因而更愿意限制皇家权力，给社会自治空间。

有人会说，有了民主制度，有没有君子–绅士群体就无所谓了。真的吗？托马斯·杰弗逊是美国开国者中民主倾向最为明显者，然而，他在1813年致约翰·亚当斯的一封信中[2]，却表达了这样一种理念：

我同意您的看法：人们中间存在着自然贵族。这个群体的基础是美德和能力。以前，贵族中间最看重体力。但自火器发明后，体力弱者具备与强者同样的杀人能力，于是，身体的力量，比如美貌、良好气质、文雅等属性，

---

① 《汉书》，卷五十一，贾邹枚路传第二十一。

② Thomas Jefferson to John Adams，Monticello，October 28，1813，in The Works of Thomas Jefferson，Federal Edition Vol. 11: Correspondence and Papers 1808—1816; New York and London，G.P. Putnam's Sons，1905.

就只是受人尊敬的一个附属性基础了。还存在一个人造贵族群体（artifi-cial aristocracy），他们的根基是财富和出身，既无美德也无才能。这些只属于前者。我认为，自然贵族群体是自然为了社会的指导、信托和治理（the instruction, the trusts, and government）而赐予我们的最珍贵礼物。事实上，上帝在造物时，若在把人构造为社会性状态时，却不提供足以管理该社会之各种事务的美德与智慧，那就是自相矛盾的。我们难道不可以这样说：一个政府尽最大可能，完全让那些自然贵族担任政府岗位，这样的政府形态是最好的。

民主制度不可能自行解决"集体行动的困境"，民主社会的治理同样需要依靠组织。好的民主政府同样需要由绅士组成。关于这一点，《联邦党人文集》有很多讨论。唯一可以运转的民主制度是代议民主制，于是，代议民主制能否健全运转的关键就在于代议士的品德与能力。一个国家，代议士主要是绅士，另一个国家，代议士多为贪婪之徒，这两个民主制度运作的效果一定完全不同。

因此，离开君子或绅士，任何社会都不可能正常运转，这个命题适用于一切时代。而有君子就一定有小人，也即平凡的大众。儒家的君子、小人之辨只是平实地说出了这个基本事实。这并不是等级制，其实是一种基于自身品德、能力的社会分工。

关于这一点，孟子有非常精彩的论证。《孟子·滕文公上》中有一大段讨论，其中之"劳心者治人、劳力者治于人"，在二十世纪曾经招来猛烈批评。事情的起因是这样的，当时有农家具有无政府主义倾向，其主张是："贤者与民并耕而食，饔飧而治。"孟子与其信徒陈相展开了一番对话：

孟子曰："许子必种粟而后食乎？"
曰："然。"

"许子必织布而后衣乎?"

曰:"否,许子衣褐。"

"许子冠乎?"

曰:"冠。"

曰:"奚冠?"

曰:"冠素。"

曰:"自织之与?"

曰:"否,以粟易之。"

曰:"许子奚为不自织?"

曰:"害于耕。"

曰:"许子以釜甑爨、以铁耕乎?"

曰:"然。"

"自为之与?"

曰:"否,以粟易之。"

"以粟易械器者,不为厉陶冶;陶冶亦以其械器易粟者,岂为厉农夫哉?且许子何不为陶冶,舍皆取诸其官中而用之?何为纷纷然与百工交易?何许子之不惮烦?"

曰:"百工之事,固不可耕且为也。"

斯密在《国富论》开头所表达的就是这样的意思:分工是文明生活之本质。一个普通人,哪怕只是要过正常生活,也离不开他自己也置身于其中的分工—合作体系。君子—小人之分,也正是这样一种分工—合作安排:

"然则治天下独可耕且为与?有大人之事,有小人之事。且一人之身,而百工之所为备。如必自为而后用之,是率天下而路也。故曰:或劳心,或劳力。劳心者治人,劳力者治于人。治于人者食人,治人者食于人;天下之通义也。

"当尧之时，天下犹未平，洪水横流，泛滥于天下；草木畅茂，禽兽繁殖；五谷不登，禽兽偪人；兽蹄鸟迹之道，交于中国。尧独忧之，举舜而敷治焉。舜使益掌火；益烈山泽而焚之，禽兽逃匿。禹疏九河，瀹济漯而注诸海；决汝汉，排淮泗而注之江，然后中国可得而食也。当是时也，禹八年于外，三过其门而不入，虽欲耕，得乎？后稷教民稼穑，树艺五谷，五谷熟而民人育。人之有道也，饱食、暖衣、逸居而无教，则近于禽兽。圣人有忧之，使契为司徒，教以人伦：父子有亲，君臣有义，夫妇有别，长幼有序，朋友有信。放勋曰：'劳之来之，匡之直之，辅之翼之，使自得之；又从而振德之。'圣人之忧民如此，而暇耕乎？"

"尧以不得舜为己忧；舜以不得禹、皋陶为己忧。夫以百亩之不易为己忧者，农夫也。分人以财谓之惠，教人以善谓之忠，为天下得人者谓之仁。是故，以天下与人易，为天下得人难。孔子曰：'大哉尧之为君！惟天为大，惟尧则之。荡荡乎民无能名焉！君哉，舜也！巍巍乎有天下而不与焉！'尧舜之治天下，岂无所用其心哉？亦不用于耕耳。"

一个社会要维持正常运转，一定要有君子，他们凭借着自己卓越的品行和能力，提供和分配公共品，圣王就是最高层次的君子。由此而自然地有了君子–小人之分。但君子–小人之关系，其实是分工–合作关系。君子确实享有治理的权威和权力，但这并不是相对于小人的不平等，而是不同。不同的人承担与自己之德、能相配的责任。

也就是说，君子–小人之间存在着责任的不同：君子应当承担更大责任。为此，儒家向来对于君子提出更高的要求。孔子说："君子喻于义，小人喻于利。"[1]这既可说是一个事实描述，也可说是一个伦理要求：庶人可以仅仅追求利益，君子却必须明于大义，而不能见利忘

---

[1]《论语·里仁篇》。

义。君子若如此，社会就会失序。对此，广川董子在"天人三策"之第三策有详尽论述：

故公仪子相鲁，之其家见织帛，怒而出其妻，食于舍而茹葵，愠而拔其葵，曰："吾已食禄，又夺园夫红女利乎！"古之贤人君子在列位者皆如是，是故，下高其行而从其教，民化其廉而不贪鄙。及至周室之衰，其卿大夫缓于谊而急于利，亡推让之风而有争田之讼。故诗人疾而刺之曰："节彼南山，惟石岩岩，赫赫师尹，民具尔瞻。"尔好谊，则民乡仁而俗善；尔好利，则民好邪而俗败。

由是观之，天子大夫者，下民之所视效，远方之所四面而内望也。近者视而放之，远者望而效之，岂可以居贤人之位而为庶人行哉！夫皇皇求财利常恐乏匮者，庶人之意也；皇皇求仁义常恐不能化民者，大夫之意也。①

君子承担着治理社会的责任，所谓治理，主要依靠君子之身教，也即以身作则。为此，相比于庶人，君子就必须更加努力地"克己"，必须更加用心地约束自己的私欲，而以仁义要求自己。

董子答江都王时说了这样一句话："夫仁人者，正其谊不谋其利，明其道不计其功。"宋儒对孟子之后儒家一概看不上眼，对董子这句话却赞赏有加。这句话简练而精准地指出了君子之为君子的理由，君子之为君子的应然。正是借助这样的道德自觉，君子不断自我提升。君子群体内部也以此相互砥砺。因此，两千年来，中国社会始终有一个君子群体，他们就是社会维持大体健全的秩序之关键。

至关重要的是，君子积极发挥作用，小人也就可以参与社会治理，成为社会治理之主体，而非政府管理之纯粹对象。秦制下，民众就只是政府统治的对象。在共治体制下，君子组织社会自我治理，充当领导

① 《汉书》，卷五十六，董仲舒传第二十六。

者，小人则可参与其中，而同样为治理主体，与君子分工合作。如果没有君子的领导，小人就会陷入集体行动的困境，而无从扮演治理主体之角色。换言之，君子的作用恰恰促进了社会的平等。

"唯女子与小人为难养也"

指控儒家维护等级制的人还经常提到《论语·阳货篇》所记孔子一段话。

> 子曰："唯女子与小人为难养也，近之则不孙，远之则怨。"

有人说，这句话表明，儒家歧视妇女和劳动人民，显示了一种根深蒂固的等级观念。这种说法是不能成立的。

儒家关于男女地位之讨论，见于夫妇伦常中。但须注意，儒家对五伦之次第，实有两个传统：《诗经》《周易》所代表的传统认为，夫妇为五伦之首。孔子大体上属于这一传统。另一传统则突出父子一伦，《孝经》对这一传统的形成发挥了很大作用。后来，这两个传统同时存在，而前一传统的儒家对女性始终保持着尊重态度，尤其是夫妇关系中的女性。她主于内，与君子共同祭祀祖先、神灵。她具有妇德，家人之和仰赖于她的德行和治理技艺。

至于本章所说的"女子"，则不是一般的女性。"女子"一词在《诗经》中出现过几次，其含义皆为出嫁之前的女孩子；《孟子》中出现的"女子"似乎也是这个意思。这样的女孩子尚未成为"妇"，尚未承担起治家之责任，因而其心灵尚未成熟。这样，君子与其相处，亲近之，她可能没大没小；疏远之，她可能心有怨愤。孔子只是如实地描述了女孩子心灵不成熟的情态而已。

至于"小人"，则专指男子，但并不指庶人，而是指与道德意义上的君子相对意义上的小人，即品德较差的人。这一点，从文本脉络可以清楚看出。本章是《阳货篇》倒数第二章，此前各章列举了各种类型的"小人"，如"乡愿"，"道听而涂说""患得患失""巧言令色""紫以夺朱"之徒，"有勇而无义者""称人之恶者""居下流而讪上者""勇而无礼者""果敢而窒者""徼以为知者""不孙以为勇者""讦以为直者"等等，这些就是孔子所说的"小人"。这些小人与女子有共同之处，那就是心理不够成熟，缺乏道德与政治判断力，故为"难养"。不过，孔子又主张，治国不可有洁癖，君子当"容"，应当与这样的小人共处。孔子只是平实地提醒君子，这些小人难与共处。

需要注意的是，"唯"的意思不是"只有"，而是发语词。"近之则不孙，远之则怨"则提出了对待女子、小人的办法，那就是寻求中庸：近为过，远为不及。君子若过分亲昵，女子与小人必然忘乎所以，不守本分。若过分疏远，女子与小人则会怨恨君子。对待女子、小人，君子如能既不近，也不远，而保持中庸，则女子与小人也就各得其分，而有合宜之行为。他们对君子的态度，也会敬而有节。如此君子与女子、小人之间也就可以建立合宜关系。

为此，君子需要通过实践、反思，而掌握与女子、小人打交道的技巧。本篇最后一章：子曰："年四十而见恶焉，其终也已。"四十当不惑，心智当成熟。君子成熟的标志，就是能够合宜地与女子、小人打交道。如果有了一定的生活阅历，却不能与女子、小人妥善相处，为其所恶，那就是君子的失败。

也就是说，孔子仍然回到君子责任上：你是君子，那你就要对一切社会问题承担主要责任。如果有不平等，君子所主张的就是君子责任之不平等：君子要节制私欲，君子要见义勇为，君子要杀身成仁，君子必须以十二分的努力承担自己对于天下的责任。这是儒家一以贯之的立场。

【第十篇】
谁在愚民？

在所有对儒家的批评中，最离奇的莫过于说儒家鼓吹愚民政策。说离奇，乃是因为，儒家所从事的全部工作就是"发蒙"，就是兴学，就是启人以智、仁、勇。儒家凡此种种努力，皆在于让人走出愚昧，而成为具有德行、知识、技艺和智慧的君子。可到今天，儒家主张愚民的说法仍然谬种流传，不能不予以辨析。

民可使由之，不可使知之

说儒家主张愚民，主要依据是孔子说过的两句话。第一句出自《论语·泰伯篇》：

子曰："民可使由之，不可使知之。"

首先应当联系这句话的文本脉络，初步寻绎其内涵。这样做的前提是，《论语》全书并非随意拼凑，而是有明确的逻辑关系的。比如，很明显，前两篇是总论，概述了孔门最为重要的理念，而后面各篇也都有主题可循。

具体到本章所在的《泰伯篇》，前面各章都在讨论君子之德行，上面一章是，子曰："兴于《诗》，立于礼，成于乐。"这可以说是养成君子的总纲。而且这里说明了，君子主要是通过"学"而养成的。

君子既已养成，则可以治民矣。依据这个文本脉络，首先可确定，本章主语当为前面已养成的"君子"。本章就是讨论君子治民之道。孔子告诫：君子治民，当注意到，民可使由之，不可使知之。紧接着下一章进一步讨论这个问题：

子曰："好勇疾贫，乱也。人而不仁，疾之已甚，乱也。"

何晏《论语集解》引汉儒包咸之解释："好勇之人而患疾己贫贱者，必将为乱也。"疾恶太甚，亦使其为乱。《后汉书·郭符许列传》李贤注引郑玄对这句话的解释："不仁之人，当以风化之。若疾之以甚，是益使为乱也。"本章前半段针对民：上一章说，"民可使由之"，但并不是所有民都能够这样，有一些民众会因为贫困而作乱。后一句话针对君子：君子须对这些民予以妥善处理。假如君子对民众之不仁过于敏感，而采取苛酷办法，也即单纯地"齐之以刑"，必招致更大祸乱。

明白了上下文，再回到本章。需要说明，古文用字简短，今人要理解古典含义，最忌望文生义。主张这句话显示儒家愚民倾向的人士就错在望文生义。正确理解孔子这句话的含义，当依据历代传、注、疏。

首先来看孟子之解释。《孟子·尽心上》中一段话也许就是孟子对孔子这句话的解释：

孟子曰："行之而不著焉，习矣而不察焉，终身由之而不知其道者，众也。"

　　汉儒赵歧注释说："人皆有仁义之心，日自行之无所爱，而不能著明其道以施于大事；仁妻爱子亦以习矣，而不能察知可推以为善。由，用也，终身用之，以为自然，不究其道，可成君子：此众庶之人也。"孟子所说的"众"，就是孔子所说的"民"。"由"的确切意思也许是道，循。《中庸》开篇即说："天命之谓性，率性之谓道，修道之谓教。"所以，人具有相近之性，孔子说"性相近也"，孟子更具体地说，"人皆有不忍人之心"。由此，人皆有恻隐、是非、恭敬、辞让之心，这是仁、义、礼、智四种善之"端"。这四端要扩充成为显著的善，需要借助于心之官能——"思"。不过，思的能力在每个人身上不同，则扩充四端的程度就不等，从而有君子、小人之别。小人就是"众"。但是，即便普通民众思的能力较为低下，也完全能够本乎其天命之性，而不自觉地循道而行。

　　接下来看汉儒对孔子的解释。首先是董仲舒。董仲舒接受孟子的君子-小人之别，并予以深化。《春秋繁露·深察名号篇》中所说：

　　今万民之性，有其质而未能觉，譬如瞑者待觉，教之然后善。当其未觉，可谓有善质，而未可谓善，与目之瞑而觉，一概之比也。静心徐察之，其言可见矣。性而瞑之未觉；天所为也。效天所为，为之起号，故谓之民。民之为言，固犹瞑也，随其名号以入其理，则得之矣。
　　性如茧如卵，卵待覆而成雏，茧待缲而为丝，性待教而为善。此之谓真天。天生民性有善质，而未能善。于是为之立王以善之，此天意也。民受未能善之性于天，而退受成性之教于王。王承天意，以成民之性为任者也。

　　比起孟子来，汉儒对民的看法略悲观一些。不过汉儒仍相信，民皆有善之质，只不过需待外部之教化，善之质才能充分实现为可见的善行。于是，伦理与政治规则也就非常重要了。在汉儒那里，教化之所依据者，正是外在的伦理与政治规则，汉儒特别重视创制立法、移风易俗。孟子说，众人会不自觉地循道而行，汉儒则主张，需借助外部的伦理与政治规则进行教化。与法家的区别在于，汉儒相信，民有善质，所以民将会完全认同并遵循那些则天道、缘民情而定之伦理与政治规则；反过来，君子创制立法之时，也必须则天道，缘民情。

这样，民所由者，就从抽象的道转化为客观的伦理与政治规则。"民可使由之"的意思就是，民是可以遵循君子所制定的伦理与政治规则的。这也许就是汉儒的主流看法。《尚书正义·尧典》孔颖达疏解释尧命众人举舜之事，引汉儒郑玄之解说，大约可代表汉儒的理解：

> 尧知有舜，不召取禅之而访四岳，令众举荐者，以舜在卑贱，未有名闻，率暴禅之，则下人不服。故郑玄《六艺论》云："若尧知命在舜，舜知命在禹，犹求于群臣，举于侧陋，上下交让，务在服人。孔子曰：'人可使由之，不可使知之。'此之谓也。"

这里所引的文本是"人"而非"民"，大概是唐儒为避李世民之讳而改。郑玄的意思是，对于公共事务，一般人很难理解其中的全部奥秘。所以，尽管帝尧已知舜之治国才能，仍借助众人推举之程序，就禅让人选做出决策。借助这一程序正义，禅让决策将更为充分地获得人们的信服。

在这个解释中，确实包含了董仲舒已明确表达的意思：民众的理解力是有限的。不过，尧让众人推举君位候选人，也显示了君的个人能力之有限性。这一点，《中庸》一句话已清楚表明："君子之道费而隐。夫妇之愚，可以与知焉；及其至也，虽圣人亦有所不知焉。夫妇之不肖，可以能行焉；及其至也，虽圣人亦有所不能焉。"

因此，根据郑玄的注解，治国的正确方法是：君子按照规则、程序处理公共事务，民众只要遵循既定的规则即可，而不必过多运用言辞向他们解释。由于普通民众理解力之有限性，如此多费口舌，也没有意义。

《论语集解》给出这样的解释："由，用也。可使用而不可使知者，百姓能日用而不能知。"此意思与郑玄差不多，只不过，他似乎又回到了孟子，能日用而不能知的对象乃是"道"。

最后看宋明儒的解释。朱子《论语集注·泰伯第八》解释这句话说：

民可使之由于是理之当然，而不能使之知其所以然也。程子曰："圣人设教，非不欲人家喻而户晓也，然不能使之知，但能使之由之尔。若曰圣人不使民知，则是后世朝四暮三之术也，岂圣人之心乎？"

这里延续了孟子的解释，而把"道"替换成为"理"。值得注意的是，宋儒强调了"民不可使知之"之无奈：圣人当然希望众人知晓道之本末，唤醒其自觉，提升其为君子。只是，普通民众思之能力确实比较有限，教其知晓本末，成本太高——其实也不必要。程子更是坚定地认为，圣人绝不可能在明知民可教的情况下，却拒绝教民。

依据《论语》的文本脉络，综合孟子之解说，汉、宋儒之注解，对"民可使由之，不可使知之"可做如下解释：君子治国，首先必须明白民众之状态："民之秉彝，好是懿德。"民众同样秉有天性，故能行道而不知，所以，君子可以信任他们，让他们由此道而行。不过，民众思的能力较为有限，故不必幻想他们普遍地知晓道之本末。"不可"者，无法也，无力也。另一方面，由于民众思的能力有限，故民众未必能够事事循道而行，故需要君子则天道、缘民情，而创制立法，制定伦理与法律规则——或者更准确地说，对民众中间自发产生的规则予以反思、系统化。民众由于秉有天性，故而完全能够遵循这样的规则而行。但同样是由于民众思的能力有限，君子不必幻想每个人明白规则之本末，事实上也没有必要。对于优良治理而言，只要民众能循规则而行即可。一个良好社会的标准其实恰恰就是人们不知规则而普遍"默默意会地"遵循规则。因为这说明了社会的规则是内生的，合乎天理人情。按照哈耶克的说法，这样的规则才是真正的正当行为规则。

据此，孔子之语丝毫没有愚民之意。它只是要求君子客观地认识民众的理智之有限性，采取合理的治理之道，那就是相信道以及道之投射：伦理与法律规则。换言之，这句话强调：君子治民，应当主要让客观的规则发挥作用。

民可道也，而不可强也

郭店楚简《尊德义篇》可支持上面对"民可使由之，不可使知之"的解释。纵观本篇，正是在讨论君子治国之道，第一句话开宗明义，道出本篇的主题：

尊德义，明乎民伦，可以为君。去忿戾，改惎胜，为人上者之务也。

治民之道就在于尊德义，明民伦。至于"去忿戾，改惎胜"，其用意与"人而不仁，疾之已甚，乱也"相当。这里提出了一个非常重要的概念："民伦"。对此，下面有更详尽的论述：

教非改道也，教之也。学非改伦也，学己也。禹以人道治其民，桀以人道乱其民。桀不易禹民而后乱之，汤不易桀民而后治之。圣人之治民，民之道也。禹之行水，水之道也。造父之御马，马之道也。后稷之艺地，地之道也。莫不有道焉，人道为近。是以君子，人道之取先。①

----

① 李零著，《郭店楚简校读记》，增订本，中国人民大学出版社，2007年，第182页。

"人道"就是"民伦",就是"民之道",也即共同体自然而客观之民情。君子欲治民,必须顺乎这样的民情,从中发现、阐明伦理与法律规则。这就是礼。下面说,治国当依礼,"民可使由之"之所由者,就是这样的规则。君子治民之大本,就在于让民众遵循这些伦理与法律规则。由于它们本就出于民众之中,民众当然也可以遵循之而不知。既然如此,也就不必教导民众知晓其本末。

正是按照这样的逻辑,出现了一句与"民可使由之,不可使知之"字词微异的话:

> 民可使道之,而不可使知之。民可道也,而不可强也。桀不谓其民必乱,而民有为乱矣。受不若也,可从也不可及也。①

"民可使道之,而不可使知之"与"民可使由之,不可使知之"的联系是显而易见的,或者可以说,这是孔子同一句话的另外一个版本。

后面紧跟着的"民可道也,而不可强也",则是孔门弟子对于孔子那句话的解释。由此可以知道,"不可使知之"的深层含义就是"不可强",不可悖理而强制。"不可强"的意思与"可道"相反。也即,治民者不是让民众循道、循礼而为,而是无视、践踏道与规则,以自己的意志支配民众。

由此,我们也就可以得到"知之"的深层含义:常态下,民众依礼而行,根本不需要君子个别的指令,即可形成优良治理秩序。而一旦君子感觉需要民知之,则一定是君子抛弃了礼,而试图按照自己的意志对民众发号施令。这就构成了正当行为规则之外的强制。

下面举了两个历史例证来说明"民不可强"的道理:民不可使知

---

① 这里采用了顾史考所确定的竹简顺序,参见《郭店楚简〈尊德义〉篇简序调整三则》,复旦大学出土文献与古文字研究中心网站(http://www.gwz.fudan.edu.cn/SrcShow.asp?Src_ID=1328)。

之，否则，民众就会乱。夏桀却反其道而行之，对民提出了各种各样超出规则的要求，结果引发民众之乱。"受"就是纣，商纣王，迪就是道。止，大概就是《周易》贲卦"象"辞"文明以止，人文也"之止，即裁止。民可使道之，商纣王却反其道而行之，不以确定的规则治民。结果，民之行为无所裁止，秩序陷入混乱。

郭店楚简另一篇文献《成之闻之》中还有下面句子："上不以其道，民之从之也难。是以民可敬导也，而不可弇也；可御也，而不可贤也。"这里的意思与上引《尊德义篇》的意思完全相同。这里首先提出，君子治民，当循其道，也即上面所说的民伦、人道，也即正当的伦理与法律规则。君子只可以这样的规则规范民众之行为，而不可强制他们。只可以规则矫正民众可能的不当行为，而不可依照自己的意志随意支配民众。

根据上面所引文献，我们惊讶地发现，"民可使由之，不可使知之"阐明了一条极为根本、也相当现代的治国之道：君子必须依照客观的正当的伦理与法律规则治理民众，而绝不能践踏这些规则，强加自己的意志于民众。这样只能导致民众无所适从，秩序混乱。

以身作则

参考相关文献，对"民可使道之，不可使知之"，还可从另外一个角度也即言、行关系之角度理解，其含义是，君子治国，尤其是教民，身教重于言教。在这个意义上，"由之"的"之"就是君子本人。民众的理解力有限，或者说，言辞的说服力有限，所以，君子教民，只可让民众模仿自己的行为所树立的典范，但没有办法只是通过说教让民众走上正道。

这一点，《论语》有诸多论述，《颜渊篇》连续几章都在讨论这个问题：

> 季康子问政于孔子。孔子对曰："政者，正也。子帅以正，孰敢不正？"
>
> 季康子患盗，问于孔子。孔子对曰："苟子之不欲，虽赏之不窃。"
>
> 季康子问政于孔子曰："如杀无道，以就有道，何如？"孔子对曰："子为政，焉用杀？子欲善而民善矣。君子之德风；小人之德草。草上之风，必偃。"

"子帅以正"的"帅"，就是"民可使由之"之"由"。君子行为端正，合乎礼义，民众自然就会端正自己的行为。君子不能正己之身，却喋喋不休地教训民众，要求民众遵守礼义，试图使民"知之"，不可能有任何效果。

其他儒家文献中也有很多这类记载。比如，《礼记·缁衣》记载：

> 子曰："下之事上也，不从其所令，从其所行。上好是物，下必有甚者矣。故上之所好恶，不可不慎也，是民之表也。"
>
> 子曰："禹立三年，百姓以仁遂焉，岂必尽仁？《诗》云：'赫赫师尹，民具尔瞻。'《甫刑》曰：'一人有庆，兆民赖之。'《大雅》曰：'成王之孚，下土之式。'"

民众是按照君子的行为典范确定自己的行为的。君子如欲建立和维系优良秩序，就必须依循正道，如此方可引导民众依正道而行。在这种情况下，君子无须多言，也不用多言——当然，对于民众，即便多言，也没有用处。《论语·为政篇》进一步指出了一点：

> 子贡问君子。子曰："先行其言而后从之。"

孔子认为，君子之职责是治理民众。然而，治理民众先要约束自己依循正道而行。君子做到这一点，再对民众提出要求——"言"就是要求的意思，民众才会心甘情愿地顺从。因为，这样的要求本身是合乎礼法的。这样的人才算真正的君子，才能够真正建立和维系优良秩序。

郭店楚简《成之闻之》篇中有这样的话：

君子之于教也，其导民也不浸，则其淳也弗深矣。是故亡乎其身而存乎其辞，虽厚其命，民弗从之矣。是故威服刑罚之屡行也，由上之弗身也。昔者君子有言曰：战与刑，人君之坠德也。是故上苟身服之，则民必有甚焉者。君衿冕而立于阼，一宫之人不胜其敬。君衰绖而处位，一宫之人不胜其，一军之人不胜其勇。[1]

至此，我们揭示了"民可使由之，不可使知之"的两个不同含义，这两个含义取决于对"之"的不同解释：第一个含义是，"之"是道或者客观规则。君子治民，可以让民众依循正道或者合宜的伦理规则、正当的法律规则，而没有办法也不必让民众知晓其本末。第二个含义是"之"指君子。君子治民，当以身作则，为民众树立表率，让民众依循自己的典范，如此自然可以化成风俗。当然，上面两个含义是有内在关联的，因而可同时存在。其实，我们可以用孔子的话来阐释这句话："道之以德"，也就是君子以身作则；"齐之以礼"，就是君子以公正规则治国。

不论是哪个意思，这句话都丝毫没有愚民的意思。相反，这句话倒是揭示了非常深刻的治国之道：治国必须依靠客观的规则，或者切实的行为典范。

---

[1] 李零著，《郭店楚简校读记》，增订本，中国人民大学出版社，2007年，第157—158页。

唯上智与下愚不移

指控儒家愚民的第二个证据，出自《论语·阳货篇》：

子曰："唯上智与下愚不移。"

其实，这句话的最恰当解释是《论语·季氏篇》一章：

孔子曰："生而知之者，上也；学而知之者，次也；困而学之，又其次也；困而不学，民斯为下矣。"

在这句话中，孔子把人分成三大类，汉儒据此提出了"性三品"说。

《阳货篇》的"上智"，就是《季氏篇》的"上"，也即"生而知之者"。这就是儒家所说的圣王、圣人。显而易见，圣王、圣人是十分罕见的。既然他们生而知之，那他们当然就不受外界的影响，也就是"不移"。

"学而知之者"和"困而学之者"属于上智与下愚中间的"中人"。士人大约就属于这类人，通过学，他们可以成为君子。当然，这其中，又有优劣之分："学而知之者"自始就知学。"困而学之者"则本不知学，只是在遭遇困境时，才被迫学。但无论如何，他们都具有学的意愿与能力，而可以成为君子。

"困而不学者"就是"下"，就是《阳货篇》所说的"下愚"。他们处于不利环境中，也遭遇了困境，却依然没有学的自觉。他们不可能改变、提升自己，也即"不移"，具体地说就是难以成为君子，而始终处于小人地位上。这样的人未免有点"愚"。

其实，上述三类人可归为两类：一类是生而知之的圣王、圣人，另一类是圣人之外的普通人。普通人究竟能成为什么样的人，取决于其对学的态度——这里的"学"乃是养成君子之"学"。对学的不同态度，最终决定着其能否成为君子。

需要注意的是，本章前一章为"性相近也，习相远也"，这是孔子关于人性说过的唯一一句话。孔子认为，所有人的先天资质没有太大差别。一个人最终成为什么样的人，取决于其"学"的自觉程度，由学而成习。愿意学的人都可以成为君子，尽管其水平参差不齐。而不愿学的人则只能居于社会最底层。

因此，"唯上智与下愚为不移"绝无一丝一毫愚民之义，意思恰恰相反。孔子乃以一个人通过学所得之智的程度，对人进行分类。这也就体现了孔子思想中非常根本的一点：君子概念的创造性转换。原来的君子是封建体系中的贵族等级，带有世袭性质。孔子则否定这种制度，他主张，人的地位应由其学来决定，由其德行、知识、技艺来决定。庶民只要学有所成，也可成为君子。孔子这种理念反而为下等庶民阶层打开了上升的通道。

孔子也绝不认为，下层民众就该永远处于愚的状态。须知，孔子弟子中多有庶民。孔子说某些人愚，不是因为他们是下等人，而是因为他们缺乏学的自觉，自暴自弃。即使在一个完全平等的社会中，这样的人也仍然是愚。参照前面的不可使知之，这里的"不移"，实际上是不可移，没有办法让他移。

这里涉及儒家教育思想中非常重要但很容易被人忽视的一点：学需以自身学之自觉为前提。儒家之学乃是养成君子之学。而君子之养成绝非外在强制、灌输所能成就，而须以自己立志为起点。比如，孔子本人十五而"有志于学"，以"吾日三省吾身"为本，辅之以"思"[1]等等。孔子这样的师只是发挥引导作用。于是，学的自觉也就成为一个人能否

---

[1]《论语·为政篇》：子曰："学而不思则罔，思而不学则殆。"

成为君子的关键。很多人的问题正在于,由于各不相同的内在、外在原因,而没有学的自觉,由此就处于"愚"的状态。

但是,即便是对于这样的人,儒家也从来不会听任他们处于愚的状态,而采取各种办法教化之。

儒家重教

那些认为孔子主张愚民政策的人,恐怕同时犯了两个错误:罔顾事实,不讲逻辑。

孔子以毕生精力兴办教育,且规模相当之大。这是一个世所公认的基本历史事实。兴办教育的目的当然是在开启民智,而绝不可能是愚民。毕生从事教育的孔子,怎可能主张"愚民"?

孔子之后儒家最重要的活动形态也是聚徒讲学,或者兴办书院,从事启蒙、教育、养成君子之活动。孟子如此,汉代经师如此,宋儒如此,王阳明如此,康有为如此。他们的弟子少则上百,多则数千。一个儒者事业之成就,在很大程度上可以其教授门徒的成就来衡量。

需要说明的是,儒家之教确实不是现代意义上的启蒙或者教育,但更健全的是儒家。现代法、德式启蒙把合理秩序的构造事业交给逻辑和知识,而排斥信仰、德行、情感和利益。但是,这四者才是社会结构的核心要素,儒家所重者恰恰是情感、德行之教。

也正是在儒家的倡导下,从汉代开始,历朝政府兴建学校体系。这个体系之初起,上借公孙弘、董仲舒等儒者之倡导,下凭具有儒家信念之"循吏"的地方制度创新。《汉书·循吏传》记载,在汉武帝崇儒之前,循吏文翁就在蜀郡兴办学校:

> 文翁,庐江舒人也。少好学,通《春秋》,以郡县吏察举。

景帝末，为蜀郡守，仁爱好教化。见蜀地辟陋有蛮夷风，文翁欲诱进之，乃选郡县小吏开敏有材者张叔等十余人，亲自饬厉。遣诣京师，受业博士，或学律令……又修起学官于成都市中，招下县子弟以为学官弟子，为除更徭……由是大化，蜀地学于京师者比齐鲁焉。至武帝时，乃令天下郡国皆立学校官，自文翁为之始云。

文翁终于蜀，吏民为立祠堂，岁时祭祀不绝。至今巴蜀好文雅，文翁之化也。

自此以后，王朝更替不已，但学校传统不断。在此之外，大量普普通通的儒生也在民间社会开展教育，教导庶民读书识字。比如，明清时代一直到二十世纪上半期广泛存在的私塾、族学、义学等等。

这样一套教育体系之完整性与社会渗透率，在前现代世界恐怕无出其右者。或许可以大胆地推测，前现代中国民众之识字率，一定是世界第一。中国民众，果然愚昧乎？

秦才实行愚民政策

那么，在中国历史上，有没有愚民政策？当然有，这个政策则由道家，尤其是法家予以系统阐述，并由秦国予以实施。

钱钟书先生《管锥编》蕴含很多相当犀利的思想，可惜被人忽略了。比如该书《左传正义·昭公十八年》专论"愚民说"[1]。先生敏锐地指出，《左传·昭公十八年》所记一位周大夫的话，似乎是愚民说之滥觞：

秋，葬曹平公。往者见周原伯鲁焉（杜预注：原伯鲁，周大夫）。与之语，不说学。归以语闵子马。闵子马曰："周其乱乎！夫必多有是说，而后

① 钱钟书著，《管锥编》，第一册，中华书局，1986年第二版，第233—235页。

及其大人（注：国乱俗坏，言者适多，渐以及大人。大人，在位者）。大人患失而惑，又曰可以无学，无学，不害（注：患有学而失道者以惑其意）。不害而不学，则苟而可（注：以为无害，遂不学，则皆怀苟且）。于是乎，下陵上替，能无乱乎？夫学，殖也；不学，将落。原氏其亡乎（注：殖，生长也。言学之进德，如农之殖苗，日新日益）！"①

说者，悦也。这位周王室大夫不喜欢他人兴"学"。鲁大夫闵子马担心，这样的看法如在掌权者中间流行，掌权者就可能害怕民众因学而产生祸乱，从而相信，一个邦国不应当有学，没有学反而可以减少祸害。闵子马接着指出无学之后果：无学确实可能减少由于众说纷纭而给民众带来的迷惑，但是，不学又会带来非常严重的后果——上下皆怀苟且之心，最终结果一定是秩序解体。闵子马用一个非常生动的比喻说明学对于秩序的重要性：学可以培植人心，从而创造和维系秩序。不学，则人心就会枯萎，秩序就会崩溃。

应当说，战国时代，东方六国大体上还是重学的，僻在西陲之秦，却是例外。早在春秋中期，有一个叫作由余的人就对秦穆公提出过富强之道："一国之政犹一身之治。"为此，必须驯服民众，令民众顺服君王。

然而，如何做到这一点？商鞅系统地提出了方案。《商君书·弱民篇》首先提出这样一个政治哲学命题："民弱，国强，民强，国弱。故有道之国，务在弱民。朴则强，淫则弱；弱则轨，淫则越志；弱则有用，越志则强。"这里已经提出了"民弱国强"之法家治国基本原理。《商君书·定分篇》把话说得更明白了："民愚，则易治也"。君王控制人民的最有效办法就是"愚民"。

据此，商君主张严厉禁止民间学术，比如，《商君书·垦令篇》提

---

① 《春秋左传正义》，卷四十八。

出："国之大臣、诸大夫，博闻辨慧游居之事，皆无得为；无得居游于百县，则农民无所闻变见方。农民无所闻变见方则知农无从离其故事，而愚农不知，不好学问。愚农不知，不好学问，则务疾农。知农不离其故事，则草必垦矣。"这里已涉及商君的另一项政策：驱民于农战，尤其是重农而抑商，而这一政策的重要目的正是愚民。

此后两百年间，秦国系统地实施了一系列愚民政策，这包括秦始皇三十四年（公元前213年），在李斯建议下，焚书坑儒。李斯为焚书提出了一个系统的论证：

今诸生不师今而学古，以非当世，惑乱黔首。丞相臣斯昧死言：古者天下散乱，莫之能一，是以诸侯并作，语皆道古以害今，饰虚言以乱实，人善其所私学，以非上之所建立。今皇帝并有天下，别黑白而定一尊。私学而相与非法教，人闻令下，则各以其学议之，入则心非，出则巷议；夸主以为名，异取以为高，率群下以造谤。如此弗禁，则主势降乎上，党与成乎下。禁之便。①

秦始皇君臣焚书之目的在于消灭"私学"，也即民间学术，因为这种自由的民间学术威胁皇帝政治权威之绝对性。商君以来秦国所采取的各项愚民政策之全部目的，也都在此。

李斯最后说，"若欲有学法令，以吏为师。"《史记集解》注：徐广曰："一无'法令'二字。"也许，这另一个版本才是历史实情，从《史记》所记秦汉之际人物的经历可以看出，当时确实消灭了私学。学仅在官府，人们要学，只能"以吏为师"。由此所学者，当然只能是刑名之术，而没有其他思想学术。可以说，"以吏为师"构成一种精致的愚民政策。它不只是禁止私学，还用官方之学支配人们的心灵。只不过，秦很快灭亡，所以，孔子开创的私学传统才没有完全中断。而秦之

---

① 《史记》，卷六，秦始皇本纪。

官学不过是刑律，因而也就没有形成现代的意识形态专制。

对于秦的这种政策，儒家持强烈的批评态度。比如，董子在"天人三策"中批评秦政"重禁文学，不得挟书，弃捐礼谊而恶闻之，其心欲尽灭先王之道，而颛为自恣苟简之治"①。如前引《商君书》，法家欲确立君之绝对地位，必然认为民与君是对立的。民弱则君强，而弱民之道就在于愚民。愚民是秦制的内在逻辑所要求的。

儒家承认，人与人的思的能力不等，所以，人与人间确有智愚之别。但儒家相信，即便那些愚者也仍有可取之处。更重要的是，儒家主张，应当尽可能教化这些庶人。从根本上说，国家治理之好坏取决于风俗之良窳，因此，君子对于优良秩序之构造和维系固然具有重要意义，普通民众也绝不是毫无意义的被动主体；相反，优良秩序有待于他们的积极参与。故历代儒家始终致力于兴学重教，开启民智。

于是，在中国历史上，始终存在养成君子与愚民两个理念、两种文化、两种政治之斗争。儒家主张养成君子，改善风俗；那些追求专制的君主及其附庸，比如宦官、佞幸，则想尽各种办法迫害士人，限制教育，查禁私学，打击自由学术。比如，明代权相张居正查禁当时正在兴起的阳明之学，随后则有宦官打击东林书院。至于满清，则屡兴文字大狱，令士人、官员心灵趋向愚昧，造成有史以来最为败坏的治理。而康、梁等人正是凭借自由讲学，改写了中国历史。可以说，一部中国历史贯穿着儒家之兴学理念与秦制之愚民理念的斗争。

最讽刺的是，儒家愚民之谬说其实也正出自于二十世纪愚民时代的宣传，指鹿为马，颠倒是非。今天继续重复这种说法，正是中愚民之计而不自知。国民因此而不能正确认识儒家，不能正确认识中国文化与历史，这就是最大的愚昧。

①《汉书》，卷五十六，董仲舒传第二十六。

【第十一篇】
罢黜百家、独尊儒术之真相

上篇辩驳儒家愚民之说，但很多人指控儒家愚民，乃因儒家被独尊之文化、政治安排，这种安排以儒家思想一统思想、学术、观念领域，而形成更为精致的愚民①。

广川董子等汉儒推动独尊儒术，确系中国思想史与政治史上最为重大，也是现代以来引起争议最大的事件。今日反对儒家者约有两种人：一种人根本就全盘否定儒家，认为儒家生来就不好；另一种似乎温和一点，他们说，原始儒家，也即先秦孔孟之儒家还是不错的，甚至很好。不幸，董仲舒毁了儒家，其最大罪过就是罢黜百家、独尊儒术。据说，这个措施压制了思想学术自由，制造了思想专制，限制了儒家之外其他学派的发展、繁荣。有人似乎以为，百家争鸣就是因此结束的。此举也让儒家获得独尊地位，从而成为专制统治的帮凶。这样的儒家不仅毫无价值，甚至变成中国文化的毒瘤。

这样的说法正确吗？罢黜百家、独尊儒术果真制造了思想专制，妨碍了思想学术自由、繁荣吗？事实上，我们首先需要进一步追问，董仲舒果真说过罢黜百家、独尊儒术这样的话吗？

---

① 钱钟书先生就这样认为，"文章学问复可为愚民之具，'明'即是'暝'，见即为蔽"，前引《春秋繁露》"民，暝也"（《管锥编》，第一册，第234页）。

董子之说

董子推动汉武帝更化、尊儒的文字乃是著名的"天人三策"，它的形式很特别：汉武帝提出问题，是为"策问"；董仲舒有针对性地回答，是为"对策"。这三篇对策完整地收录于《汉书·董仲舒传》。在天人三策的最后，董仲舒提出：

《春秋》大一统者，天地之常经，古今之通谊也。今师异道，人异论；百家殊方，指意不同。是以上亡以持一统，法制数变，下不知所守。臣愚以为：诸不在六艺之科、孔子之术者，皆绝其道，勿使并进。邪辟之说灭息，然后统纪可一而法度可明，民知所从矣。

这就是人们据以断言董仲舒建立儒家独尊地位的政策建议之原文，其中并无"罢黜百家、独尊儒术"字样。董子其他著作，主要是《春秋繁露》，同样没有这样的字样。

只是班固后面概括董仲舒一生功业时这样说："自武帝初立，魏其、武安侯为相而隆儒矣。及仲舒对册，推明孔氏，抑黜百家。"班固在《汉书·武帝纪》赞中则这样说："汉承百王之弊，高祖拨乱反正，文、景务在养民，至于稽古礼文之事，犹多阙焉。孝武初立，卓然罢黜百家，表章《六经》。遂畴咨海内，举其俊茂，与之立功。"从这里可以看出，董子与汉武帝之关注点尽管有所重叠，但实际上并不相同。

由此可以看出，流传甚广的"罢黜百家、独尊儒术"并非出自董子，也非汉人所说。那么，"罢黜百家、独尊儒术"之说出自于谁，待考。至少1916年，湖南人易白沙在《新青年》上发表《孔子平议》一文有这样的说法：自汉武帝开始，"罢黜百家，独尊儒术，利用孔子为傀儡，垄断天下思想，使其失去自由"。此后，天下纷纷然皆谈董仲舒"罢黜百家、独尊儒术"。这就是启蒙文人所谓的"科学"精神。

"百家"指谁

那么，班固所说"抑黜百家"之"百家"是指什么？

司马迁之父司马谈论六家要旨说：

《易大传》："天下一致而百虑，同归而殊涂。"夫阴阳、儒、墨、名、法、道德，此务为治者也，直所从言之异路，有省不省耳。

从这里可以看出，司马谈知识所及之百家，主要就六家。仔细分析又可发现，到司马谈、司马迁，也即董仲舒、汉武帝时代，实际上只有三家：

首先，墨家已消亡。秦尚未灭六国，墨家就已消亡，只保留一些死文献，而没有学术活动了。墨家为什么会消亡？这是学术史上一桩公案。有人说，墨家融入秦制，这倒完全有可能，墨家的思想与秦制之间有隐秘的关联。

其次，阴阳思想已渗透到各家学说之中，成书于秦始皇早期的《吕氏春秋》就渗透着阴阳思想，伏生的《尚书大传》也深受阴阳思想影响。这样一来，反而没有专门的阴阳之学了。

再次，名家则与法家合一，而成为刑名之学。

最后，至于道德，就是道家，更准确地说是黄老之学。

总结一下，到董子、汉武帝时代，所谓百家主要就是黄老、刑名、儒家三大家而已。而当时，三家之社会、政治地位大不相同。

首先，秦制是依法家之规划建立起来的，而"汉承秦制"，汉延续了秦制的基本架构和统治精神，因此，汉代政治之基本架构是法家的。

汉初很多大臣习刑名之术：汉初两大丞相萧何、曹参都是狱吏出身。开国之后，晁错曾"学申、商、刑名"于轵地之张恢，更有很多大臣"以吏为师"，从小学习刑名之术，由习狱而一路青云直上，比如酷吏张汤。这一传统十分强大，一直到汉武帝时代；汉立国七十年，官吏系统仍在刑名吏控制之下。也因此，武帝中后期才会酷吏横行。对这一点，董子在第二策中就有明确批评：

> 今之郡守、县令，民之师帅，所使承流而宣化也；故师帅不贤，则主德不宣，恩泽不流。今吏既亡教训于下，或不承用主上之法，暴虐百姓，与奸为市，贫穷孤弱，冤苦失职，甚不称陛下之意。是以阴阳错缪，氛气弃塞，群生寡遂，黎民未济，皆长吏不明，使至于此也。

其次，文景之时，皇室、功臣则多信黄老之术。黄老之术的系统应用者大约是曹参，《史记·曹相国世家》记载：

> 孝惠帝元年，除诸侯相国法，更以（曹）参为齐丞相。参之相齐，齐七十城。天下初定，悼惠王富于春秋，参尽召长老诸生，问所以安集百姓。如齐故诸儒以百数，言人人殊，参未知所定。闻胶西有盖公，善治黄老言，使人厚币请之。既见盖公，盖公为言治道贵清静而民自定，推此类具言之。参于是避正堂，舍盖公焉。其治要用黄老术。故相齐九年，齐国安集，大称贤相。

后曹参入汉为相，有了"萧规曹随"的典故，黄老观念也为皇室大臣所接受。

但请注意，萧何所立之制实际上是秦制。据此，"萧规曹随"也就有另外一层含义。也就是说，汉初黄老之术实与秦制互为表里。秦制是里，是制度；黄老之术是表，是政策。汉延续了秦制之权力结构，但现·

在，统治者较为明智，采取了清静无为政策，也即暂时不再使用秦制中那种绝对的权力。具体到政府中，虽仍任用文法吏，但现在任用那些不甚苛酷之文法吏。由此而"与民休息"，经济社会有所恢复。

包括儒家在内的私学也因此获得发展空间。但总体而言，汉武帝之前，儒家处于在野位置，如《史记·儒林列传》所说："孝惠、吕后时，公卿皆武力有功之臣。孝文时颇征用（《正义》：言孝文稍用文学之士居位）。然孝文帝本好刑名之言。及至孝景，不任儒者，而窦太后又好黄老之术，故诸博士具官待问，未有进者。"当时政府也设立博士之位，其中不乏儒生，但杂有各家，儒生未获重用。

不过，在与民休息、清静无为的大环境中，儒家不再受压制，而可以较为自由地发展。经历秦汉之战乱而艰难传承的儒家各经师广收门徒，传道授业，儒生群体不断扩大。至关重要的是，儒家承担着一般教育之职能，不少皇子、诸侯王子、公卿之子弟接受的教育就是儒家式教育，其中若干开始信奉儒家。这其中最著名的是河间献王刘德，他对汉代儒学之繁荣做出了巨大贡献。

最值得注意的是，武帝从小也接受儒学教育，《史记·儒林列传》记载："兰陵王臧既受《诗》，以事孝景帝为太子少傅，免去。今上初即位，臧乃上书宿卫上，累迁，一岁中为郎中令。及代赵绾亦尝受《诗》申公，绾为御史大夫。"王臧受《诗》于鲁人申公，武帝则从王臧受《诗》教，其理念不能不受儒家影响。这是汉武帝时代文化政治格局大转型的重要条件。

儒家、黄老之争

上述三大学派在汉初经历了复杂的斗争过程，最终儒家才确立了自己的地位。

最初的斗争似乎在杂糅儒、法之人物与功臣之间展开。前者的代表人物是贾谊和晁错，功臣作为既得利益者一般则信奉黄老之术。据《史记·屈原贾生列传》记载：贾谊"年十八，以能诵诗属书闻于郡中"。他显然接受过儒家教育。但《史记·太史公自序》又说："贾生、晁错明申、商。"可见，贾谊兼通儒法两家。《史记·屈原贾生列传》记载：

> 贾生以为汉兴至孝文二十余年，天下和洽，而固当改正朔，易服色，法制度，定官名，兴礼乐，乃悉草具其事仪法，色尚黄，数用五，为官名，悉更秦之法。孝文帝初即位，谦让未遑也。诸律令所更定，及列侯悉就国，其说皆自贾生发之。于是天子议以为贾生任公卿之位。绛、灌、东阳侯、冯敬之属尽害之。

贾谊欲去秦制，这是儒家倾向，也是儒家第一次系统的更化努力。而这引起依赖秦制而享有权力的功臣之不满。但贾谊削藩之建议又表明了他的法家倾向。这个建议同样不为皇亲、功臣所喜。

晁错同样是个双重思想人物：《史记·袁盎晁错列传》记载："晁错者，颍川人也。学申商刑名于轵张恢先所……错为人陗直刻深。孝文帝时，天下无治《尚书》者，独闻济南伏生故秦博士，治《尚书》，年九十余，老不可征，乃诏太常使人往受之。太常遣错受《尚书》伏生所。还，因上便宜事，以《书》称说。"晁错本是法家，奉命又习得《尚书》之学。不过，与贾谊不同，《尚书》似乎没有对他产生多大影响。他依据法家思想主张削藩，得罪了皇亲、功臣。晁错大约是最后一位具有思想和政治创造性的法家人物，此后的法家仅以刑名之术的方式存在。

这之后，思想上的斗争在儒家与黄老之术间展开。在汉初相对宽松的环境中，儒生的文化、社会力量不断积聚，遂决心实现其重建人间秩序的理想，而以文学之士的身份向政治领域移动，要求皇帝、大臣遵奉儒家。这自然引发了黄老的反弹，《史记·儒林列传》记载了这样一则

故事:

清河王太傅辕固生者,齐人也。以治《诗》,孝景时为博士。与黄生争论景帝前。黄生曰:"汤武非受命,乃弑也。"

辕固生曰:"不然。夫桀纣虐乱,天下之心皆归汤武,汤武与天下之心而诛桀纣,桀纣之民不为之使而归汤武,汤武不得已而立,非受命为何?"

黄生曰:"冠虽敝,必加于首;履虽新,必关于足。何者,上下之分也。今桀纣虽失道,然君上也;汤武虽圣,臣下也。夫主有失行,臣下不能正言匡过以尊天子,反因过而诛之,代立践南面,非弑而何也?"

辕固生曰:"必若所云,是高帝代秦即天子之位,非邪?"

于是景帝曰:"食肉不食马肝,不为不知味;言学者无言汤武受命,不为愚。"遂罢。是后学者莫敢明受命放杀者。

《史记·太史公自序》记司马谈"习道论于黄子(《集解》:徐广曰:《儒林传》曰黄生,好黄老之术)"。黄生信奉黄老,他否定汤武革命,认为君主即便再暴虐,臣子也无权更替之。黄生这一看法清楚地揭示了黄老之术的本质:黄老之术只是秦制的一种统治策略,清静无为只是一种政策。如果说在汉初,它确实起到了与民休息的作用,那么到后来,黄老之术则成为秦制的维护者。

而黄老之术在当时拥有极大实力,其主要保护人是汉文帝之后的窦太后,《史记·外戚世家》说:"窦太后好黄帝、老子言,帝及太子诸窦不得不读《黄帝》、《老子》,尊其术。"

不断上升的儒家开始与黄老之术发生冲突:

窦太后好《老子》书,召辕固生问《老子》书。固曰:"此是家人言耳。"太后怒曰:"安得司空城旦书乎?"乃使固入圈刺豕。景帝知太后怒而固直言无罪,乃假固利兵,下圈刺豕,正中其心,一刺,豕应手而倒。太后默然，无以复罪，罢之居顷之，景帝以固为廉直，拜为清河王太傅。久之，病免。

由于窦太后操控景帝政局，景帝时代大约是黄老之术的巅峰时代。不过，这种局面由于汉武帝的即位而发生巨大变化。武帝一即位，就采取了一项措施，《汉书·武帝纪》：

建元元年冬十月，诏丞相、御史、列侯、中二千石、二千石、诸侯相举贤良方正直言极谏之士。丞相绾奏："所举贤良，或治申、商、韩非、苏秦、张仪之言，乱国政，请皆罢。"奏可。

汉初三大思想流派之斗争的第一个结果出来了：法家出局。这时，窦太后仍有影响，可以推测，作为黄老之术的保护人，窦太后默认这一点。

汉武帝君臣还迈出了下一步：尊儒，这引起窦太后的强烈反弹，《史记·孝武本纪》：

元年，汉兴已六十余岁矣，天下乂安，荐绅之属皆望天子封禅改正度也。而上乡儒术，招贤良，赵绾、王臧等以文学为公卿，欲议古立明堂城南，以朝诸侯。草巡狩、封禅、改历、服色事，未就。会窦太后治黄老言，不好儒术，使人微得赵绾等奸利事，召案绾、臧，绾、臧自杀，诸所兴为者皆废。

赵绾、王臧依据儒家理念，发动了第二次系统的更化努力。最有意思的是，窦太后之从兄子魏其侯窦婴和孝景之后之同母弟武安侯田蚡都支持汉武帝的这一做法，《史记·魏其武安列传》：

魏其、武安俱好儒术，推毂赵绾为御史大夫，王臧为郎中令。迎鲁申公，欲设明堂，令列侯就国，除关，以礼为服制，以兴太平。举适诸窦宗室毋节行者，除其属籍。时诸外家为列侯，列侯多尚公主，皆不欲就国，以故毁日至窦太后。太后好黄老之言，而魏其、武安、赵绾、王臧等务隆推儒术，贬道家言，是以窦太后滋不说魏其等。及建元二年，御史大夫赵绾请无奏事东宫。窦太后大怒，乃罢逐赵绾、王臧等，而免丞相、太尉。

这个故事有点类似于后世戊戌变法的情节：赵绾认为，欲尊儒术，就必须夺窦太后之权。这一计划引发窦太后的反扑。汉武帝的第一次尊儒努力失败。但值得注意的是，作为外戚的魏其侯、武安侯都支持儒术，这说明儒家的力量已经相当强大，尊儒乃是迟早的事情。

果然，《史记·儒林列传》记载，六年后，"及窦太后崩，武安侯田蚡为丞相，绌黄老、刑名百家之言，延文学儒者数百人"。此处所延聘者，包括公孙弘、董仲舒等人。

这就是汉初政治思想斗争的第二个结果：黄老之术出局。至此，汉初三大家中，法家刑名之术、黄老之术相继出局。

换言之，罢黜百家，实乃汉初思想政治演变的自然结果。董子之提议，不过是揭明此一大势。当然，对于那两家，时人所用语词是有分别的："罢"治申、商、韩非、苏秦、张仪之言者，因其"乱国政"；对黄老，则是"绌"。"罢"有取消之意，"绌"则只是予以贬抑，而并非取消。《史记·汲郑列传》记载，汲黯、郑当时都学黄老之术，而在武帝时稳居九卿之位。武帝之任用习刑名之术的酷吏，更为一个人所周制的事实。从这个意义上说，汉武帝对儒术确实尊崇，但并非"独尊"。

"尊儒"之含义

以上简短历史描述表明，汉时没有"罢黜百家、独尊儒术"之事，汉家尊经、崇儒也非董子首发，而是时势大变迁的自然结果，是汉武帝一代君臣持之以恒的主流政策。所以，不要再把子虚乌有的"罢黜百家、独尊儒术"栽到董子头上了。

尽管如此，董子确实顺应当时的文化、政治趋势，推动了儒家地位的上升与制度化。

回头来看开始所引董子那段话，董子要求汉武帝同时重视"六艺之科、孔子之术"。这两者在今人看来似乎是一回事，但在当时，却是两回事。《汉书·艺文志》首列《易》、《书》、《诗》、《礼》、《乐》、《春秋》、《论语》、《孝经》、《小学》，是为六艺——前六种为六经，后三种为经之传。接下来列诸子十家，而以儒家为首，其中包括曾子、孟子、荀子、董子等人。在汉人心目中，六艺乃古圣先王之法，传其学者为经师。诸子无不立基于六艺，故不为儒家所专擅。儒家属于子学百家言范畴，当然，诸子中，他们与六艺的关系最为密切，因为他们"游文于六经之中"，"留意于仁义之际"则是其学术之特征。

这一点可以解释班固对汉武帝、董仲舒所发评论之不同："孝武初立，卓然罢黜百家，表章六经。""及仲舒对册，推明孔氏，抑黜百家。"武帝主要尊崇六经，也即六艺。董仲舒则推明孔子之术，或者可以说就是尊崇儒家之术。这样的区别不难理解。汉武帝希望"章先帝之洪业休德，上参尧、舜，下配三王"，复三代之治，置汉家于道统传承序列中，他当然尊六经。至于谁来阐释经，对他而言并不重要。董子则希望实现自己的理想，故要求皇家尊崇儒家之术。

明白了这一点，即可对董仲舒建议之用意，有较为准确的理解。天人三策的核心意图是"更化"：

第一，皇帝、高级官员等治国者从根本上调整治国的基本理念，放弃法家、黄老，转而一心一意以儒家理念治国。

董子说"上亡以持一统，法制数变"是指出汉初七十年间的一个事实：这七十年间，治国理念经历了法家、黄老等数度变化，尤其是在武帝即位最初几年，出现过儒家与黄老之剧烈反复。这种反复、混乱必对社会治理产生有害影响。董子认为，应当结束这种摇摆，当然是归宗于儒家。

这是大势所趋。首先，从汉武帝策问中可以清楚看出，他已产生了告别秦制、重建三代之治的明确意向，尽管对于其内容，他的理解与儒生有别。其次，儒家教育已经广泛普及，宗室、大臣中信奉儒家者越来越多。再次，儒家在基层社会也获得广泛支持。

董仲舒在此基础上明确提出复三代之治的路径，比如，在这段话中，董仲舒认为，应以《春秋》作为汉家根本法，以《春秋》学、主要是公羊《春秋》学作为根本法之官方学说。他认为，这样就可做"统纪可一，而法度可明"。

第二，董仲舒提出，与上述理念转型相配合，从根本上改造政府官员之构成。

在"天人三策"中，董仲舒提出的两项较为具体的建议，都旨在通过儒家之学再造官员群体。首为立太学：

> 陛下亲耕籍田以为农先，夙寤晨兴，忧劳万民。思维往古，而务以求贤，此亦尧舜之用心也，然而未云获者，士素不厉也。夫不素养士而欲求贤，譬犹不琢玉而求文采也。故养士之大者，莫大乎太学；太学者，贤士之所关也，教化之本原也。今以一郡一国之众，对亡应书者，是王道往往而绝也。臣愿陛下兴太学，置明师，以养天下之士，数考问以尽其材，则英俊宜可得矣。

太学生既可以传承六经，养成师儒；他们分散到基层社会，可以教化民众，更可以储备官员。总之，太学可以养成儒家士君子群体，而成为横跨于政府、社会之间的治理主体。

次为行察举，对此，前面已有讨论。汉初大臣之出身，最初多为功臣、宗室、外戚，随后就是官员之后与富家子弟。换言之，官吏主要在官吏群体内部循环，或者富人以财富购买权力。由此导致政治的封闭性，普通民众无法向上流动，民众的诉求无法有效导入政府。最为重要的是，这样的官吏缺乏价值忠诚，他们可能不乏能力，却没有德行。董子建议实施察举制，保持政治之开放性，给普通人家以向上流动的机会，也让官员群体与基层社会保持直接联系。由此也可以选贤与能，提高政府官员的道德和行政水准。

当时，公孙弘提出过类似的建议，尽管他与董子有私人过节，但两人的建议类似。因为，以儒生替换刑名吏是儒家的共识。如《史记·儒林列传》所说："自此以来，则公卿大夫士吏斌斌多文学之士矣。"也就是说，自武帝始，官员构成逐渐发生变化，从刑名吏变为儒生。由此而形成了钱穆先生《国史大纲》所说的"士人政府"，政治结构发生了一次根本性变化，形成儒家士大夫与皇权共治体制。

第三，推进教化，重建基层社会。

董子对秦制下风俗之败坏痛心疾首，而他相信，秩序重建须以风俗重建为根本，这就要推进德治、教化。教化当然是民间社会之事，但政府官员也必须具有这样的意识。在"天人三策"中董子提出，官员的责任不只是执行刑罚，而应当优先进行教化，塑造一个自我治理的基层社会。董子相信，只有在此基础上，政府才能够进行有效的治理。

总之，在董子之前，朝廷上下已经确立了尊儒之大方向，董子则构想了以儒生治国的具体机制。这么说来，班固评价董仲舒之言是十分精准的："及仲舒对册，推明孔氏，抑黜百家。立学校之官，州郡举茂材孝廉，皆自仲舒发之。"董子的贡献在于：确定《春秋》为汉家根本法，从而取代法家、黄老，重塑国家精神；以太学和察举为制度依托，养成士君子群体；以这些士君子改造官员构成，从而构建一种新政体。可以说，董子之建议环环相扣，而所有这一切的前提正在于引发争议的那一段所提出的，皇帝、国家应当尊儒。

尊儒并未制造思想学术专制

前已辨析，汉人本无罢黜"百家"之事，经过秦之残贼学术，已无百家。汉家只是罢黜刑名、黄老，而儒家与皇室、大臣之所以抑绌刑名、黄老，乃是为了告别秦制，从政治上复三代之治。经过更化之后，儒家士大夫与皇权共治之体制确实在一定程度上告别了秦制，起码是在秦制内锲入了宪政因素。仅从政体角度看，它不可能比秦制更专制。

再来看汉初三大思想流派对于思想学术活动的态度。法家是一种顶奇怪的理论，它是一种思想学术，但基于其建立和维持皇帝主权之理念，却从根本上仇视思想学术活动。至于黄老，同样具有强烈的反智倾向。归根到底，这两者都迷信权力，故均有消灭思想学术之内在倾向。相反，儒家却从一开始就以"学"的形态存在。不论在何种政治生态下，儒生均传诵六经，聚徒讲学。也就是说，从其基本思想气质上看，唯独儒家不大可能钳制思想学术活动。

再来比较文化政策。秦的政策很明确：秦倒也并未完全消灭学，它保留着官学，但全力消灭私学。儒家士大夫推动汉廷所采取的政策则是设立官学，并要求担任政府官员者接受儒家教育；但请注意，儒家从未提出禁止私学。因此，秦与董子、武帝所施行的是两种完全不同的思想文化政策。

事实正是，武帝时代，政府开始立五经博士。但当时的经说相当复杂，六经之每一经，因为传的不同而分为不同"学"派，各经师所说不同，而分"家"，有些家又会进一步分化。比如，汉《尚书》首先有伏生所传一系，又有孔安国所传古文，共两大系统。前一系统分化出欧阳氏之学，大、小夏侯之学，其后，小夏侯有郑、张、秦、假、李氏之学。由此可以看出，儒学内部始终保持着思想之自由与学术之创造力。

这也正是儒学历两千年而仍具有生命力之秘密。由《论语》可以看出，孔门弟子观点就有明显差异，而孔子从来没有试图以自己的观点强求统一弟子思想。因此，《韩非子·显学篇》说，孔子之后，儒分为八。此后有汉代经学之分化、繁荣。到宋代，道学兴起，彼此争论不已，比如朱陆理学、心学之争、朱子与陈亮之争，均十分激烈，但是，双方都尊重对方，从而树立了学术自由争鸣之典范。可以说，民间儒家向来尊重思想学术自由。

同时，在大多数情况下，政府对民间儒学也采取放任态度。比如汉代，政府所立之博士员额很少，大量经说未被立为博士，而在民间自由传播。它们没有遭到任何压制。因此，汉代儒学内部始终保持活力。也正因此，官方的经学博士先后经历了两次较大规模的扩大，如《汉书·儒林传》所说：

> 初，《书》唯有欧阳，《礼》后，《易》杨，《春秋》公羊而已。至孝宣世，复立大小夏侯《尚书》，大小《戴礼》，《施》《孟》、梁丘《易》，谷梁《春秋》。至元帝世，复立京氏《易》。平帝时，又立左氏《春秋》、毛《诗》、逸《礼》、古文《尚书》，所以罔罗遗失，兼而存之，是在其中矣。

试想，如果没有思想、学术自由与民间学术之繁荣，怎么可能有这一次又一次的博士员额扩大？

尤其值得注意的是，两汉之间，经学发生过一次巨变，即今文经学衰落，古文经学兴起。但是，官方的博士设置并没有随之调整，从而出现了官方经学与民间经学之间的分野：官方博士多为今文经学，民间大师多重古文经学。

上述事实表明，只要政府不禁止私学，那么，官方树立正统经学，并不能对思想学术的发展产生致命影响。实际上，私学与官学之分立，在后世成为常态。

当然，很多人基于思想自由和政教分离的原则而反对设立官学。这种态度其实缘于对现代政治的简单化理解。政府确实应当是中立的，但这绝不意味着，政府官员就可以没有价值、信仰。如果是这样，其实也就无所谓宗教宽容：因为官员没有信仰，宗教宽容就没有意义。之所以需要宗教宽容，就是因为政府官员也有自己的信仰，为此而需要特别规定，他们不得利用权力把自己的信仰强加于民众。通过教育传播某种最低限度的共同价值，对于共同体的维护具有至关重要的意义。不少现代宪政国家的宪法中仍然会规定国教；即便不设立国教，政府也会通过国民教育体系传播共同价值。汉代设立官学，也正是为了让官员具有政治伦理，并教化国民具有最低限度的共同价值。

而树立儒家为官学，丝毫没有妨碍中国人的宗教信仰自由。汉代兴起道教，魏晋时代出现玄学，这些是老庄思想之复兴。儒家丝毫没有妨碍它们。稍后一点，佛教传入中国，并大规模传播。唐宋以后，中国化的佛教成为国人最为普遍的宗教性质的信仰，大量儒生本身就信奉佛教。明清两代还出现了三教合一理念。唐代，基督教某些宗派也传入中国。明中后期，基督教再次传入中国，且在部分儒家士大夫中间流行。

也就是说，政府独尊儒术，并没有妨碍宗教之传播，甚至儒生也可以信奉宗教。这里的奥秘在于，儒家本身不是宗教。确实，儒家有一定信仰，这就是天道信仰，孔、孟都尊天。然而，天道信仰是一种很特别的信仰体系，它不是排他性的神灵，而更多地是秩序的终极授予者和保障者。儒家也就更多是一种秩序构建与维护之术，由此，儒家也就有"神道设教"之理念：其他宗教均可被儒家转用为整饬人心、维持秩序之工具，而与之相安无事。这其实是儒家极高明之处，此中智慧，值得今人深思。

当然，从秦开始，历代确实有思想、学术专制与宗教不宽容。这其中最为引人注目的是东汉末年宦官禁锢"党人"，北朝到唐之"三武灭佛"。宋代查禁"党人"，尤其是南宋查禁"道学""伪学"。明代则有文字狱，张居正也查禁过阳明之学。清代，文字狱则更为广泛残酷。

 然而，略加分析即可发现，此处制造文化思想专制之主体，总是共治体制中的皇权：或者是皇帝，或者是佞幸，或者是宦官，或者是接近皇权之官僚。而迫害的对象总是那些具有道德理想主义和理论创新能力的真儒者。

 基于对文明之热爱，宽容精神、不同观念的竞争是儒家的内在逻辑，真正的儒家从来没有制造过思想学术专制。中国历史上的思想学术专制另有其罪魁，儒家总是这专制的第一受害者。看到"独尊儒术"四个字就望文生义，将思想专制之名栽赃到儒家头上，反而开脱了真正的思想文化专制者，遮蔽了中国历史脉络中思想自由、宗教宽容之理念传统与政治智慧。

【第十二篇】
儒家是专制的帮凶吗？

现代知识分子热爱民主，而他们很悲伤地发现，中国两千年来，不，是五千年来，政治都是专制的。那么，专制为什么会维持这么长时间呢？他们开始从文化上找原因。而儒家是两千年来中国之主流理念、价值，他们就很自然地把政治上的专制与儒家联系起来。因此，过去百年来，现代启蒙文人对儒家最重要也最严厉的批评是，儒家理念有利于专制，历史上的儒生总是支持专制，因此，儒家就是专制的帮凶。要在中国建立民主制度，就先须摧毁儒家。

本书之核心用意正是辨析这一命题，各篇讨论的问题均与此多少相关。本章则对儒家支持专制说之核心论点，略作辨析。

进入政府不是罪恶

首先可以确认一点，儒家必与权力发生关系。这是由"儒家的整体规划"①所决定的：构建和维持优良社会治理秩序。

《论语》以"学"字开头，学是儒家的看家本领。借助于学，儒

---

① 这个词出自余英时著，《试说儒家的整体规划——刘述先先生〈回应〉读后》，作为附录收入朱熹的历史世界——宋代士大夫政治文化的研究，北京生活·读书·新知三联书店，2004年。

生结成社团。借助这种或松散或紧密的社团，具有道德理想主义精神之儒家士人群体致力于文化、社会秩序的构建。不过，权力、政府乃是达成优良治理所不可或缺之工具。政府可以维持秩序，由于具有超乎于所有社会组织的权威，政府也是达成优良秩序之最为经济的手段。以实现优良治理为目标的儒家不可能撇开政府，而必然寻求进入政府、控制政府，以政府作为实现自己理想之手段。

儒家这一政治取向遭到很多人批评：儒家热衷于政治，所以很容易堕落成为专制的帮凶。

其实，与权力发生关系，甚至谋求进入政府，这种立场并非儒家独有。司马谈论六家要旨，首先指出，六家之用意其实完全相同："《易大传》：天下一致而百虑，同归而殊涂。夫阴阳、儒、墨、名、法、道德，此务为治者也。直所从言之异路，有省不省耳。"[①]春秋后期兴起，持续于战国，秦汉之际犹有余绪的诸子百家，皆以追求优良治理、重建秩序为第一要务。他们也都寻求进入政府。在儒家之前，法家已参与秦制之构建，墨家可能也参与了此过程。老子之道家转化为黄老之术，支配了汉初皇室、大臣之治理活动。道家在唐代也与皇权有密切关系。刑名之术则被秦汉官吏普遍运用。阴阳家渗透在各家之中，也直接、间接发挥了治理作用。由此，这些学派都与权力发生了关系。后世的佛教也曾被一些皇帝用作统治术。

基于这个事实，儒家与权力发生关系，一点也不稀奇。更进一步说，思想与权力发生关系，也非中国所独有之现象。很多人批评儒家或者中国思想热衷于政治，当然有一个标尺：从古希腊开始，西学就建立了一个伟大的传统——为了知识而知识，注重学术独立，思想学术不与权力发生紧密关系。

然而，这只是一个观念史的神话，现代人编造的西方神话。所有古典思想都是围绕着优良治理而展开的，西方也不例外。古希腊各流派哲

---

① 《史记》，卷一百三十，太史公自序第七十。

学家所思考的问题与中国诸子百家所思考的问题，没有本质上的不同，两者的行为模式也没有什么不同。比如，柏拉图最关心的问题是如何建立和维持理想的城邦，他的结论是：要么让真正的哲学家拥有政治权力，要么让拥有政治权力的人成为真正的哲学家，唯有哲人王（philosopher-king）能够带来理想秩序。柏拉图的"学园"以此为目标，柏拉图也试图教导叙拉古君王狄奥尼修二世，从而实现自己的政治理想。

后世一切关注优良治理的学说，也无不与权力发生关系，至少希望被权力所采用，包括自由主义。洛克、康德、哈耶克绝不只是纯粹为了知识的乐趣而苦思冥想。他们的思考毋宁说是一种政治进言。至于启蒙运动文人，更是如此，他们的基本理念就是：首先启蒙君主，这个开明君主可以最经济地让国家摆脱愚昧，走向文明。罗尔斯的理论为战后兴起的福利国家提供了论证，米尔顿·弗里德曼希望政府采纳自己的政策。今天，无数身在学院的知识人也在为政府起草法律、设计政策。

知识分子编造的为知识而知识之神话的另一依据是基督教传统。基督教会发展出丰富的神学传统，神学思想确实主要关心人对上帝的信仰。但是，现实中的人总是生活在君王、城邦、帝国统治之下。关注信仰，就不能不关注这些世俗权力。于是，上帝与恺撒之关系就成为神学研究之最为重要的主题。而在漫长的历史中，基督教会也广泛介入人间治理，而与世俗政府之间形成密切而复杂的关系。即便到了今天，政教分离似乎已是宪政常识，但在欧洲若干国家，宪法仍有国教之规定——然而没有人能够否认，这些国家是民主、法治国家。

所谓为知识而知识的观念完全是一种现代现象，因为，现代以来，由于某种偶然原因，自然科学迅速发展。乍看起来，这个领域的知识人是在为了知识而知识，此类知识也确实让世界大大地改观。但是，世界是否因为这些知识而变得更好？这一点也许不像乍看起来那样显而易见。真正让世界变得好一点点的，也许仍然是那些讨论权力、治理，因而注定了与权力缠绕的知识，也即关于治理的知识，关于自由秩序的知识。

因此，一种知识是否关心权力、是否进入权力体系中，本身不是问题。实际上，权力更多源于人的激情，可能纵横泛滥。人们如欲得到美好的生活，就必须以理性驯化、控制权力，这就是知识的功能。因此，知识进入权力、进而控制权力，甚至是知识人的伦理责任。这种责任感将驱使知识人面对现实问题进行有意义的思考，这样的思考将有效推动知识之再生产。逃避这种责任的知识人的思考，则根本不可能具有知识进步的意义。

儒家正是基于责任感面对现实思考的，因此连绵不断地生产着有意义的知识。在此过程中，自然与专制政治发生了关系，但这种关系之性质，恰恰与流俗的批评相反。下面我将集中考察秦汉之际儒家与专制体制之间是如何发生关系的，也即儒家是以什么样的身份、通过何种方式进入权力体系，以此揭示儒家与权力间关系之性质。

二次立宪之起步

首先请记住，汉代儒家崛起之前，就已存在一个专制权力体系，这就是秦制，它是最典型的皇权专制政体：皇权至上，消灭学术，消灭商业，驱民于农战，以刑治国，官吏就是文法吏。这是一个令人窒息的警察国家体制，经典的古代专制体制，或可称之为皇权的绝对专制政体。假定没有儒家，这个专制政体将会继续维持其基本性质。这一点，是我们讨论儒家与权力关系之前提。

从刘邦立国之初起，儒家即进入政体。但这个进入过程非常艰难，我们可举五个人物作为代表。

第一个人物是秦汉之际的郦食其，他放弃了项羽，准备投奔刘邦，而骑士告诫他："沛公不好儒，诸客冠儒冠来者，沛公辄解其冠，溲溺其中。与人言，常大骂。未可以儒生说也。"郦生只能以六国纵横之术取得刘邦的信任。但在此过程中，郦生已于悄然间将一种不同于秦制的理念带给刘邦，比如，他劝刘邦固守荥阳、成皋说："臣闻知天之天者，王事可成；不知天之天者，王事不可成。王者以民人为天，而民人以食为天。"①这是典型的儒家理念，恐怕正是这些理念让刘邦与项羽有所不同，而能够节制自己的权力欲望，从而在秦汉之际"打天下"的竞争中获胜。

第二个人物是陆贾：

陆生时时前说称《诗》《书》。高帝骂之曰："乃公居马上而得之，安事《诗》《书》！"陆生曰："居马上得之，宁可以马上治之乎？且汤武逆取而以顺守之，文武并用，长久之术也。昔者吴王夫差、智伯极武而亡；秦任刑法不变，卒灭赵氏。向使秦已并天下，行仁义，法先圣，陛下安得而有之？"

高帝不怿而有惭色，乃谓陆生曰："试为我著秦所以失天下、吾所以得之者何，及古成败之国。"陆生乃粗述存亡之征，凡著十二篇。每奏一篇，高帝未尝不称善，左右呼万岁，号其书曰《新语》。②

陆贾为刘氏提出了一个必须面对的根本问题：从打天下到治天下之转变。这是古代中国最为重要的政治哲学命题之一。打天下借助于暴力，故需要集中权力，则打天下过程中形成的体制几乎不可避免地是专制的，突出最高统治者的绝对权威，强调上下间关系的命令–服从性质，排斥自由的思想、学术，尤其是不把民众视为主体。陆贾指出，打天下过程中形成的这种军事化专制政体是不适宜于和平时代之治理的。要进行和平的治理，专制政体必须实现一次转换。

---

① 《史记》，卷九十七，郦生陆贾列传第三十七。
② 《史记》，卷九十七，郦生陆贾列传第三十七。

　　陆贾所说的打天下可谓"第一次立宪"，它确定了最高统治者权威之归属；陆贾呼吁刘邦进行"第二次立宪"，让统治过程理性化。这一转变的本质就是走出秦的皇权专制，走出警察国家体制。然而，走出秦制之后，以何种理念、以何种制度治天下？陆贾时时称"《诗》《书》"，也就表明，他认为，必须依靠形成于三代而由孔子阐明之经术，而经术的承载者就是儒生。也就是说，从打天下政体到治天下政体转换的核心，就是儒家进入政体结构之中，因为儒家掌握着和平而理性之治理理念和制度蓝图。

　　但是，这样的转换是反乎统治者之本能的。在打天下体制中，统治者拥有广泛而不受限制的权力，可以放纵激情。因此，打天下－治天下之转换的进展，必然以复杂的历史过程展开。叔孙通应运而生，此为儒家进入治理架构的第三个重要人物：

　　汉五年，已并天下，诸侯共尊汉王为皇帝于定陶，叔孙通就其仪号。高帝悉去秦苛仪法，为简易。群臣饮酒争功，醉或妄呼，拔剑击柱，高帝患之。

　　叔孙通知上益厌之也，说上曰："夫儒者难与进取，可与守成。臣愿征鲁诸生，与臣弟子共起朝仪。"高帝曰："得无难乎？"叔孙通曰："五帝异乐，三王不同礼。礼者，因时世人情为之节文者也。故夏、殷、周之礼所因损益可知者，谓不相复也。臣愿颇采古礼与秦仪杂就之。"上曰："可试为之，令易知，度吾所能行为之。"

　　于是叔孙通使征鲁诸生三十余人。鲁有两生不肯行，曰："公所事者且十主，皆面谀以得亲贵。今天下初定，死者未葬，伤者未起，又欲起礼乐。礼乐所由起，积德百年而后可兴也。吾不忍为公所为。公所为不合古，吾不行。公往矣，无污我！"叔孙通笑曰："若真鄙儒也，不知时变。"

　　…………

　　汉七年，长乐宫成，诸侯群臣皆朝十月。仪：先平明，谒者治礼，引以次入殿门……竟朝置酒，无敢欢哗失礼者。于是高帝曰："吾乃今日知为皇帝之贵也。"乃拜叔孙通为太常，赐金五百斤。①

指控儒家服务专制者经常举叔孙通的例子。而从上面记载可以看出，儒家内部对于叔孙通之做法，本有强烈批评。这显示了儒家思想的丰富性：一种坚持道德理想，绝不曲学阿世，为此不惜遁世，守死善道；另一种较为务实，采取一些可能不那么完美的策略，以图介入现实。这两者始终并存于儒家内部，而让儒家在保持张力的同时具有活力。叔孙通就是现实主义儒者的典型。他通过为刘邦制定朝仪，而让刘邦改变了对儒家的态度，部分地接受了儒家。

这不是对儒家的背叛。因为，礼学本为儒家之重要组成部分，而为王者制礼，实际上同样具有实现理想之取向。任何一种理性化的政治都离不开礼仪，礼仪是统治趋向理性化的象征，礼仪确认稳定的权力关系，约束各方的激情，迫使他们理性地行动。政治之礼仪化一定有益于其理性化，而这会在一定程度上约束权力。比如，被置于一种庄严礼仪中的官员，几乎不大可能任性地处死一个庶民。礼仪化固然会赋予权力一定的尊严，刘邦因此而感谢叔孙通。然而，礼仪化也会部分地驯服权力。即便居于最高位置的皇帝，其权力的激情将被礼仪所控制，而具有理性化，也即依据客观的规则治理之可能性。而这正是打天下向治天下转变之开端，叔孙通所说的"进取""守成"，其实就是打天下、治天下，这说明，叔孙同有十分清醒的二次立宪意识。

儒家改造权力体系

儒家当然没有就此止步，而在驯化权力的方向上继续前行。在汉代

---

① 《史记》，卷九十九，刘敬叔孙通列传第三十九。

政治发展史扮演了重要角色的下一个人物是公孙弘，他是儒家进入权力体系的第四个典范性人物。

公孙弘以布衣而为丞相，这是由平民儒生而位至丞相之第一人。按照《史记·儒林列传》的说法，此后，"天下之学士靡然乡风矣"。同时，公孙弘建议，"为博士官置弟子"，而"自此以来，则公卿大夫士吏斌斌多文学之士矣"。另一方面，董仲舒也建议，立太学，行察举。由此，打通了儒生进入政府的通道。

公孙弘的政治作派则给现代人批判儒家为专制帮凶提供了口实。《汉书》公孙弘本传记载："每朝会议，开陈其端，使人主自择，不肯面折庭争。于是上察其行慎厚，辩论有余，习文法吏事，缘饰以儒术，上说之，一岁中至左内史。"① "缘饰" 这个词被今人反复引用。《汉书·循吏传》中还有另外一种说法：

> 孝武之世，外攘四夷，内改法度，民用凋敝，奸轨不禁。时少能以化治称者，惟江都相董仲舒、内史公孙弘、儿宽，居官可纪。三人皆儒者，通于世务，明习文法，以经术润饰吏事，天子器之。仲舒数谢病去，弘、宽至三公。

"以经术润饰吏事" 经常被人引用。很多人据此提出了 "儒表法里" 之说，其含义是儒家与法家，也即儒家经术与秦制的专断权力相互勾结，相互配合。其中，法家是里，也即根本，皇权专制是根本。儒家是表，也即儒家并不重要，只是专制的外在装饰品，让专制看起来不那么专制，从而更能迷惑人。在这个意义上，儒家就是专制的帮凶。

这种说法果真成立吗？

首先来看《循吏传》提到的三个人。本传清楚地记载：公孙弘 "少

---

① 《汉书》，卷五十八，公孙弘卜式儿宽传第二十八。

时为狱吏，有罪，免。家贫，牧豕海上。年四十余，乃学《春秋》杂说"。①公孙弘是一个混合性人物，他首先习得刑名之术，而后接受儒家之学。这两者必然同时在他身上发挥作用。因此，他的为官之道大体上是以法家的权谋追求儒家所推崇的某些价值。

兒宽的情形与此类似，不过次序正好颠倒过来。少时"治《尚书》，事欧阳生。以郡国选诣博士，受业孔安国"。入仕后则为酷吏张汤之椽属，必然深受刑名之术影响。因而，后来汉武帝好大喜功，"议欲放古巡狩封禅之事，诸儒对者五十余人，未能有所定"，推测起来，这些儒生之所以众说纷纭，真实原因恐怕是认为汉武帝没有资格封禅。兒宽却说，皇帝自己就可以指定封禅之仪。此后，"宽为御史大夫，以称意任职，故久无有所匡谏于上"。②

如上文说，"以经术润饰吏事"三人中，"弘、宽至三公"，而他们两人恰恰是同时接受儒、法之学，而具有双重精神结构。董子命运则与这两位完全不同："数谢病去。"为什么？《汉书·董仲舒传》已道明其中缘由：

先是辽东高庙、长陵高园殿灾，仲舒居家推说其意。草稿未上，主父偃候仲舒，私见，嫉之，窃其书而奏焉。上召视诸儒，仲舒弟子吕步舒不知其师书，以为大愚。于是下仲舒吏，当死，诏赦之。仲舒遂不敢复言灾异。

．．．．．．．．．．．．

仲舒为人廉直。是时方外攘四夷，公孙弘治《春秋》不如仲舒，而弘希世用事，位至公卿。仲舒以弘为从谀，弘嫉之。

董子具有强烈的儒家道德理想主义精神，因而他将儒家进入权力发展成为儒家控制权力。为此，他构造了天道宪政主义治理框架。其最为

① 《汉书》，卷五十八，公孙弘卜式兒宽传第二十八。
② 《汉书》，卷五十八，公孙弘卜式兒宽传第二十八。

重要的运作方式是，儒生借灾异警告皇帝，并掌握立法权，从而控制皇权。《春秋繁露》的思想体系和"天人三策"提出的种种建议，目的均在于此。因此，董子是儒家进入权力体系的第五个典范性人物。

董子之努力当然不为皇帝所喜。在官场上，董子很不顺利，最终被摒斥。同时，具有儒家道德理想主义精神的董子，对于公孙弘之诸多做法也明确表示鄙视，而这也引发了公孙弘对董子之陷害。

由这三人的命运之不同，我们可以清楚地看到儒生进入政府，实具有两种不同心态，两类儒生之分歧、斗争，实质在于如何对待专制之皇权：董子代表第一种心态，他试图以理想改造政府，以儒家价值驯化权力。公孙弘则代表第二种心态，他虽接受儒家教育，但以功名富贵为第一目标，为此可以牺牲儒家价值。当然，公孙弘也并非全然不顾儒家价值。

由此也就形成后世儒家士大夫的两种类型：一种更偏向于士，是儒家士君子，比较坚守儒家的理想，具有较为强烈的道德自觉；一种更偏向于大夫，就是接受过儒家教育的官僚。董子鄙视公孙弘、公孙弘陷害董子，已经揭开了这两类人物斗争的历史。这一历史贯穿于两千多年中，比如，宋代官僚打击"党人"，查禁道学、伪学，明代权相张居正查禁阳明之学，禁止书生结社等。

仅由这一角度，我们就可以对"儒表法里"之说提出质疑。问题的关键是，谁是儒，儒在哪儿？

谈论"儒表法里"的人士经常引用汉宣帝一句话："霸、王道杂之。"请注意，宣帝可没有说"儒表法里"。事实上，"杂"字就表明，儒、法不是简单的表里关系，而呈现出非常复杂的融汇关系，这一点，通观这句话的文脉就可以清楚。此为宣帝对皇太子也即后来的元帝所说，《汉书·元帝纪》记载，太子刘奭之：

柔仁好儒，见宣帝所用多文法吏，以刑名绳下，大臣杨恽、盖宽饶等坐刺讥辞语为罪而诛，尝侍燕从容言："陛下持刑太深，宜用儒生。"宣帝作色曰："汉家自有制度，本以霸王道杂之，奈何纯任德教，用周政乎！且俗儒不达时宜，好是古非今，使人眩于名实，不知所守，何足委任？"乃叹曰："乱我家者，太子也！"由是疏太子而爱淮阳王，曰："淮阳王明察好法，宜为吾子。"

在汉武帝时代，基本制度依然是秦制，也即法家刑名之术，此即"霸道"。此时，确实可以说是"儒表法里"。但经过昭帝、宣帝两代之"复古更化"，儒家已深入政体之最核心：年轻的元帝自己就是个儒生，他决心以儒家理念治国。宣帝也已看出这是大势所趋，儒家要成为"里"，因而以严厉的语气告诫太子，不可再往前走。

但是，这个告诫并没有完全发挥作用，《汉书·元帝纪》之赞曰：元帝"少而好儒，及即位，征用儒生，委之以政，贡、薛、韦、匡迭为宰相。而上牵制文义，优游不断，孝宣之业衰焉。然宽弘尽下，出于恭俭，号令温雅，有古之风烈"。也就是说，儒家其实已在整个政体中取得了支配地位。当时的政治结构有中朝、外朝之分，以丞相为首的外朝官员多为儒生出身。"霸道"的代表者经常是中朝，这包括皇帝及其周围的人，皇帝如已儒化，那"霸道"也就丧失了基本依托。

可以说，至此，儒家士大夫已经构建了与皇权共同治理天下的政治结构。这就是此后中国历史上的正统政体。在这种政体中，霸道、王道，也即法家、秦制与儒家，差不多呈现为一个动态的双核心结构。在不同时代，双方的实力会有消长，在承平时代，儒家甚至占据某种优势地位。

如果以社会-政府两分的角度，则可以说，传统中国社会是"法表儒里"。秦制之基本特征是权力直接统治每个人。西汉中期以后，权力从基层退却，自治性社会开始发育。基层社会之治理呈现为儒家绅士领导之自治，在这里，自上而下的皇权只发挥辅助性作用。

总之，经过汉儒之持续努力，而以董子集大成，社会治理架构发生了一些根本性变化。任何不带偏见的人不难对这个变化的性质做出论断：治理变得好一些了。若说秦制是专制，那么儒家进入之后，专制的程度显然在减轻，变得不那么专制，而增加了诸多宪政的因素。确实，儒家并没有带来现代人理想的宪政制度，但我们本来就不应这么要求汉儒吧？这就好像你不能要求张衡发明计算机。

"君权神授"辨正

准确地理解董子理论，也可对儒家主张君权神授、儒家主张君主独裁等说法，予以反驳。

君权神授说乃是将欧洲中世纪理念套用于中国。彼时之欧洲，各国国王需得到大主教涂油礼，也需得到罗马教皇之认可，由此也就得到上帝之认可。然而，在古代中国，并没有这样的单一神，也不存在这样的单一教会。因而，说儒家创造了君权神授说，实为概念之误用。

当然，至少从尧舜时代起，中国就有天道信仰；商汤、周武王发展出革命理念，此处之命即是"天命"。《尚书·泰誓》说："惟天地，万物父母；惟人，万物之灵。亶聪明，作元后，元后作民父母。""天佑下民，作之君，作之师。"人为天所生，所以，人民首先为天之人民。而人间需要治理，才有秩序。有德能者受天之命治理人民，但他只是上天的代理人而已。而"天视自我民视，天听自我民听"。上天会根据人民的喜好，对人间之王做出判断。如果国王胡作非为，上天就会剥夺其治理权，天命就将转移，上天将会寻找新的受命者，他将领导人民进行"革命"，如《周易》"革"卦象辞所说："汤武革命，顺乎天而应乎人。"由此我们可以看出，天命理念实因革命事件而被清晰地表述。

春秋后期，天道信仰崩溃。秦的统治理念是反天道信仰的，"皇帝"名号本身就表明，秦王认为自己不仅超越尧舜等上古帝王，也是一尊神，并且可以管理神。由此，皇帝不仅是人间最高权威，也是宇宙最高权威。秦始皇的权威是绝对的。

秦汉之际的儒者认为，秦制的全部暴虐，恰恰根源于皇帝享有绝对权威。那么，如何控制它、限制它，就是汉儒思考之根本问题。为此，伏生、董仲舒等人基于正在复苏的天道信仰，发展出"天道宪政主义"理念。此一理念的政治目的十分明确，就是限制绝对的皇权。董仲舒在"天人三策"之第一策即清楚表达了这一理想：

> 臣谨案《春秋》之文，求王道之端，得之于正。正次王，王次春。春者，天之所为也；正者，王之所为也。其意曰，上承天之所为，而下以正其所为，正王道之端云尔。然则王者欲有所为，宜求其端于天。①

《春秋繁露·玉杯篇》则更简练地说："《春秋》之法，以人随君，以君随天……故屈民而伸君，屈君而伸天，《春秋》之大义也。"董仲舒承认，皇帝是人世间最高权威，但是，天在皇帝之上。皇帝不是宇宙最高的，而必须法天而治。在这种理念中的皇帝，已大大不同于秦始皇了。

"天子"一词也应从此角度理解。《春秋繁露·郊祭篇》说："天子号天之子也。奈何受为天子之号，而无天子之礼？天子不可不祭天也，无异人之不可以不食父。为人子而不事父者，天下莫能以为可。今为天之子而不事天，何以异是？"秦始皇自比于天，汉儒却称皇帝为天子，实际上是让皇帝降格了。皇帝现在是天之子，因此，他必须孝敬天，顺从天。现在，皇帝也必须有所敬畏，而不能以为自己是宇宙最高，从而放纵自己的欲望、意志、智力。

---

① 《汉书》，卷五十六，董仲舒传第二十六。

随着这种观念的流行，汉代的皇帝也确实屈服了，其中一项非常有意思的制度是"罪己诏"，第一份罪己诏出自汉文帝：

十一月癸卯晦，日有食之。诏曰："朕闻之，天生民，为之置君以养治之。人主不德，布政不均，则天示之灾以戒不治。乃十一月晦，日有食之，适见于天，灾孰大焉！朕获保宗庙，以微眇之身托于士民君王之上，天下治乱，在予一人，唯二三执政犹吾股肱也。朕下不能治育群生，上以累三光之明，其不德大矣。令至，其悉思朕之过失，及知见之所不及，匄以启告朕。及举贤良方正能直言极谏者，以匡朕之不逮。因各敕以职任，务省繇费以便民。朕既不能远德，故悃然念外人之有非，是以设备未息。今纵不能罢边屯戍，又饬兵厚卫，其罢卫将军军。太仆见马遗财足，余皆以给传置。"[①]

罪己诏就是皇帝对自己的父亲——天承认过失。秦始皇是绝对的，所以是永远正确的。而儒生所塑造的新的政治神学信念让皇帝相信，自己不再是绝对的，比照于那最高的天，完全有可能犯错误。与天道相对，王总是不完美的。因此，天子应当孝敬天，皇帝应当向天承认错误，并采取有效措施纠正错误。于是，最高层面的政治就趋向理性化了。汉儒所树立的天道信仰在政治领域的运用，产生了重大的宪政主义效果：皇权现在不再认为自己是绝对的了。

换言之，皇权再也无法专制了。事实上，天道宪政主义在抑制皇权的同时，也让儒生群体堂皇地进入治理领域，填补皇权退却之后的空白，而成为与皇权共同治理天下的主体，形成我所说的儒家士大夫与皇权共治体制。

儒家的论述其实相当简单：天灾监察着人间，尤其是皇帝之治理行为。皇帝须法天而治，并就自己的行为对天承担责任，做出回应。然

---

① 《汉书》，卷四，文帝纪第四。

而，天意只有儒者能够理解，也只有儒者有能力提出政策方案，对天意做出正确的回应。因为，唯有儒者明"经"，经书就是此前王者回应天意的先例之汇编。儒者可以依据这些先例构想出回应天意的法律或政策。这样，儒者就获得了天意的阐释权与回应天意的立法权。汉家皇帝为什么要尊儒术？因为儒术就是那个时代的宪法学——更准确地说，是"根本法"学。

获得了这两项政治权威的儒者也就顺理成章地进入政府，担任官员。他们组成了政府。这个时候的政体就大大地不同于秦制了。现在，政府的权威分散在皇权和儒生组成的政府之间。同时，借助于政府内部的权威，儒生又在基层社会树立其自治的权威，由此形成社会自治机制，社会与政府共同治理民众。

也就是说，儒家士大夫群体依据儒家学说进行的政治改造努力，终结了秦始皇式的专制，而从多个角度分享了治理的权力。此后的儒家始终坚持这一共同治理的政治主体地位，为此进行了很多抗争，并且也确实维持了这种地位。

我会在未来出版的《华夏治理秩序史》第五卷对上面提出的各项命题进行详尽论证。我可以用充分的历史事实和社会科学的坚实逻辑来证明，董子以后的中国并不是皇权专制政体，而是共治体制。儒家确实在这种体制中，但其所发挥的作用不是维护专制，而是控制、约束皇权，限制皇权之专制。

也就是说，在过去两千年历史中，儒家代表着宪政的力量，儒家维护着宪政的中国传统。启蒙文人因为无知而编造了中国两千年专制与儒家维护专制这两个意识形态，在现代中国建立宪政制度的过程中，这两个神话产生了深远的破坏作用。到了抛弃这两个意识形态的时候了。

〖第十三篇〗
性善论不利于民主吗？

　　过去三十多年，知识分子热烈地追求民主、法治。基于这一目标，人们对儒家提出了一种有趣而流传甚远的批评：据说，民主制度是以性恶论为前提的，儒家却主张性善论。这一人性假设妨碍了民主、法治制度之建立。有人甚至提出这样的命题：性恶论导致民主、法治，性善论导致专制、人治。中国要建立民主、法治，就必须抛弃儒家的性善论。

　　然而，民主、法治果真以性恶论为前提吗？同样重要的是，儒家果真主张性善论吗？厘清这些问题之后，你将惊讶地发现，儒家的人性论就是为民主制度准备的。

性恶论迷思

　　一直有人说，西方人性论主流是性恶论。这样的说法不值一驳。在西方伦理学思想史上，两个人物最为关键：前有亚里士多德，后有托马斯·阿奎那。他们都没有主张性恶论，一丝一毫都没有。

　　更有人言之凿凿地说，西方的民主、法治制度是以性恶论为前提的。其推论过程是这样的：假定人性恶，则掌握权力的人必然倾向于滥用权力。那就必须事先进行周密的制度设计，于是就有了民主、法治制度。有了这样的制度，即便真有恶人当权，他也无法或者很难干坏事。谈到这一点，有人会引用"无赖假说"。并说，这是休谟说的。听起来蛮有道理，但果然如此吗？

休谟确实说过："政论家们都将以下原则作为箴言：即在设计任何政治制度、确定该制度的若干制衡和控制机构时，人人都应被设想成一个无赖，个人利益是他一切行为的最终目的，除此别无其他。我们必须利用这种利益支配他，尽管他贪得无厌、野心勃勃，但通过这种方式使他遵从社会利益。他们认为，如果不这样设想，我们鼓吹任何政治体制的优势都将空口无凭，而且最终还会发现，除了依靠统治者的善心，我们无力保障自由和财产。"人们似乎忘记了，接下来休谟又说："这句箴言又显得有些奇怪：它在政治学上千真万确，却在事实中错误百出。"①具体地说，英国下院的权力很大，绝对可以控制政府其他部门，它却没有这样做。休谟倒是给出了理由：因为下院的团体利益受到了下院成员的个人利益的限制，因为国王可以用爵位等利益控制议员。这就又出现了休谟提出的另一个问题：在立宪君主制中，国王的权力可以很大。至此，休谟戛然而止。那么，休谟整篇论说想表达什么意思呢？也许，他就是要对无赖假设提出怀疑。否则，国王是无赖，怎么办？你只能假设，国王不是无赖。

对于这个问题，不必做过多观念史的追溯，而直接看联邦论者，美国最为重要的立宪者、建国者，对于人性及其与共和制度的关系持有何种看法。人们经常引用汉密尔顿或麦迪逊在《联邦论》第五十一篇写下的一段话：

防范几种权力逐渐集中于同一个部门的最可靠的办法乃在于，赋予管理每个部门的那些人以抵制其他部门侵蚀之必要宪制手段与人性动机（personal

---

① ［英］大卫·休谟著，张正萍译，《休谟论说文集》，浙江大学出版社，2011年，第32—34页。

motives）。在这里，与其他地方一样，所提供的抵御手段必须与攻击之危险相称。必须制造出野心以抗衡野心。管理每个部门的人的利益，必须与该部门的宪制权利相关联。如此设计对于控制权力之滥用是必要的，这一点可能让人对人性产生怀疑。然而，政府是什么呢，不正是对人性的最大怀疑吗？若人是天使，则根本不需政府。若天使在管理人，也不需对政府之外部或内部的控制。在构造一个人管理人的政府时，最大的困难正在于：你首先必须让政府有能力控制治于人者；接下来则确保它能够控制自己。对人民的依赖无疑是对政府的首要控制，但经验也已教导人类以采取辅助性预防措施之必要性。

这一借助于相反的、竞争性利益弥补较好动机之缺陷的政策，可见于人类事务之整个体系，无论公私。我们看到，它尤其最为充分地表现于从属性权力之配置中：在这里，永恒的目标是，以某种方式分割和安排若干部门，让每个部门均可对其他部门构成制约，让每个人的私人利益可成为公共性权利的哨兵。此类审慎之发明亦为国家最高权力之配置所不可或缺。①

这段话讨论了作为宪政支柱之一的权力分立与制衡（separation and check-and-balance of powers）原则之人性论基础，并被人们广泛引用。这似乎确实证明了，权力制衡的制度设计系以掌握权力者可能滥用权力的假设为前提，并利用他人追求私人利益的动机限制其滥用权力。显然，在这里，掌握权力者确被假设为恶的，也即仅仅追求私人利益。

但请注意，这不是联邦论者在这个问题上的论点之全部。他们也认为，在设计制度时，必须承认人性具有善的一面。当时有很多人对选举产生的行政、立法机构代表高度不信任，要求采取各种繁复的控制措施。显然，这些要求是把政府官员当成天生的盗贼、当成无可救药的无赖来防范的。麦迪逊在《联邦论》第五十五篇中把这种过敏的防范情绪

---

① The Federalist: a collection , by Alexander Hamilton, John Jay & James Madison; edited by George W. Carey, James McClellan, Liberty Fund, 2001, p.268—269（参考中译本，程逢如等译，商务印书馆，1980年，第264页）。

称为"不分青红皂白的、没有节制的嫉妒之情",麦迪逊最后这样说:

　　那些真诚的自由之友被这种激情之泛滥所淹没,而没有意识到他们的做法对他们自己的事业之伤害。人确实存在某种程度的堕落倾向,这要求一定程度的慎重与不信任。但同样,人性中还存在另外的品性,它可证成某种程度的尊重与信任。比起其他形式的政府,共和制政府在更高程度上预设了这些品性之存在。如果人性确实就是我们中间那些政治狂热分子所勾画的图景,那必然可以推论说:人们没有自治所需之足够德行,唯有专制的锁链可以控制他们而免于相互毁灭、吞噬。①

　　这段话或许才是联邦论者对自己设计制度时所预设之人性观的完整表述。它清楚地指出,预设人性恶只能证成专制之必要性,而取消民主、法治。尤其重要的是其中所说,共和制政府在更高程度上预设了人性中善的面相之存在。

　　在《联邦论》中,民主是个需要加以改进甚至避免的制度,这个民主是直接民主。联邦论者倡导"共和制",也就是代议民主制。恰恰是代议、代表(representation),让德行和荣誉具有了重要意义,在第七十六篇中,汉密尔顿写道:

　　代表性权力之确立就隐含着这样的意思:人类中有一定程度的德行和荣誉感,它们可成为信任之可靠根基;而经验也证明了这一理论之正确性……一个人,若能如实地看待人性,既不夸大其德行,也不夸张其恶劣,自可看到信赖参议院之充分基础。②

---

① The Federalist, by Alexander Hamilton, John Jay & James Madison; edited by George W. Carey, James McClellan, Liberty Fund, 2001, p.291.

② The Federalist, by Alexander Hamilton, John Jay & James Madison; edited by George W. Carey, James McClellan, Liberty Fund, 2001, p.395。

　　至此，我们大体可以知道，民主以人性恶为前提的流行说法错在哪儿了。

　　现在很多人头脑中的民主图景实为希腊式广场民主或者卢梭设想的直接民主。联邦论者将此称为"民主制"。民主论者相信，最好的治理就是全体人民统治全体人民，最好的民主就是广场式民主。这样，每个公民的意愿直接融汇为"公意"，而任何中介都会削弱公意之纯洁性。在这样的直接民主架构中，政府就是恶，政府官员是潜在的强盗。这样的政治图景一定预设人性恶，以排斥任何中介，即人民的代表。只不过，幻想这种图景的人士忘记了一点：假设代表之人性为恶，那么人民呢？你为什么相信他们是善的、他们的公意是善的？对于这样的逻辑漏洞，民主性恶论者从来都不理会。

　　而一旦走出直接民主幻想，就必须放弃人性恶预设。联邦论者就是如此。贯穿于《联邦论》的核心思想是，对于美国这样的大国，直接民主制不可行，只能实行共和制，《联邦论》系统论述了这个共和制的诸多制度之合理性，这包括代议民主制、两院制、总统制、联邦制、司法审查制度。总之，政府是由一群"代表"组成的，他们行使权力，没有代表，就没有共和。代议民主的基本结构就是，人民选出代表，代表就公共事务进行决策。

　　为此，当然需要设计种种制度，防范代表们滥用权力。最极端的做法是，代表必须严格依照选民事先给出的指令行事。然而，在代议民主实践中，这完全不可行。代议民主制中的代表必须拥有一定的自由裁量权，他们应当是自由代表：确实是选民选举了他们，但进入议会后，他们可以自由地决定、发表自己的意见。当然，选民未来的投票对他们构成一种约束，但代议民主制度天然地要求代表超越自己选民的狭窄要求，而作为自由代表，从正义的立场上考虑问题。

　　事情很清楚了：代议民主制度要正常运转，国民就必须在足够程度上信任代表。换言之，国民必须假设，代表的人性不是恶的，至少不全然是恶的，相反，他们具有一定的善，他们具有德行。也因此，他们即便拥有自由裁量权，也不总是滥用权力。

需要注意的是，《联邦论》只讨论联邦层面宪制构建问题，所以，没有讨论代议民主制最为基础的制度：自治，社会自治与基层自治。这一点，作为他们的预设始终隐约存在，托克维尔后来则明确而深刻地揭示了这一点。而自治，一定在更高程度上以人性可具有德行作为前提。否则，何来自我治理（self-government）？

由此可以理解，为什么联邦论者所预设的人性与民主论者不同。人性恶者错把直接民主当成了民主的全部，错把民主当成宪政的全部。不错，美国制宪者没有说人性本善，但他们也绝没有说人性本恶。他们不是完全基于人性恶设计政治制度的，相反，他们所构想的代议制是以人性的中道立场为根基的。

孟子主张性善论吗？

那么，儒家的人性论究竟是什么呢？

关于人性，孔子只说过一句话："性相近也，习相远也。"对其准确含义，后儒争论不休，但至少可以确定，孔子没有说人性善。相反，孔子似乎更强调"习"的重要性，也即学、礼的重要性。

按照通常的说法，性善论是由孟子系统阐明的。但孟子果真主张性善论吗？《孟子·公孙丑上》记载孟子第一次阐述其人性论：

> 孟子曰：人皆有不忍人之心。先王有不忍人之心，斯有不忍人之政矣。以不忍人之心，行不忍人之政，治天下可运之掌上。
>
> 所以谓人皆有不忍人之心者，今人乍见孺子将入于井，皆有怵惕恻隐之心，非所以内交于孺子之父母也，非所以要誉于乡党朋友也，非恶其声而然也。

由是观之，无恻隐之心，非人也；无羞恶之心，非人也；无辞让之心，非人也；无是非之心，非人也。恻隐之心，仁之端也；羞恶之心，义之端也；辞让之心，礼之端也；是非之心，智之端也。

人之有是四端也，犹其有四体也。有是四端而自谓不能者，自贼者也；谓其君不能者，贼其君者也。凡有四端于我者，知皆扩而充之矣，若火之始然，泉之始达。苟能充之，足以保四海；苟不充之，不足以事父母。

孟子首先确定，人皆有不忍人之心。由此心分化出恻隐、羞恶、辞让、是非四心。但是，这不是善行，而是善行之"四端"。孟子的意思是，人被上天赋予了行善之自然倾向，也被赋予了善行之端绪。然须经扩充，才可成就善行。在现实中，人们可能扩充之，也可能不扩充之，从而其为善的程度大相径庭。此中原因何在？《孟子·告子上》记载孟子第二次阐述人性论：

恻隐之心，人皆有之；羞恶之心，人皆有之；恭敬之心，人皆有之；是非之心，人皆有之。恻隐之心，仁也；羞恶之心，义也；恭敬之心，礼也；是非之心，智也。仁义礼智，非由外铄我也，我固有之也，弗思耳矣。故曰："求则得之，舍则失之。"或相倍蓰而无算者，不能尽其才者也。《诗》曰："天生蒸民，有物有则。民之秉彝，好是懿德。"孔子曰："为此诗者，其知道乎！故有物必有则；民之秉彝也，故好是懿德。"

在这里，孟子引入了"思"。正是通过思，人所固有的四端才成就为实在的善行。因此，实在的善行是须经一番努力才能达成的，尽管其可能性始终在人身上。关于思，下面有更为详尽的说明：

公都子问曰："钧是人也，或为大人，或为小人，何也？"

　　孟子曰："从其大体为大人，从其小体为小人。"

　　曰："钧是人也，或从其大体，或从其小体，何也？"

　　曰："耳目之官不思，而蔽于物。物交物，则引之而已矣。心之官则思，思则得之，不思则不得也。此天之所与我者。先立乎其大者，则其小者不能夺也。此为大人而已矣。"

　　思就是上天赋予人的致善之能力。四端是人所固有的禀赋，也许，在这一点上，人与人之间的差异并不大。思也是人所固有的禀赋，但在这一点上，人与人之间的差异较大。由于这一差异，有些人的四端就得到较为充分的扩充，而成为君子。其他人的四端未能得到有效扩充，则成为小人。这样，思的意愿和能力就在人间造成善行的参差不齐。

　　由此可以看出，孟子并没有直白而天真地主张"人性善"。孟子只是说，人性中有善；人具有善行的取向和潜能。人也具有实现这种潜能的官能，思。但是，人能否成就善，取决于心性之自觉程度。善是努力的结果，或者更准确地说，善是人心努力向上的过程，而非天然地就存在着的一个实在物。因此，人其实始终在求善的过程中，这就是仁人君子所选择的好生活之本质。

　　这一点，被尊孟的宋明儒予以彰显。人们恐怕主要是基于宋明儒之说而断定，儒家主张人性善。确实，宋明儒对于人心之善予以高扬。然而，宋明儒又比此前儒家更强调修养之"功夫"，比如，程明道先生《识仁篇》说："学者须先识仁。仁者，浑然与物同体，义、礼、智、信皆仁也。识得此理，以诚敬存之而已。"仁天然存在，然必须以"诚敬存之"。这就是宋明儒之大纲。王阳明的"致良知"，用意相同。人皆有良知，因此，人皆可以为尧舜，这对人性足够乐观了。但是，唯有用心"致"之，良知才可以圆满而对外发用。

　　由此可以看出，宋明儒固然喜谈人性之善，但对人在物质世界中堕落的倾向，又十分忧惧。正是这一点让他们特别重视功夫论，这是宋明儒讨论的根本问题之一。对这样的儒家伦理学，是不应当用"性善论"简单论定的。

董仲舒之主张

孟子以后另一位大儒广川董子的看法比孟子更为现实。《春秋繁露·深察名号篇》中，董子系统地论证了自己的人性论。

首先，董子以阴阳说人心："仁、贪之气，两在于身。身之名，取诸天。天两，有阴、阳之施，身亦两，有贪、仁之性。"天道有阴阳，人乃法天而生，人心也就有阴阳两面：阳成就人心之仁，阴成就人心之贪。天道好阳而恶阴，故人亦当用仁心而抑贪心。据此，董仲舒断定：

> 故性比于禾，善比于米。米出禾中，而禾未可全为米也。善出性中，而性未可全为善也。善与米，人之所继天而成于外，非在天所为之内也。天之所为，有所至而止。止之内谓之天性，止之外谓之人事。事在性外，而性不得不成德。
>
> ……今万民之性，有其质而未能觉，譬如瞑者待觉，教之然后善。当其未觉，可谓有善质，而未可谓善。

如《中庸》所说，"天命之谓性"，人皆有"善质"。这个善质，就是孔子所说的"相近"之"性"，就是孟子所说的"不忍人之心"，具体地说是"四端"。但是，不可说人之性就是善的，而只能说，人性中有善，人性中具有善的倾向和潜质，即人有善质。孟子相信，四端有待于扩充，才可以成为实在的善。董子完全同意孟子的看法，只不过，其所采取的方式与孟子有所不同：

性如茧如卵。卵待覆而成雏，茧待缫而为丝，性待教而为善，此之谓
真天。天生民性有善质，而未能善。于是为之立王以善之，此天意也。民
受未能善之性于天，而退受成性之教于王。王承天意，以成民之性为任者
也。今案其真质而谓民性已善者，是失天意而去王任也。万民之性苟已
善，则王者受命尚何任也？其设名不正，故弃重任而违大命，非法言也。
《春秋》之辞，内事之待外者，从外言之。今万民之性，待外教然后能
善，善当与教，不当与性。与性则多累而不精，自成功而无贤圣，此世长
者之所误出也，非《春秋》为辞之术也。不法之言，无验之说，君子之所
外，何以为哉？

孟子言说的对象主要是士君子，故他更多强调个体运用思的能力，
通过"养心""收放心"的功夫，扩充内在的四端为可见的善行。因
为，士君子思的能力本来就比较强。董子则关心另外一个问题：如何在
更大范围内扩充庶民之善质。董子反复说明，自己讨论的是普通民众之
性："名性，不以上，不以下，以其中名之。""中"就是普通民众。
要达成共同体的普遍之善，有效的方法当然是士君子之教化。孟子在个
体意义上主张士君子以思扩充四端，董子则诉诸制度化手段扩充庶民之
四端，其对人性的假设其实是完全相同的。

有人说，董仲舒的思想出于荀子，而以"荀董"相提并论，由上面
的疏解可以看出，这种说法实乃似是而非。董子思想出自孟子而有所变
化。恐怕正是为了说明自己与孟子的内在联系，董仲舒特别解释了自己
的人性论何以与孟子有所不同：

天生民有《六经》，言性者不当异。然其或曰性也善，或曰性未善，则
所谓善者，各异意也。性有善端，动之爱父母，善于禽兽，则谓之善。此孟
子之善。循三纲五纪，通八端之理，忠信而博爱，敦厚而好礼，乃可谓善。
此圣人之善也。

......质于禽兽之性，则万民之性善矣；质于人道之善，则民性弗及也。万民之性善于禽兽者许之，圣人之所谓善者弗许。吾质之命性者异孟子：孟子下质于禽兽之所为，故曰性已善。吾上质于圣人之所为，故谓性未善。善过性，圣人过善。《春秋》大元，故谨于正名。名非所始，如之何谓未善已善也。

孟子主要强调人兽之别，在这个意义上，人皆有"人之异于禽兽者几希"意义上的善端。对董子来说，仅此是不够的。董子的目标是构造一个优良社会秩序，这就需要所有人普遍地具有善行，也即仁、义、礼、智、信等美德。两人关心的角度不同，衡量尺度不同，故其对人心之善的评估也就有所不同，实质则无不同。

至关重要的是，对孟子所关注的士君子而言，微弱的善端就足以被自己的思主动地扩充为善行。但对思之能力不那么强的中人来说，其主动扩充的可能性比较低。这样，外在的教化对于中人、众人之善端的扩充、善质之实现、善行之形成，就具有决定性意义。

至此可以说，孟子-董子系统的人性论构成对孔子人性论之完整阐释，也共同构成优良治理之最为健全的人性论预设：

第一，人人皆有善端，人性中有善，故优良治理、公共之善是可能的，也是可取的，因这合乎人之性向。

第二，共同体中总有一些人具有较强的思的能力，能够自觉地扩充自己的善端，而造就仁、义、礼、智、信等善行，成为君子。他们是社会的领导者，社会端赖于这些人之组织，生产和分配公共品。不论社会采取什么样的治理架构，这个领导者群体都是至关重要的。

第三，另一方面，众人之思的能力是有限的，因而，需要建立制度，以扩充其善端，抑制其向下堕落的倾向。这就是教化、法律，古人所说的政教。

第四，至关重要的是，众人也会认可、服从这些教化、法律等制度，因为，他们同样有善端。他们确实没有创制立法的能力，但基于其天性，完全有能力知道何为善的制度，并接受之。

第五，君子也有堕落的可能性，这些制度同时约束君子。

也就是说，孟子-董子之人性论清楚地表明，对一个社会来说，美德与制度同样重要，而人性完全能够让这两者同步地生成、维系、扩展。毕竟，人有善端，所以，美德是可能的；毕竟，人仅有善之端，需要扩充才可成为善行；大多数人无力自我扩充，所以，制度是必要的。

荀子、法家的性恶论

过去一百年，因为人们普遍相信，民主制是以性恶论为人性前提而设计的，在一般所说儒家谱系中，只有荀子主张性恶论，故荀子成了儒家研究中的大热门，不少人试图从荀子思想中开掘民主思想。

对此趋势，我颇感奇怪：法家主张更为彻底的性恶论，为什么不从法家开掘民主？更大的问题是，这种性恶论果真可以导向民主、法治吗？前面所引《联邦论》已给出驳斥：如果人性确实是恶的，那就可以推论：人们没有自治所需之足够德行，唯有专制的锁链可以控制他们相互毁灭、吞噬。

重要的是需要注意逻辑的连贯性。很多人谈论人性恶预设之必要性，着眼于限制权力之制度设计。但这只是政治的一个面相，政治还有另一个面相，那就是政府的功能是治理民众。一个完整的人性论预设必须同时兼顾这两者，否则就会面临逻辑的断裂。如果考虑后者，人性恶预设就会导向专制。荀子、韩非子就是这样论证的。

荀子明确地主张人性恶，《荀子·性恶篇》开宗明义提出：

人之性恶，其善者，伪也。今人之性，生而有好利焉，顺是，故争夺生

而辞让亡焉；生而有疾恶焉，顺是，故残贼生而忠信亡焉；生而有耳目之
欲，有好声色焉，顺是，故淫乱生而礼义文理亡焉。然则从人之性，顺人之
情，必出于争夺，合于犯分乱理，而归于暴。

　　人自然地受物质性欲望所控制，致力于追求物质性利益，并自然会
相互争夺、冲突。也正是在这个意义上，荀子断定人性是恶的。

　　然则，文明生活如何可能？荀子紧接着说："故必将有师法之化，礼
义之道，然后出于辞让，合于文理，而归于治。"需要用制度控制那些愚
蠢而自私的人。那么，谁来制定这些礼义法度？圣人。荀子说："故古者
圣人以人之性恶，以为偏险而不正，悖乱而不治，故为之立君上之势以临
之，明礼义以化之，起法正以治之，重刑罚以禁之，使天下皆出于治，合
于善也。"圣人通过制度约束人性之恶，驱人于善。因此，在荀子看来，
善是人为的，相对于人本有之性，即是"伪"："人之性恶明矣，其善
者，伪也。"善行是圣人通过制度强制人们反己之性的后果。

　　问题在于，既然人性恶，何以圣人有别于众人，而有意愿、也有
能力制定可驱人于善的礼义法度？荀子的回答是："圣人化性而起伪，
伪起而生礼义，礼义生而制法度；然则，礼义法度者，是圣人之所生
也。故圣人之所以同于众，其不异于众者，性也；所以异而过众者，伪
也。"不知道因为什么缘故，圣人背叛了自己的天性，而开始制定驱
人于善的制度。这些制度生产了善。然而，这些制度的形成却是一个奇
迹，而人间秩序与文明完全依赖奇迹之降临。

　　由此可以看出，荀子与孟子、董子的思想有巨大区别。孟子说，
人皆有善端。董子说，人皆有善质。荀子则完全没有谈及这一点。而这
一点具有重大伦理学与政治哲学后果。普遍的善端、善质让君子得以涌
现，让制度能够形成，让普通人愿意、也能够接受君子及其所创制——
其实是总结、阐明——的制度。在这里，治人者与治于人者是同质的，
具有共同的心性，只是程度有所不同而已。因此，他们完全可以构成一

个休戚与共的共同体。在荀子那里，圣人则在众人之外奇迹般地降临，并从人心之外对普通人施加一系列制度。这些制度没有人心的基础，而是外在的。那么，人们何以接受它？对此，荀子没有讨论，他的弟子们给出了答案：强制。

韩非子、李斯是荀子的弟子，而他们是法家代表人物。荀子与法家只有一纸之隔，法家取之于荀子的思想资源也许主要就是性恶论。对于人际间关系，法家持一种十分阴暗的观点。韩非子主张，君臣之间是一种敌对关系：

> 君以计畜臣，臣以计事君，君臣之交，计也。害身而利国，臣弗为也；害国而利臣，君不为也。臣之情，害身无利；君之情，害国无亲。君臣也者，以计合者也。①
>
> 且臣尽死力以与君市，君垂爵禄以与臣市。君臣之际，非父子之亲也，计数之所出也。君有道，则臣尽力而奸不生；无道，则臣上塞主明而下成私。②

人性本恶，仅追求私人之利益，为此随时准备伤害他人。君臣之间如此，此前的商鞅则主张，国与民之间也是这种相互算计的敌对关系："民弱国强，民强国弱。故有道之国，务在弱民。"③

既然人性如此，建立统治秩序之核心问题，就是以更为强大的力量威慑臣民，也即弱民、驭臣。为此，君王必须依赖势，运用术，借助法。所谓法，不过是刑赏之工具。荀子认为，人就是对快乐、痛苦做出机械反应的物体。法家更进一步说，君王可利用势、术、法随意操纵之以实现自己确定的目标。这样的操纵对臣民来说是幸福的源泉，因为他

---

① 《韩非子·饰邪篇》。
② 《韩非子·难一篇》。
③ 《商君书·弱民篇》。

们只有相互伤害的本能，而绝无美德的可能，他们也不可能自愿认可什么制度。只有君王毫不留情地操纵他们，才可避免其相互伤害，形成和平秩序——在一个人性恶的世界，治理的最高目标就只是和平，而不是善。

换言之，法家确实主张每个人都是无赖。但他们没有由此走向民主、法治，而是走向了专制：对待无赖，只能使用诈谋、暴力以及暴力威胁。

主张民主以性恶论为预设的人可能说，我们只是说，在设计制度时，要对可能掌权的人坚持这种假定。问题是，如果这样，你为什么把权力交给无赖？你真的以为，真正的无赖掌握了权力，你可以用制度控制他或者他们？这些人士是制度决定论者，但谁来设计、构建这样的制度？难道不也是掌权的无赖吗？这群无赖何以有设计这种制度的意愿和能力？

我们再一次看到，民主性恶论者其实是直接民主论者，他们的潜台词是：人民为掌权者立法。但是，依据你的假设，人民难道不也是无赖吗？相信人民是一种人性，掌权者是另外一种人性，也就没有人性论可言了。

〖第十四篇〗
重新审视民本与民主之关系

对于儒家与民主间的关系，有些人坚决认定，儒家的整体精神是反民主的，为建立民主制度，必须清理儒家传统。有些人不这么看，他们认为，儒家思想传统中还是有一定民主精神的，比如"民本"。民本理念至少是反对皇权专制的。不过，这些人士又立刻补充说：当然啦，民本理念有很大局限性，比如，民本只涉及民有、民享，而缺乏民治的维度。所以，民本终究只是一个抽象的理念，而不能支撑起一个有效的民主制度。

这样的看法在儒学研究者中间相当流行，在对儒学有一定同情的知识分子中也十分流行。尽管如此，这种看法恐怕仍然不甚准确。民本理念的深刻含义，在这种温情中被消解了。

民本说接近人民主权论

讨论民本思想，人们经常引用两句话：一句是"民惟邦本，本固邦宁"，出自《尚书·五子之歌》；另一句是孟子说的："民为贵，社稷次之，君为轻。"不过，要真正了解这两句话的含义，就需要对此理念之历史脉络略作梳理。

请从《尚书·皋陶谟》一段话开始：

无旷庶官，天工，人其代之。

天叙有典，敕我五典五惇哉！天秩有礼，自我五礼有庸哉！同寅协恭和
衷哉！

天命有德，五服五章哉！天讨有罪，五刑五用哉！政事懋哉懋哉！

天聪明，自我民聪明。天明畏，自我民明威。达于上下，敬哉有土！

这也许是中国政治思想史上最为重要的一段话。它把人间政治秩
序置于宇宙论框架中，关于其具体内容，这里就不做解释了，其基本理
念是：人间治理的架构，也即政府，有其天道渊源；政府用以治理的规
则、制度，都是天道在人间的投射。这意味着，法律和政府其实都是为
了实现天所规定的目的。换言之，它们不是掌握着权力的那些人用以实
现自己欲望和意志的工具，这些人反而是天的工具。而上天会监察这些
人。但是，上天没有身体、感官，如何监察？上天以"民"作为自己的
感官、身体：聪就是听力敏锐，明就是视力清明。上天以民之所听、所
见作为自己的所听、所见，上天据此对统治者的行为进行判断，从而进
行奖惩："天明畏"之"明"就是显明，也即奖赏；"畏"就是威，也
即惩罚。上天会通过人民，对统治者发动奖惩。

由此可以看出，古代圣贤认为，上天、政府、人民之间有复杂关
系。不过，这一点，现在还不是非常清楚，这要到商汤、周武王"革
命"之际，才得到最清楚的阐述。首先，《尚书·汤诰》中，刚刚推翻
了夏桀之暴政的商汤这样说：

惟皇上帝，降衷于下民。若有恒性，克绥厥猷惟后。

其次，《尚书·泰誓上》中，正准备对商纣王发动革命的周武王这
样说：

惟天地，万物父母，惟人，万物之灵。亶聪明，作元后，元后作民父母……天佑下民，作之君，作之师，惟其克相上帝，宠绥四方。

由此，中国古典政治神学–哲学体系相当完整地建立起来：人间治理被置于天人之际，而天成为一切人的主权者。人皆为天之子，由此，所有人在人格上、道德上是平等的。另一方面，人为万物之灵，灵性是人区别于他物之根本，那么，灵性程度也构成人与人之间有所区别的重要指标。优良治理必然是灵性的治理，灵性也就是一个人获得治理权威的依据所在。共同体中之既"聪"又"明"者，有资格成为元后，也即君。天为了人间形成秩序，而区分出君与民。但是，民首先是天之民，君不过是天为了照顾万民而雇用的"相"。君对民没有主权，只有协助天养民、保民之责任。《泰誓中》这样概括天、民、君之间的关系："惟天惠民，惟辟奉天。"

也就是说，在政治哲学层面上，君高于民。也即，在世间的治理架构中，万民与君王的地位确实不同，万民应当服从君王。天也要求民服从君，这是秩序的需要，而秩序是对所有人都有利的公共品。但在政治神学层面上，民高于君。天会从民的角度判断君，迫使君服务于民的利益。这就是《皋陶谟》所说的："天聪明，自我民聪明。天明畏，自我民明威。"《泰誓上》则说："天矜于民，民之所欲，天必从之。"《泰誓中》又说："天视自我民视，天听自我民听。"所有这些命题都表明，在天人秩序中，民高于君。天首先是人民的护佑者。如果一定要让天在君王与万民之间做出选择，那么，天必将毫不犹豫地站在万民一边。

也正是在这个意义上，"民惟邦本"，大体上，可以把这里的"民"理解为现代的人民。必须记住，"民惟邦本"是以天道信仰为前提的。民作为天之民，而取得了相对于君的优越地位，天确定君是服务于人民之工具。由此就可以理解《孟子·万章上》下面一大段话的含义：

> 万章曰："尧以天下与舜，有诸？"
>
> 孟子曰："否。天子不能以天下与人。"
>
> "然则，舜有天下也，孰与之？"
>
> 曰："天与之。"
>
> "天与之者，谆谆然命之乎？"
>
> 曰："否。天不言，以行与事示之而已矣。"
>
> 曰："以行与事示之者，如之何？"
>
> 曰："天子能荐人于天，不能使天与之天下。诸侯能荐人于天子，不能使天子与之诸侯。大夫能荐人于诸侯，不能使诸侯与之大夫。昔者，尧荐舜于天而天受之，暴之于民而民受之。故曰：天不言，以行与事示之而已矣。"
>
> 曰："敢问荐之于天而天受之，暴之于民而民受之，如何？"
>
> 曰："使之主祭，而百神享之，是天受之；使之主事而事治，百姓安之，是民受之也。天与之，人与之，故曰天子不能以天下与人。舜相尧二十有八载，非人之所能为也，天也。尧崩，三年之丧毕，舜避尧之子于南河之南。天下诸侯朝觐者，不之尧之子而之舜；讼狱者，不之尧之子而之舜；讴歌者，不讴歌尧之子而讴歌舜。故曰天也。夫然后之中国，践天子位焉。而居尧之宫，逼尧之子，是篡也，非天与也。《泰誓》曰：'天视自我民视，天听自我民听。'此之谓也。"

孟子对尧舜禅让之性质进行了解释。人间治理权之最终判断者是天，天的人格化存在就是"上帝"。而天以人民的去留作为自己的判断。由此，大体上天下治理权的归属，就是由人民来决定的。

由此可以看出，"民本"理念实际上是在确定政治权威之终极渊源在于民，它是政治秩序之预设性理念。这个理念大体上类似于作为现代政治秩序之预设性理念的人民主权论。只不过，在民之上还有天。民正是作为天之民而成为主权者，他们的选择决定着治理权之归属。因此，民本论跟民主制不在一个层面：民本论高于民主制度。

联系到天道信仰，民本论中人民的主权有更大保障：人民是通过天之护佑而成为凌驾于君王之上的主权者的。现代知识分子都在谈论"天赋人权"，可他们拒绝深入地探究、思考这里的"天"。正是"天"确保了人民主权。可以说，以隐含的天道信仰为基础的民本论，是中国政治哲学之第一原理。

由民本到宪政

如前面所引古典文献所说，虽然民为邦本，但整体意义的人民没有办法直接治理，任何现实有效的治理都只能通过个体来进行，他们将构成治理者或者说统治者。唯有到这个层面，才涉及民主与否的问题。民主是一种以民本原则为基础的治理技术。需要注意的是，民主只是民本原则所生发的诸多治理技术中的一种，但这一点经常被今天谈论民主的人忽视。

不能不承认，在当代政治哲学论领域中，"民主"一词的含义可能最为含糊不清的，在传播民主思想的人那里，这个词也有过大的弹性，因而让传播者自己也陷入概念牢笼之中。一方面，人们断言，现代优良治理架构就是民主制度，民主差不多是形容最高层面之政治制度的词汇；另一方面，人们又普遍地将一人一票的投票选举制度视为民主制的主要指标，民主的含义又异常地狭窄。这样的认知十分不利于人们同情地理解传统中国政治，也不利于人们准确地理解民本的含义。

必须正确地确定民主在优良治理架构中的位置。传播民主思想的人士以民主来概括他们心目中所欲求的政治理想，其实是过于简单，甚至是误导性的。他们所说的"民主制度"，用"宪政制度"来概括可能更合适，因为，保障民主的人士所向往的制度其实是多样的，他们把诸多制度比如自治、法治等等，归在民主一词之下。但事实上，它们与民主的性质并不相同。

这种宪政制度是以人民主权论为基础的，由这一原则可以推导、构造出诸多宪政性制度，以保证人民之主权地位：

首先，人民主权论要求广泛的社会自治。人民主权首先意味着人民的自我治理（self-government）。不过，这只在政治神学上成立，在现实社会中，作为一个整体的人民是无从自我治理的。尽管如此，组成这整体的个别之人，基于人民主权原则，而保有自我治理的权利。也就是说，他们可以在小范围内，通过各种方式结成团体，不论是家庭这样的自然情感团体，还是公司这样的契约性盈利性团体，或者教会这样的陌生人间非盈利性团体。

这个时候，人是作为公民存在的。人们通过自治，自我提供大多数公共品，这是利用资源最有效的方式。在这样的自治过程中，公民将习得治理的技艺。这个团体不断提升其组织水平，最终构成政府。而广泛自治的社会之有效运作，是政府承担诸多治理功能的前提。可以说，社会自治是宪政的基础性制度。

其次，投票民主。社会自治将会安顿大部分公共事务，使得人们不必太多依赖政府，由此，政府必然是有限的，也才能是有效的。而自治训练的具有治理技艺之公民，也即君子，乃是民主制度运转的社会结构前提。他们进入政府，可以有效地运用政府的权力，提供公共品。当然，他们需要通过民主选举的方式获得授权，选举民主的意义也正在于此。这个意义上的民主只是宪政的一个构件，是遴选政府官员的一种程序。

但需要注意的是，民主选举程序并非唯一恰当的遴选程序。即便在一个宪政体制中，也并不是所有权力岗位都须通过选举的方式产生。比如，在美国，最高法院大法官由总统提名、参议院审议批准，而大法官在美国宪制结构中占据非常重要的位置，他们甚至可以在个别案件中宣告国会通过的法律无效。当然，也有一些美国州的法官是定期选举遴选的，但效果并不优于委任制。而在行政部门，恐怕只有行政首长适宜选举产生，至于其他官员，根本没有必要通过选举产生。也就是说，民主选举的适用范围远不像有些人想象的那么大。

再次，与民主选举同等重要，也许更为重要的是权力的分立与制衡，这当然首先是因为，政府的权力总是可以划分为性质不同的几类，专业化可以提高效率。当然，几种权力相互制约、平衡，也可以防止一权独大，防止政府向专制堕落。

最后，宪政的另外一个极端重要的面相是普遍规则之治，也即人们通常所说的法治。至关重要的是，这些约束性规则必须是客观的，也即不是出于某个人或某群人的意志；这些规则也必须是普遍的，也即适用于所有人，而无人可以例外。只有这样的规则才能够带来规则下的平等，让人们以较低成本进行合作、交易；最为重要的是，保障每个人的尊严与自由不被政府肆意侵犯。

一个有效运转的宪政制度可能还包括其他程序、制度，但上面的简单描述已足以说明，"民主"一词确实不足以涵盖优良制度之主体，相反，严格意义上的民主制其实只是宪政制度的一个构件。事实上，单纯一个民主制无法支撑起一个优良的治理秩序。民主需与其诸多兄弟姐妹相互配合、合作，才能塑造和维系保障人的尊严的秩序，也即最逼近于人民主权。

既然如此，就不应把民主作为丈量制度优良的唯一尺度。一个共同体可能确实缺乏现代人理解的选举式民主，但这未必说明它的治理很糟糕。如果迷信这样的民主，我们眼里的世界一定一团漆黑，因为，即便在宪政国家，普选也是非常晚近的事情。人们一直说，十七世纪末，英

国就建立了宪政制度，但英国迟至二十世纪初才采用普选制。大多数人
没有投票权的事实，可能让人遗憾，但这不足以构成否认一个国家具有
优良治理秩序的理由。

传统中国之诸多宪政制度

走出民主的概念陷阱，放开视野就可以发现，中国人，主要是儒
家，沿着民本理念，其实进行了很多思想与制度的探索，从而形成了一
个宪政的思想与政治传统。

比如，前面所引用皋陶那段话，非常清楚地表明了普遍的客观规
则之治的理念。而周代的礼治在很大程度实现了这一理念，汉以后的礼
俗，同样具有这种性质——关于这一点，前面各篇已有论述。

关于政体，儒家的最高理想实乃君主禅让。《礼记·礼运篇》说：
"大道之行也，天下为公。"郑玄注："公犹共也。禅位授圣，不家
之。"孔颖达疏："天下为公，谓天子位也。为公谓揖让而授圣德，不
私传子孙。"[1]据此，大同时代治理架构的首要特征是君位禅让。

这一制度的依据就是民本理念，"天下人主权论"。天下人拥有治
理天下之全部权威，是为主权者。天下非一家一姓之天下，而为天下人
之天下。君之治理权来自于天下人之授予。尧舜通过某种程序，受天下
人委托而行使治理权。由此，君位之继嗣也就只能是"选贤与能"之禅
让制，以便占有这个位置者最好地服务于天下人。君的治理权既得之于
天下，在其体力衰竭时也就应当归还于天下人，由天下人——当然是通
过某些代表——通过复杂的程序，从天下人中遴选出合适的继任者。

到孟子时代，各国已建立了家天下之制，孟子依然坚持一个崇高的

---

[1] 《礼记正义》，卷二十一，礼运第九。

理想：君位不可被某人垄断。这就是孟子说"民为贵"的完整语境，见《孟子·尽心下》：

> 孟子曰："民为贵，社稷次之，君为轻。是故，得乎丘民而为天子，得乎天子为诸侯，得乎诸侯为大夫。诸侯危社稷，则变置。牺牲既成，粢盛既洁，祭祀以时，然而旱干水溢，则变置社稷。"

"民为贵"的意思绝不是君王应当以人民为贵，它的意思是，从终极的意义上，人民之意愿决定着天下治理权之归属。人民同意、认可某人，他将成为天子。他就成为政治哲学意义上的"主权者"，被人民委托了治理的权力。随后，他组成政府，把自己受托于人民的那些权力分配给诸侯、大夫，与之共同治理天下。诸侯、大夫必须服务于邦国，假如他们损害邦国利益，也即损害人民的权利与利益，那就变置他们。假如社稷之神灵不能保护邦国，也可以变置之。

假如天子损害人民的权利与利益，该怎么办？这里没有明确论及，《孟子·万章下》中的一段话可与这段话相互参证：

> 齐宣王问卿。
> 孟子曰："王何卿之问也？"
> 王曰："卿不同乎？"
> 曰："不同。有贵戚之卿，有异姓之卿。"
> 王曰："请问贵戚之卿。"
> 曰："君有大过则谏。反复之而不听，则易位。"王勃然变乎色。
> 曰："王勿异也。王问臣，臣不敢不以正对。"
> 王色定，然后请问异姓之卿。曰："君有过则谏，反复之而不听，则去。"

天子如果践踏法律，损害人民的权利与利益，而拒绝接受批评，纠正错误，那就可以易位，也即予以变置、更换。

孟子的思想并非绝唱，而在后来不断被儒者重复。比如，汉儒谷永曾对汉成帝说：

> 臣闻天生烝民，不能相治，为立王者以统理之。方制海内，非为天子；列土封疆，非为诸侯，皆以为民也。[①]

谷永重复了民本论，且具有明确的人民主权论意味。而据《汉书·谷永杜鄴传》记载："永于经书，泛为疏达，与杜钦、杜鄴略等，不能洽浃如刘向父子及扬雄也。其于天官、京氏《易》最密，故善言灾异，前后所上四十余事，略相反复，专攻上身与后宫而已。"谷永是一位儒者，他把这种理念直接运用于政治中。

正是由民本论发展出了古典革命理念：假如君不能有效照顾民的利益，反而残害人民，就成为"一夫"，天就会另行选择人间治理者，此谓"天命"。民因此而获得了"革命"权，治理权将因此而实现更替。

除与民本论关系最为密切的上述思想、制度外，儒家还发展出其他具有宪政性质的制度，而试图约束君王、政府，让其向民众提供公共品，但又不至于肆意侵害民众。比如，董子等汉儒致力于构建儒家士大夫与皇权共治制度；德治、礼教中也体现了自治的理念和制度。

总之，儒家思想和传统中国政治实践中可能确实缺乏现代的选举式民主，但是，在宪政的其他方面，儒家进行了广泛而持之以恒的探索，并且实实在在地构造了一些制度。如果实现现代优良治理之制度框架是宪政而非单纯的民主，那么在现代脉络中，评估儒家之真正有意义的问题应当是儒家离宪政有多远？也许可以说，儒家就是宪政的。也正因为

---

① 《汉书》，卷八十五，谷永杜鄴传第五十五。

此，十九世纪末儒家士大夫开始构建现代宪政制度，这一事业的进展其实相当顺利，尽管从"五四运动"开始出现了严重的挫折。

儒家就是宪政的

令人遗憾的是，多数现代知识分子似乎并不理解宪政的复杂内涵，而用民主这把不够精准的尺子，信心满满地衡量儒家和传统中国。

不能说现代中国人不理解现代宪政的完整结构，康有为、梁启超、张君劢、章士钊、萧公权等先贤对宪政有十分完整、精准、深入的理解，他们经过数十年积累最终起草的宪法也具有里程碑意义。有意思的是，他们中的大多数就是儒家。我命名这个群体为现代中国的"保守－宪政主义者"。[1]因为他们完整理解了宪政之结构，他们也就能够从儒家理念、从儒家所塑造的各种制度中看到宪政，因而主张儒家、传统之"新生转进"[2]。前面已经引用孙中山先生的主张：宗族制度完全可以成为构建国民国家的中介性组织。

反过来，那些占据着舆论制高点的启蒙文人，对宪政制度的理解却十分肤浅。比如，启蒙文人早早就高喊着"民主与科学"口号，而这个口号恰恰显示了他们的肤浅。他们崇拜民主，说明他们不大明白民主背后的宪政之完整架构。他们崇拜科学，指引他们走向了唯科学主义（scientism），机械地看待人，漠视人存在的心灵、精神的一面——这种倾向充分表现在"科学与人生观"大论战中。这两种倾向让他们无法正确地评估儒家，评估儒家参与塑造的传统秩序。用偏颇的"民主与科

① 关于这个群体，可参看拙文：《论现代中国的保守—宪政主义思想与政治传统》，洪范评论，第13辑（北京三联书店，2011年）。
② 这是徐复观先生所用的词，萧欣义编，徐复观著，《儒家政治思想与民主自由人权》，台湾学生书局，1988年，第98页。

学"加以衡量之后，他们很失望，而断定儒家及儒家塑造的制度是中国建立民主制、中国人过上科学生活的障碍，而坚决走向了全盘反对传统主义。

更加令人扼腕的是，即便是现代新儒家，也多少受这种启蒙思维方式支配。这方面的代表人物是在很大程度上决定了近三十年来儒学之基本范式的牟宗三先生。他与钱穆、唐君毅、徐复观等先生于五六十年代的风雨飘摇之中坚守儒家，其精神令人感佩。他也深入儒学内部，构造了一套繁复的儒家哲学体系。这也许是现代中国历史上最为完整、精深的哲学体系，也是儒家思想的一个重要突破。

更为可贵的是，牟宗三先生始终坚持民主信念，他断言，现代儒学，也即儒学第三期发展的核心议题是：

一、道统之肯定，此即肯定道德宗教之价值，护住孔孟所开辟之人生宇宙之本源。

二、学统之开出，此即转出"知性主体"以融纳希腊传统，开出学术之独立性。

三、政统之继续，此即由认识政体之发展而肯定民主政治为必然。①

从这里可以看出，牟宗三先生的思考基本为回应"五四"之"民主与科学"口号而展开。令人遗憾的是，牟宗三先生很自然地用"五四"标准衡量儒家和传统中国，比如，牟宗三、徐复观、张君劢、唐君毅四贤在1958年发表《为中国文化敬告世界人士宣言——我们对中国学术研究及中国文化与世界文化前途之共同认识》，第九节《中国文化之发展与民主建国》专门讨论儒家思想与民主间之关系。四贤承认，中国文化历史中缺乏西方近代之民主制度之建立。中国确实形成了若干制度，比

① 牟宗三著，《道德的理想主义》，台北学生书局，1985年修订6版，第6页。

如宰相制度、台谏制度，"只是这些制度之本身，是否为君主所尊重，仍只系于君主个人之道德。如其不加尊重，并无一为君主与人民所共认之根本大法——宪法——以限制之，于是中国知识分子仍可被君主及其左右加以利用，或压迫放逐屠杀，而在此情形下，中国知识分子则只能表现为气节之士"。

当然，四贤也表示：我们不能说"中国政治发展之内在要求，不倾向于民主制度之建立，更不能说中国文化中无民主思想之种子。"比如，人皆可以为尧舜的理念，"天下非一人之天下，而是天下人之天下"及"君位之可更迭"的理念，"天下为公"的理念，都必"发展至民主制度之肯定"。

也就是说，四贤认为，儒家在有助于人的尊严和有效治理的制度构造上乏善可陈，故现代中国所需之种种优良制度皆须从西方引入。这一点与启蒙文人是相同的。区别仅在于，启蒙文人认定，儒家根本没有民主倾向，反而热衷于做专制帮凶。新儒家则认为，儒家理念中蕴含着民主的内在要求，只是，这要求须借助于西方引入的各种民主制度，方可在现实中展开。正是基于这样的判断，牟宗三先生致力于思考，由儒家守护的道德主体"开出"有助于科学发展之"知性主体"和有助于民主制度建立和运转的"政治主体"，由此而提出"良知坎陷说"。

然而，如此思考本身就给"开出"设置了几乎难以逾越的障碍。也因此，牟先生虽于二十世纪四五十年代就完成了"新外王"三书，终究没有发展出一套丰满的历史哲学和政治哲学，没有证成儒家理念通往现代民主之路。也许不得不说，这是一条无法走通之路。

而在我看来，这一点似乎并不重要，因为，如上所说，民主不是现代政治之唯一制度，甚至不是最核心的制度。一旦我们对于有效保障人的尊严的现代制度有更为全面的理解，儒家理念通往此一制度的前路也就豁然开朗。而且，一旦形成这样的认知，立刻就可发现，儒家其实已经做了很多。那么，儒家构建优良治理，所要做的工作就不再是从道德主体开出，而是沿着既有的儒家式治理之道，借助于西方宪政技术，实现"新生转进"。尧、舜、皋陶所发明，孟子、汉儒所守护之天道主义框架中的民本论，则是现代语境下推进宪政之创制立法的预设性理念。①

---

① 笔者近来提出人民儒学概念，见《人民儒学刍议》，刊于《文化纵横》，2012年第一期。

〖第十五篇〗
儒家反对变革吗？

二十世纪知识分子最大的心愿就是"变"，也即迅速推进中国的现代化，最好一夜之间完成这一事业。变法、革命是二十世纪最响亮的口号。

抱着求变心切的态度，知识分子在书写历史时，对"变"倾注了极大的热情：商鞅变法、王安石变法等历史事件，乃至于曹操，在中国历史叙事中都获得了异乎寻常的意义。在所有这些历史叙事中，当然总要树立一个对立面，也即保守派、反动派，他们想尽办法阻挠改革，变革者则英勇地与之斗争，可能取得壮丽的胜利，也可能悲壮地失败。而或直接地、或间接地，儒家都被视为保守派的后台。因为，儒家主张"复古"。在"批林批孔"运动中，这种词汇满天飞，法家则是进步力量的代表。今天，这些词汇仍回旋在众多人士头脑中。当下中国普通人对儒家的认知，在很大程度上正是"批林批孔"运动塑造的。

当然，新文化运动知识分子从总体上已认定，儒家乃是中国实现现代化的观念、文化与社会障碍。人们也断定，似乎正是由于儒家之阻碍，中国五千年的历史，起码秦汉以来的历史，基本上陷入"停滞"状态。"停滞"已经是人们用来描述中国文明的一个主流词汇，"超稳定结构"之类的概念表达的也无非是这种理念。

"复古"确实是儒家的重要主张，但是，复古究竟是什么意思？儒

家真的反对变革吗？保守主义真的不如激进主义健全吗？回到儒家思想
及其所支配的历史实践中可以发现，儒家并不反对变革，但儒家也绝不
支持推倒重来、全盘重建式变革。儒家秉持保守主义立场，坚持一种中
道的变革观。

古典革命论

其实，"革命"可不是新词汇，而是一个十分古老的词汇，三代有
"汤武革命"。当然，这些革命具有一些出乎今人意料的特征。

谈到革命，现代人立刻会联想到大规模的暴力。但是，古代的革
命却与暴力没有必然联系。因为，此处之"命"乃是指"天命"。而周
人的天命观可以用一句话来概括："天命靡常，惟德是依。"上天依据
君王是否有德而决定是否站在他一边。另一方面，《泰誓中》说，"天
视自我民视，天听自我民听"，天意的具体呈现就是"民意"，民之去
留。因此，民意也就决定着统治权的转移。

根据这样的革命理念，《牧誓》控诉纣王多行无道，"俾暴虐于百
姓，以奸宄于商邑。今予发惟恭行天之罚"。纣王无道，残害百姓，甚
至也伤及殷人。因而，上天已经愤怒，决定予以惩罚。我周人乃是奉天
之命来讨伐纣王。当然，"民"中也包括殷人，所以这篇誓言接着说：
"我伐用张，于汤有光。"我周人灭的不是殷商，而是祸乱华夏的纣
王。这一事业反而是在光大商的建国者汤的道德功业。换作是汤，也会
起而攻灭他的这个不孝不义的后代。

总之，古典时代基于天命观的革命观认为，如果居于统治地位的人
和族群失德，则上天就会厌弃他们，这样，第一，天命会转移到更有德
行的人和族群那里。第二，上天还会惩罚那些败德的人和族群，即便他
们现在掌握着权力。这两者结合起来，就产生了"革命"事件。

非常重要的是，假如民意已经发生了巨大转移，那么大规模的暴力其实就是多余的，尽管有的时候不能不诉诸暴力。《史记·周本纪》记载："纣师虽众，皆无战之心，心欲武王亟入。纣师皆倒兵以战，以开武王。武王驰之，纣兵皆崩畔纣。纣走，反入登于鹿台之上，蒙衣其殊玉，自燔于火而死。"周人替代殷商，显然不是流血成河的革命。接下来的两件事更为清楚地体现出古典革命的精义。

最为引人注目的一个历史事实是，周没有灭商，周人也从来没有灭商的意思。这一点体现在周人政治联盟取胜之后的措施与制度安排上，《尚书·武成篇》是这样描述的："一戎衣，天下大定。乃反商政，政由旧。释箕子囚，封比干墓，式商容闾。散鹿台之财，发钜桥之粟，大赉于四海，而万姓悦服。"箕子、比干、商容都是殷人，因劝阻纣王为恶，而被纣王迫害或杀害。现在，武王用隆重的仪式尊荣他们。最重要的是"乃反商政，政由旧"。也就是说，周人仍然延续殷的各种制度，这包括《史记》所说，"封商纣子禄父殷之余民"。周人没有对殷人进行集体惩罚，殷人仍然维持其邦国建制，并由纣王的儿子禄父继续充当本邦之君。

其次，最能表现这场革命之性质的事件，则是殷遗民为周立宪，事见《尚书·洪范》。或许可以说，《洪范》是《尚书》中最为重要的一篇文献，它系统地阐述了君王治国之道，它就是周之根本法（fundamental law）。极具象征意义的是，周人这部根本法却由殷人传授，他就是箕子[1]，太史公说，"箕子者，纣亲戚也"[2]。

上述历史事件表明，殷对夏的革命，周对殷的革命，都不是颠覆，而是回归；不是毁灭，而是重建。当今的统治者是败坏的，妨碍了大道之运行。革命就是清除这个障碍，回到"正道"。因此，革命者绝不否

① 洪范成书于周初，及其作者为商人箕子，虽有争论，但似乎大体上可以肯定，相关考证可参看，李学勤著，《周易溯源》，巴蜀书社，2006年，第20—28页。
② 《史记》，卷三十八，宋微子世家第八。

认前朝的正当性，不会抹黑前朝的统治者。相反，周公在自己的文告中反复表彰殷的先王，并要求殷遗民和周统治者学习他们的治国之道。之所以对夏桀、商纣这样的统治者发动"革命"，完全是因为他们的个人品行败坏，偏离了大道。革命的目的是回到大道，而这种革命，是夏桀、商纣的祖先也会支持的。这样的革命当然呈现为有限度的革命。

上述古典"革命"原理，《周易》已有深入阐述，见"革"卦。《河南程氏易传》对此有精彩阐释：

> 已日乃孚。元亨。利贞，悔亡。
>
> 传曰：革者，变其故也。变其故，则人未能遽信，故必已日，然后人心信从。元亨利贞悔亡：弊坏而后革之，革之所以致其通也，故革之而可以大亨；革之而利于正，道则可久而得去故之义；无变动之悔，乃悔亡也。[1]

这里首先强调，革是必要的，可清除弊害。彖辞说："天地革而四时成，汤武革命，顺乎天而应乎人。革之时大矣哉！"十分强烈地肯定了革的重大意义。

但《周易》马上又说，革不是创造一个全新秩序，而是清除本来运作良好的秩序中的扰乱因素，让那永恒的秩序得以恢复自己的生机。故革亦有其道。各爻对革之道进行了探讨，根本则是"孚"，也即"信"，也就是上顺天命，下应人心。第六爻则讨论了"革"之限度：

> 上六，君子豹变，小人革面，征凶，居贞吉。
>
> 传曰：革之终，革道之成也。君子谓善人，良善则已从革而变，其著见，若豹之彬蔚也。小人，昏愚难迁者，虽未能心化，亦革其面以从上之教令也……人性本善，皆可以变化，然有下愚，虽圣人不能移者。以尧、舜为

---

[1]《二程集》，下，中华书局，1981年，第951页。

君，以圣继圣百有余年，天下被化，可谓深且久矣，而有苗、有象，其来格烝乂，盖亦革面而已。小人既革其外，革道可以为成也。苟更从而深治之，则为已甚，已甚非道也。故至革之终而又征，则凶也，当贞固以自守。革至于极，而不守以贞，则所革随复变矣。天下之事，始则患乎难革，已革则患乎不能守也，故革之终戒以居贞则吉也……①

革命当有其限度。对于革命来说，最大的危险就在于"已甚"，也就是说对社会"深治之"，也即试图从根本上重新塑造普通人的生活方式、思考方式、价值等等。而这是十分危险的，如此穷治不已，必然"所革随复变矣"，革命的过甚就是革命的自我毁灭，也即启动不断革命的灾难性循环。此为人类文明之大凶。

由这里我们就可以看出古代圣贤对于变革的基本理念：当革则革，但革有其限度。这也是整个《周易》之基本立场。汉儒郑玄在《六艺论》中说："易之为名也，一言而含三义：易简，一也；变易，二也；不易，三也。"《周易》承认，环境在不断变化，为此，君子必须调整，以适应变化，并在必要时主动进行变革。但是，人世间有永恒之道，这个道不可能变化。恰恰因为存在不易，所以才需要易，因为人是有缺陷的。易必须接受不易的控制，如此才有意义；如果不以不易为准，易就是任意而危险的。通过不易控制之下的易，可以维护不易，从而令生命与社会秩序更为健全。

孔子的复古与创制

很多人有一个印象，孔子主张复古，据此断定孔子是守旧派。

---

① 《二程集》，下，第955—956页。

不错，孔子主张复古，这是事实。孔子说过，"郁郁乎文哉，吾从周"①。孔子告诉颜回，为仁之道就是"克己、复礼"②，也就是复正在崩解的周礼。那么，孔子是何用意？

孔子生活在中国历史上最重要的大转型时代，此即周秦之变。所谓礼崩乐坏，就是周之封建秩序正在崩溃，而新的治理模式正在悄然形成，这就是孔子去世后大半个世纪即完全成熟的王权制，最终在秦国发展成为皇权制。孔子亲眼见证了新制度之所有要件的初步形成：封建君子群体败坏，强势卿大夫专权——他们后来成为国王；士人从封建结构中游离出来，他们后来成为游士、官僚；各国开始对土地征税，说明土地私有制正在形成；庶民暴动，子产、晋国转向以刑律治国，此后即形成刑律之治。由此我们可以理解《论语·为政篇》所记孔子一段话的历史含义：

> 子曰："道之以政，齐之以刑，民免而无耻。道之以德，齐之以礼，有耻且格。"

孔子在这里进行严肃的制度比较研究：第一种制度就是正在形成的王权制，第二种则是周的礼治秩序。根据他的观察，孔子认为，新出现的制度绝非进步。相反，在这种制度下，人将丧失尊严和自由。比如，《论语·颜渊篇》记载季康子问政于孔子曰"如杀无道，以就有道"，这显示，新兴当权者倾向于滥用刑罚。当权者也会聚敛无度，"苛政猛于虎"③。满腔仁者之心的孔子，怎么可能认可这样的制度？

据此，孔子主张复古。通过这种庄严的复古主张，孔子高扬了一种批判现实、追求优良秩序的道德理想主义精神。回向三代之治也构成后

---

① 《论语·八佾篇》。
② 《论语·颜渊篇》。
③ 《礼记·檀弓下》。

世儒家表达其现实批判意识之基本范式①。

但是，孔子也绝没有留恋正在消失的现实的周制。因为很明显，封建的君子群体正在崩坏。他们本身就没有德，也不知礼，甚至有意僭越礼，就像《论语·八佾篇》所记载的那样，如此君子何以导民？

因此，孔子虽然说"吾从周"，但这个周不是当下的周，而是制度最为健全、君子没有败坏时代的周，"久矣吾不复梦见周公"②一语清楚表明了这一点。对孔子来说，周是作为一个理想而存在的，而孔子本人实具有周公式创制立法之抱负。

这样，孔子说"吾从周"，实有两层意思：第一层，我将遵从周，但这个周与其说是历史地存在的周，不如说是作为礼治秩序之承载者的周。换言之，对孔子来说，从周就是从礼治。第二层，从者，继也，吾从周的意思是我将继周而起，取周而代之。这在《论语·为政篇》的下面一段话中表现得很明显：

子张问："十世可知也？"

子曰："殷因于夏礼，所损益，可知也；周因于殷礼，所损益，可知也；其或继周者，虽百世可知也。"

孔子本人就是继周者。这一点可以解释一个令人困惑的现象：孔子周游列国，来往于黄河以北的卫与南方宋、陈、楚各国之间，周就在这两者中间，孔子却从来没有顺道游周，说服周王。显然，孔子认定，周治理天下之天命已经终结，天命将转移到新王身上。换言之，孔子具有强烈的革命意识，他期待一个新时代的到来——当然也绝不是现实中正在出现的王权制，而是更为健全的礼治秩序。

① 余英时先生对宋儒的这种理念及其效果，进行了深入讨论，参看余英时著，《朱熹的历史世界》，宋代士大夫政治文化的研究，北京生活·读书·新知三联书店，2004年，上，第184—198页。
② 《论语·述而篇》。

也就是说，"吾从周"一语最为生动地表现了保守主义之精髓：以托古主张理想。孔子宣布要回向复古，而这个古是最为健全的。为此，这个古一定是开放的，由此，我们可以理解《论语·卫灵公篇》的一段话：

颜渊问为邦。子曰："行夏之时，乘殷之辂，服周之冕，乐则《韶》舞。放郑声，远佞人。"

朱子引程子之说："问政多矣，惟颜渊告之以此。盖三代之制，皆因时损益，及其久也，不能无弊。周衰，圣人不作，故孔子斟酌先王之礼，立万世常行之道，发此以为之兆尔。由是求之，则余皆可考也。"[①]刘宝楠《论语正义》据汉儒旧说解释说："为邦者，谓继周而王，以何道治邦也。"其实，"为邦"就是造邦之意，就是立国、立宪。颜回是孔子最为信赖的弟子，孔子将继周之后新兴邦国之核心制度，告诉了颜回。

我们不必纠缠于这些制度本身，重要的是由此透露出来的孔子的保守主义的建国、立宪之道。孔子在追求一个优良秩序，但在立宪时，他绝不诉诸想象、幻想，或者启示、理论。相反，孔子回到过去，按照一套价值从复杂的经验中进行选择，那些经验也就因此获得了新的意义，组合成为一个新的治理架构。孔子之复古绝不是守旧，而是在追求理想，但这是一种可以把握的理想。

法家之推倒重来理念

生活在春秋后期到战国的历史大转型时代，诸子百家其实都主张

---

① 《论语集注》，卫灵公第十五。

变，只不过，变革之道各有不同：儒家持守变革之中道，道家和法家则位于激进的两端——道家主张彻底回到过去，法家则主张彻底甩开历史，勇往直前。《商君书》第一篇《更法》就阐述了法家的这种激进主义变革观：

公孙鞅曰：前世不同教，何古之法？帝王不相复，何礼之循？伏羲、神农教而不诛，黄帝、尧、舜诛而不怒。及至文、武，各当时而立法，因事而制礼。礼法以时而定，制令各顺其宜，兵甲、器备各便其用。臣故曰："治世不一道，便国不必法古。"汤、武之王也，不（循）古而兴；殷、夏之灭也，不易礼而亡。然则，反古者未可必非，循礼者未足多（是）也。君无疑矣。

在这段话中，商君阐述了历史主义，而历史主义完全是反历史的。

在古典时代，人们没有历史意识。人们并不认为，现在与过去之间有根本的不同。相反，人们相信，祖先生活在自己中间，自己的时代与祖先的时代是相同的。过去发生的事情不过是表明永恒原则的先例而已，它们已经过去了，但又可以回来。

"历史"观念乃是一个现代现象。法家具备了完整的历史意识，商君在这里的论述则基本上完成了历史主义之理论构建。商君的核心命题是："当时而立法，因事而制礼。"这里的核心是"时"和"事"两个字。两者的含义有所区别，又紧密相关。时者，时间也，时代也。显然，商君已经具有明确的现代时间意识，也即单向的、不可逆的时间意识。时间之所以不可逆，又是因为，"事"在每一个时间点上都是不同的。而人的世界纯粹是由一个个琐碎的"事"构成的。由此，道消失了。而不同时代的"事"之总和，也即社会情势必然不同，在有些时候会发生根本性变化。由此，不同时代的法律必须不同。法律与道无关，法律只是便"事"之工具，自然也应当随着时代的变化而变化，而且是根本性变迁。

　　由此诞生了历史主义之治国者。古典时代，道一以贯之，礼是永恒的，治国者只须"率由旧章"即可①。但现在，治国者身处于历史之流变过程中，"事"在变动，"时"在更替，那么，治理之规则、制度也就需要相应地调整，甚至需要进行重大乃至根本性变革，此即"变法"时刻。那么，不同时代的治国者必须立足于自己的时代构建合乎时宜的有效制度。这样的治国者也就成为永恒的立法者、立宪者、立国者。总之，他就是主权者。

　　这样的治国者–立法者不必循古。事实上，按照上述历史主义之义，合格的治国者必须"反古"。他绝不能依赖适应于以前之事的既有的法律，而必须废除那些法律，制定新法律。负责任的、伟大的君王要把自己从历史中解放出来，不受历史的束缚，完全按照自己理智的独断为自己的时代制定最为便利的法律。

　　商君、法家塑造了真正的主权者，他可以宣告：朕即国家，朕的命令就是法律。他制定法律、统治臣民的时候，不受习俗的约束，也不用理睬民众的感受。法律不能约束他，因为他超越于法律之上。他就是专制者。他确实有能力与历史一刀两断，实现颠覆性变革。

　　据此，秦始皇立志建立一个超越古代帝王之新制度。相对于三代，秦制的各种制度都是全新的。然而，事实已然证明，如此变法，给邦国、万民带来了巨大灾难。

董仲舒之变与不变

　　董仲舒等汉儒给自己设定的核心议题就是变革秦制。那么，如何变革？今本《春秋繁露》开篇《楚庄王篇》，董子阐述了自己的变革观：

---

① 《诗·大雅·假乐》颂周成王之美德曰："不愆不忘，率由旧章。"

《春秋》之于世事也，善复古，讥易常，欲其法先王也。

然而介以一言曰，"王者必改制"。自僻者得此以为辞，曰："古苟可循先王之道，何莫相因？"世迷是闻，以疑正道而信邪言，甚可患也。

董子首先阐明了隐含在《春秋》中的根本法：复古，法先王。董子之前，贾谊等人就主张，汉室当"改制"。因为，汉承秦制，而秦制的根本特征就是不法先王，而让邦国服从于今王之意志。儒家主张改制，其目的就是重回法先王之制，就是从政治上告别秦制，清除大道运行之制度性障碍。从这个意义上说，改制就是复古。

然而，当时有人有意将改制主张极端化，其用意是：本来就没有道，因而也就无古可复。或可推测，持有这种意见的人是反对告别秦制的黄老之徒和刑名吏。董子对此予以驳斥：

答之曰："人有闻诸侯之君射狸首之乐者，于是自断狸首，悬而射之，曰：'安在于乐也！'此闻其名而不知其实者也。今所谓新王必改制者，非改其道，非变其理。受命于天，易姓更王，非继前王而王也。若一因前制，修故业，而无有所改，是与继前王而王者无以别。受命之君，天之所大显也。事父者承意，事君者仪志。事天亦然。今天大显己，物袭所代而率与同，则不显不明，非天志。故必徙居处、更称号、改正朔、易服色者，无他焉，不敢不顺天志而明自显也。若夫大纲、人伦、道理、政治、教化、习俗、文义，尽如故，亦何改哉？故王者有改制之名，无易道之实。"①

董子变革观之本在区分制与道。制就是居处、称号、正朔、服色，也即新获天命治理人间的王者用以标明自身权威的外在的礼仪，大纲、人伦、道理、政治、教化、习俗、文义则是道之呈现。用现代的术语

① 《春秋繁露》，楚庄王第一。

说，它们就是信仰价值、生活方式、社会结构，一言以蔽之，就是文明。王者可以并且有必要改制，这是政治的需要；但没有必要，而且绝不应当变道与文明，这是维持秩序之所需。

"天人三策"第三策中有一句话，也正应当从这个角度理解："道之大原出于天。天不变，道亦不变。"[①]王者受命于天，享有治理之权；而文明乃是道之呈现，在一定程度上也出自于天。从政治神学角度看，这两者大体上是平行的。因此，治理者没有权力改变文明。相反，为天守护文明，让文明得以发育、扩展，乃是治理者的天职所在。

董子提到了"风俗"，《礼记·王制》提出过受命者获得治理权之后处理礼－俗、政－宜关系的基本原则：

> 凡居民材，必因天地寒暖燥湿，广谷大川异制。民生其间者异俗，刚柔轻重，迟速异齐，五味异和，器械异制，衣服异宜。修其教，不易其俗；齐其政，不易其宜。中国戎夷，五方之民，皆有性也，不可推移。

郑玄注："教谓礼义，政谓刑禁。"孔颖达注："俗谓民之风俗，宜谓土地器物所宜。"[②]第一对关系是礼、俗。修者，修葺、修饰之意。治国者不应幻想借助权力于一夜之间强行变易风俗，只能透过柔性教化，予以渐进改善。这就是儒者所说的"移风易俗"之含义。移风易俗绝不是颠覆风俗。至于政，则需要普遍实施，所以是"齐"，含义与"修"不同。但齐其政，仍不能强行改变各地人民之所宜。

换言之，儒家认为，治理者的责任不是创造新生活，而是审慎地对既有生活进行改进，让其更加文明。暴虐的手段只能带来绝对的黑暗。

---

① 《汉书》，卷五十六，董仲舒传第二十六。
② 《礼记正义》，卷十二，王制第五。

儒家之变法实践

综上所述，儒家并不反对变法。历史上，儒家发动了诸多重要的"变法"：

第一次应当是在战国初期的魏国。孔子弟子子夏入魏，魏文侯师事之，子夏若干门子入仕于魏。似乎正是这一群人发动了变法运动，在列国之中，最早建立了较为完整的王权制——这是一种开明君主制。这套制度为其他各国所模仿。商君正出自于魏，他带着魏的制度蓝图到秦。但在秦国，这套制度趋向于极端化。

第二次是董仲舒更化，经过汉初儒家的持续努力，董仲舒"天人三策"系统提出更化方案，此后经过几十年，部分地去秦制，而建立汉宣帝所说的"霸、王道杂之"之制，也即我所说的儒家士大夫与皇权共治体制。

第三次是王莽新政。本质上说，王莽是一儒生，如《汉书·王莽传》所记载："莽群兄弟皆将军五侯子，乘时侈靡，以舆马声色佚游相高。莽独孤贫，因折节为恭俭。受《礼经》，师事沛郡陈参，勤身博学，被服如儒生。事母及寡嫂，养孤兄子，行甚敕备。又外交英俊，内事诸父，曲有礼意。"王莽之获得权力，乃是汉儒让国理念的一次胜利，王莽新政之各项措施也都有经学上的依据。可以说，王莽新政是汉儒复古更化之一次极端努力。

第四次是宋儒之变法，前有范仲淹所领导之庆历新政，后有王安石变法。这两次变法是以儒家道德理想主义精神之自觉为前提的。

第五次则是清末康有为领导之戊戌变法。

由此可以看出，儒家并不反对变法。事实上，真正的问题也许在于，在有些时候，儒家有点激进，比如王莽改制就过于激进。儒家理念中是存在一些激进因素的，因为儒家具有较强的道德理想主义倾向，在复杂的现实中，这种倾向可能引发激进心态。如何控制这种激进心态，坚守中道，是儒家所必须面对的大问题。

也正是由于儒家的这种努力，中国文明始终保持着其生命力，在文明遭到内外冲击之后，得以重建。

然而，儒家赋予中国文明的这一生命力却被知识分子用另一个词汇来描述：历史停滞论。据说，中国历史从汉代以来就陷入停滞状态，在治乱循环和王朝更替中徘徊不前，没有能够自发演进出资本主义。这也就揭示了历史停滞论背后的理念依据：晚近欧洲所发生的变化，也即资本主义体制的出现，是历史的必然趋势，是历史的终结点，且对于任何文明都具有普遍意义。正是基于这种理念，过去一百年，无数学者在认真地讨论，为什么中国没有内生发展出资本主义。

这里不准备讨论这种历史观之正当性，只对所谓历史停滞论略作解释。尧舜以降四千多年中国历史，可划分为三大段：三代为第一个时期，社会秩序在封建制下保持了长期的稳定。春秋后期到汉中期五百年间为第二个时期，此为大转型时期。第三个时期以儒家士大夫与皇权共治体制的建立为标志，中国社会在此种体制下长期保持稳定。人们所说的停滞，大约就指第三个时期。

为什么保持稳定？也许是因为，这种体制带有准宪政性质，中国社会找到了某个结构性均衡机制：具有道德理想主义精神的儒家总是可以不断地涌现出来，矫正体制中所积累的问题，重建制度，恢复秩序。这种重建既可能在皇权扰乱、践踏制度之后，也可能在蛮族入侵之后。也就是说，到汉中期，中国社会内生出了一个自我矫正错误的价值、文化、社会与政治力量。中国文明因此而保持了生命力。

中国历史也没有停滞。一个最为简单的指标是：中国人口在持续增长，尽管不断经过战乱。当然，在此期间，中国没有出现欧美在十八世纪那样的根本性技术突破。但是，这种突破对于社会治理状况的影响是不是具有决定性意义，大可怀疑。

保守主义之现代传统

当然，欧美确实在十七、十八世纪实现了社会治理的一次突破，从而令社会治理秩序发生了较为重大的变化。到十九世纪末，儒家士大夫认识到这种变化的意义，决心模仿欧美，建立中国的现代国家秩序。变法的呼声四起。

有一些儒家士大夫对变革持反对态度，可称之为守旧派。而关于变革，从一开始，精英群体就有两种不同立场，且愈到后来，分歧越大：一种可称为激进主义，另一种则是保守主义。这既表现于文化领域，也表现在政治领域。而略加分析就可以看出，保守主义传统与儒家之间有直接关系。

以政治领域为例，清末关于宪政变革，革命党人属于激进主义。康梁在海外策动、张謇等人在国内活动的立宪派，则属于保守主义。

新文化运动中，启蒙文人要求打倒孔家店，彻底摧毁中国的价值、文字、习俗、社会结构等，而全盘外国化，既包括西化，也包括俄国化。这就是林毓生先生所说的"全盘性反传统主义"。这是文化上的激进主义。

但恰恰是在这个全盘性反传统运动中，现代儒家诞生了，由此发展出文化上的保守主义。

在现代中国，存在着一个源远流长的保守主义思想与政治传统。为了突出他们的政治立场，我经常称之为保守-宪政主义者。其实，在三代革命，在孔子思想，在董仲舒思想中，已经清楚地体现了这种现代保守主义立场。康有为、严复、梁启超、张君劢等现代保守主义者，则以此立场应对现代中国的立国问题。

在过去一个世纪，激进思潮在文化、政治等领域占据着支配性地位，也因此，保守主义被污名化。然而，现代中国的保守主义，就是柏克在英国的古今之变中率先系统发展的保守主义。

　　现代中国的保守主义不是守旧主义，保守主义是主张变革的，甚至是根本性变革，他们都主张变专制为宪政。但是，保守主义对变革的态度是审慎的，它所确定的变革的范围是有限的，变革的程度也是有节制的。保守主义坚持中道。

　　至于保守之对象，则是儒家。现代中国的保守主义思想与政治传统有一个核心立场：建立宪政制度的事业，不可以颠覆儒家为前提。现代中国的保守主义者相信，儒家塑造了中国文明。儒家就是道，董子说，"王者有改制之名，无易道之实"。现代中国人的使命是让这个文明变得更好一些，而不是颠覆或者更换这个文明。而颠覆了儒家，必让中国文明解体。人间将陷入野蛮状态，宪政又从何谈起？没有了道，又何来秩序？

　　正因为这一点，在儒家遭到严重破坏的当代中国特殊语境中，保守主义反而呈现出一种积极的姿态：接续道统，复兴儒家。这种努力与建立宪政制度之间，没有任何冲突，反而相辅相成。

【第十六篇】
义利之辨在辨什么

二十世纪中期，权力切断传统，中国建立集中计划经济体制。一方面是高调道德之喧嚣，另一方面则是生活必需品之严重匮乏。

知识分子受到极大刺激，从七十年代后期开始，他们反思这种制度之根源，受新文化运动之思考方式的支配，他们追源于儒家，比如儒家的义利之辨。他们相信，市场制度是由人的逐利之心所支撑的，而儒家的基本倾向是重义而轻利，甚至根本否定利，所以，儒家就是市场的敌人。他们似乎相信，中国传统社会的经济体制与二十世纪中期是同质的。市场制度要在中国发育，就必须摧毁儒家。

本篇将对这一看法略予辨析。

义利之义涵

考察义利之辨，当首先考察义利两字的义涵。

利的含义显而易见，那就是好处、利益，主要是指能够直接带来感官快乐的物质性利益，比如金钱、财物、官位、女色等等。

至于义的含义，则需略微仔细讨论。而讨论这个问题最简单的办法是引用《论语》所记孔子和他的弟子说过的话。"义"字第一次出现在

《学而篇》：

有子曰："信近于义，言可复也；恭近于礼，远耻辱也；因不失其亲，亦可宗也。"

朱子注：信，约信也。义者，事之宜也。复，践言也。言约信而合其宜，则言必可践矣。[1]

"信"就是双方订立的契约，"言"就是基于契约而对对方做出的承诺。孔子说，人们不当盲目地履行契约，契约必须合于"义"。只有合于义的承诺，才值得践言、履行。由此就可以看出，义高于信，而义就是事之"宜"。《中庸》说："义者，宜也。"唐儒孔颖达解释说："宜，谓于事得宜。"[2]宜者，合乎事务之宜也，合宜也。这就是义的基本含义。

再来看《论语·为政篇》：

子曰："非其鬼而祭之，谄也。见义不为，无勇也。"

人去祭祀礼制没有规定自己当祭之鬼神，是一种谄媚鬼神的行径，想从鬼神那里得到不当好处。与此类似的情形是，面对自己当为之事，却萎缩不前，这样的人缺乏勇之德行。此处之"义"乃是指事态对我所施加之义务。

关于这一点，董子在《春秋繁露·仁义法》中通过对比仁与义，做出了最为清楚的论述。董子首先说："《春秋》之所治，人与我也。所以治人与我者，仁与义也；以仁安人，以义正我。"仁是我对他人之仁，义则是对我的要求。谁对我的要求？董仲舒后面说："义者，谓宜

---

[1]《论语集注》，学而第一。
[2]《礼记正义》，卷五十二，中庸第三十一。

在我者。宜在我者，而后可以称义。故言义者，合我与宜以为一言。以此操之，义之为言我也。"外在的事务有其完成的正确路径，这就是事之宜。这个宜要求参与其中的我"合"之，也即采取"合宜"的行为模式。这就是"合我与宜"，我依照事务之宜确定自己的行为模式，唯有如此，事务才可被完成。见义不为，就是某个情境要求我采取特定行动，这就是此时此地之宜，而我没有行动，也就没有合我与宜，我的决策就是不合宜的。

上面讨论的是事之宜。《论语·公冶长篇》说：

子谓子产："有君子之道四焉：其行己也恭，其事上也敬，其养民也惠，其使民也义。"

这里的"义"同样是合宜。按照封建礼法，民为君每年服役多长时间、在什么季节服役，均有明确规定。依此规定使用民力，就是义；不依此规定而滥用民力，就是不义。这样的君也就是无义之君。《论语·微子篇》：

子路曰："不仕无义。长幼之节，不可废也；君臣之义，如之何其废之？欲洁其身，而乱大伦。君子之仕也，行其义也。道之不行，已知之矣。"

这里所讨论的人之宜、人之义，关于这一点，不妨引用《礼记·礼运篇》中的一段话：

父慈、子孝，兄良、弟弟，夫义、妇听，长惠、幼顺，君仁、臣忠，十者谓之人义。

父子、兄弟、夫妇、长幼、君臣各构成一对人际关系，这样的关系欲维持正常健全状态，每个人当采取特定的行为模式，比如，父对子慈爱，子对父孝敬，如此才可维持健全的父子关系。慈就是父之合宜行为模式，孝就是儿子之合宜行为模式，慈孝就是父子之人义。父、子当各尽其宜，用董子的话说，各合我于角色所要求之宜，如此，两人才能各得其分。子路所说的"无义之君"，就是不知君的角色之宜的君，这样的君当然不值得忠诚。而"君子之仕也，行其义也"的意思是说，君子仕于某个君，就是实施君臣关系要求于自己的合宜行为，且以此为限。

总结一下，儒家所说的义，就是合我于事务、于人际关系之宜。《论语·里仁篇》记孔子一句话："君子之于天下也，无适也，无莫也，义之与比。"《释文》引用汉儒郑玄的注解："适，郑作敌。莫，郑作慕，无所贪慕也。"对于天下之人与事，君子既不会无故敌视、厌恶，也不会无故贪慕，而完全以义来决定自己的态度。义就是事务或者具体人际关系所要求之合宜情感、行为。

孔子的义利之辨

孔子之前的人较少讨论义利之辨。孔子首先对此进行讨论，因为这是孔子所经历的社会大转型对新兴的君子提出之大问题。

孔子之前的封建制是一个等级社会，士以上各级封建共同体之君构成君子群体。对他们来说，有名位就有田邑，就有稳定的收入，因而不用担心财富问题，似乎也就没有义利之惑。

春秋后期，礼崩乐坏，社会趋向于平民化。孔子决定为这个平民社会培养领导者，这就是新式君子。这个君子群体的原型是封建制下的士，但现在，他们成为"游士"。其典型特征是，没有名位，没有田邑，没有稳定收入。这些新式君子必须生活且保持体面的生活，也即需要一定的财富。新式君子也需要进入政府，获得名位，才能较为有效地行道于天下。财和位是两个最重要的利。这些利均需士人付出努力才能获得，子张就曾向孔子学习干禄之术。

孔子要教导这样的游士成为君子，利却完全可能扭曲士人的行为、心灵，让其无法成为君子。《论语·里仁篇》记孔子之言："放于利而行，多怨。"如果士人以现实的物质利益作为行为的唯一指南，那就一定贪得无厌，从而引发他人之不满、怨恨，而根本没有资格充当社会的领导者。因此，能否正确地获得利益，就成为游士能否成为君子的试金石，孔子围绕义利问题进行了深入思考。

《论语·宪问篇》记载，孔子回答子路关于何为"成人"时说："见利思义，见危授命，久要不忘平生之言，亦可以为成人矣。"所谓"成人"，就是完整的人、健全的人、圆满的人。孔子说，"成人"的第一要件就是"见利思义"。《论语·子张篇》记载子张的话："士见危致命，见得思义，祭思敬，丧思哀，其可已矣。"这里的"见得思义"就是孔子所说的"见利思义"。

从这里可以清楚看出孔子义利之辨的第一层要义：君子不是不可言利。因为，即便对君子而言，利也是必要的：没有最低限度的财富，君子就无法维持生存，养活家庭；没有名位，君子行道于天下的效率就比较低下。所以，君子完全可以大大方方地求利，并享受利益。子张问干禄，引起后儒诸多争论。其实，这些争论都是无谓的，士君子当然也需要利才能生存、行道。

但是，孔子引入了一个超越于利之上的标准：义，要求君子以此判断、控制获利之行为。"思"就是反思。对于获利行为及其结果，君子应反思，依据义控制求利行为，判断利之合宜与否。义就是合宜，合乎事务或者人际关系之宜，也即判断利是不是自己应得的。

这种宜，可以从质、量两个角度来看。在君臣关系中，臣向君提供一定服务，则理当从君那里获得相应数量的报酬，这就是君臣关系之宜。臣获得这个数量的报酬，就是合宜的；如果所得多于这个数量，就是不合宜的。更进一步，臣应当向君提供合宜的服务，获得报酬才是合宜的。如果臣帮助君从事不合乎君之宜的事情，比如《论语·先进篇》记载："季氏富于周公，而求也为之聚敛而附益之。子曰：'非吾徒也。小子鸣鼓而攻之，可也。'"这个时候，冉求获得报酬就是不合宜的，乃是不义之财。《论语·宪问篇》记载："子曰：'邦有道，谷；邦无道，谷，耻也。'"邦君无道，而士人从邦君那里获得财富，乃是士的耻辱。

这个意义上的义，就是下面这两句话中的"道"：

《论语·里仁篇》：子曰："富与贵，是人之所欲也；不以其道得之，不处也。贫与贱，是人之所恶也；不以其道得之，不去也。"

《论语·卫灵公篇》：子曰："君子谋道不谋食。"

孔子把利置于义的控制下。君子可以求利，但利需接受义之审查、判断，义高于利。这就是儒家义利观之基本原则。

一旦确立了这样的价值观，君子也就可以把自己从利的纠缠中解放出来，如《论语·述而篇》记载孔子自述之生命状态："饭疏食饮水，曲肱而枕之，乐亦在其中矣。不义而富且贵，于我如浮云。"

重要的是，这样的价值观仍没有排斥利。《论语·宪问篇》记载公明贾形容孔子："夫子时然后言，人不厌其言；乐然后笑，人不厌其笑；义然后取，人不厌其取。"君子会求利、获利，但由于处之以义，故对已得之利，他完全可以心安理得。同时，合作、交易的对方以及旁观者也必然认可我所得之利，他们也愿意与我合作、交易。由此，我所能获得的利，将会不断增加。

从这个意义上说，以义制利，反而可以获得更多的利，尽管这并非君子的目的，因为，君子从仁义本身中可以获得最大的快乐。

君子喻于义，小人喻于利

上面论述中反复提到君子，下面对儒家义利之辨的社会结构意蕴略予讨论，因为，这一点通常被批评儒家义利观的人所忽视。

这方面的经典表达，就是《论语·里仁篇》所记孔子之语："君子喻于义，小人喻于利。"对这句话，可从两个不同方向理解。

第一个方向，君子-小人指地位，在此意义上，君子就是社会治理者，小人就是普通人。喻者，晓也，明也。孔子认为，庶民大约只知晓利，主要依照能否获利及利之大小进行决策。这是一个无法否认的事实，孔子承认这个事实。但是，承担社会治理之责的君子却不可混同于庶民，而应更进一层，在利之外还应知晓义，并以义控制自己的行为。关于这一含义，董仲舒在"天人三策"之第三策中所说一段话，或许是对孔子此语的最佳阐释：

故公仪子相鲁，之其家见织帛，怒而出其妻，食于舍而茹葵，愠而拔其葵，曰："吾已食禄，又夺园夫红女利乎！"古之贤人君子在列位者皆如是，是故下高其行而从其教，民化其廉而不贪鄙。

及至周室之衰，其卿大夫缓于谊而急于利，亡推让之风而有争田之讼。故诗人疾而刺之，曰："节彼南山，惟石岩岩，赫赫师尹，民具尔瞻。"尔好谊，则民乡仁而俗善；尔好利，则民好邪而俗败。由是观之，天子大夫者，下民之所视效，远方之所四面而内望也。近者视而放之，远者望而效之，岂可以居贤人之位而为庶人行哉！

夫皇皇求财利常恐乏匮者，庶人之意也；皇皇求仁义常恐不能化民者，大夫之意也。《易》曰："负且乘，致寇至。"乘车者，君子之位也，负担者，小人之事也，此言居君子之位而为庶人之行者，其患祸必至也。若居君子之位，当君子之行，则舍公仪休之相鲁，亡可为者矣。①

由此，义、利就被分配给社会结构中不同的人群：小人当然可以求利，在日常生活中按照利进行决策。君子却不可这样，君子须知义，这是君子的社会角色所要求之宜。唯有如此，君子才能超越于个人之利，站在公正立场上进行治理。在低调地承认"中人"人性之现实的基础上，孔子、儒家对君子提出了更高的德行要求：治理社会的角色决定了君子的行为之"宜"，也即君子之义。你既然居君子之位，就当行合乎君子之宜之行。由这一点发展出"国不以利为利、以义为利"的儒家治国原则，下面将对此进行讨论。

但从社会转型的角度，对这句话还可以从第二个方向理解：唯有知晓义的人才算君子，若只知晓利，则只能算小人。

君子—小人之分是儒家分析、思考社会治理问题之基本范式。这一点当然也引起现代人的反感，说儒家鼓吹人与人之不平等。这当然是误解。其实，孔子及后世儒家所思考的问题始终是：在人易被利支配的时代，如何从中养成一些君子。孔子的事业从根本上说就是在等级、地位意义上的君子群体溃散之后，塑造一个德行意义上的君子群体，让他们以德行组织、领导社会。而是否具有德行，首先看你如何对待无所不在的利之诱惑。

这也是托克维尔在《论美国的民主》中的主要关注点。托克维尔敏锐地意识到，平等的时代必盛行物质主义：

在所有国家，物质主义都是人类心智的一种危险疾病，它在民主社会中尤其危险，因为，它与这些人最熟悉的心灵之恶巧妙地结合了。

----

① 《汉书》，卷五十六，董仲舒传第二十六。

　　大众总是偏爱物质享受之乐。这种趣味如果过分，很快就会让人们相信，一切皆为物。物质主义反过来最终会驱使他们疯狂地追求这些物质享受。民主国家就这样被驱入一个致命的循环中。民主国家最好能够洞察这一危险并予以防范。[①]

　　普遍的物质主义之麻烦在于，人人只关注自己，而无意合作，如此则秩序将无从建立。因此，一个共同体要建立和维护基本秩序，就必须对普遍的物质主义精神予以节制。根据托克维尔的观察，在美国，宗教发挥了这样的作用。

　　孔子、孟子生活在平等的物质主义时代，而他们思考的问题是，如何在平民社会中塑造、树立一个君子群体，拥有组织社会治理之必要权威。孔子主要通过"学"塑造君子，孟子则要这些君子具有敏锐的道德判断力。一方面，孟子相信，人皆有"不忍人"之心，由此人皆有"四端"。这是人皆有之的，但就社会平均水平而言是比较微弱的。社会需要具有德行、知识、治理技艺之君子，而决定一个人是大人即君子或小人的关键因素，是思的意愿和能力。有些人不愿意思，不善于思，他的心灵更多地被物欲所支配，此所谓"从其小体"，以求利作为人生主要目标，这就是小人。有些人愿意思、善于思，因而能够扩充自己的四端，发育成为较为圆满的仁、义、礼、智之德，而成为君子。儒家之学的根本宗旨也就是唤醒思的自觉，发展思的能力，而令人成长为君子。

　　君子之本质特征就是不为利所动。现在人们常引用《孟子·滕文公上》中一句话说明财产权之稳固保障对于人的幸福和社会稳定之重要性："民之为道也，有恒产者有恒心，无恒产者无恒心。"人们经常忽略了，此处所说的"民"，不是指所有人，而只指小人、庶民。然而，假定社会中只有这样的人，没有人具有必要的治理知识，没有人具有公

---

① Democracy in America，vol.3，p.957—958。

共精神，那社会是无法形成和维持秩序的。所幸，社会中总会形成一些君子。《孟子·梁惠王上》这样说他们与民的区别："无恒产而有恒心者，惟士为能。若民，则无恒产，因无恒心。"这里的士当然不是一般的士，而是君子之士，也即接受过儒家之学训练的士君子。他们即便没有恒产，也仍然有恒心，也即，愿意在不能获得物质性收益的情况下关心、参与公共事务。靠着这样的士君子，即便大众只喻于利，社会秩序也会形成并维系。如果没有士君子，社会则无法形成秩序。

对孟子所说的"恒心"，《汉书·董仲舒传》记董子对江都王说过的一句话是最好的阐释："夫仁人者，正其谊不谋其利，明其道不计其功。""仁人"就是君子，"谊"就是义。与庶民、与小人相比，君子之根本特征是，明于义，以义正己之行为，而不被利所支配。这才是君子之所宜。也只有依靠这样的义，君子才能赢得人们的尊重，从而拥有组织、领导社会之道德权威。借助于这一权威，君子可以运用知识、技艺组织和治理社会。

社会结构维度上的义利之辨显示了儒家对于人性之审慎乐观。对于人性，儒家是乐观的，但绝不是天真的，而是现实的。儒家希望人人皆成尧舜，但儒家又清楚知道，不可能人人都做到这一点。事实上，大多数人可能更爱利，对义缺乏足够的敏感性。这本身并没有错，社会治理者绝不应试图消灭人的爱利之心。但是，一个社会又绝不能完全被利所支配。如果是这样，社会就不可能形成和维持秩序。因此，一个共同体总得有一些人不被利支配，而是在利之外还知道义。所谓义人，也不是不追求利，而是知道以义控制利。一个社会，唯有存在这样一批君子，才有可能建立起优良治理秩序，或者更确切地说，才有可能形成最基本的治理。于是，对于社会、尤其是平民社会来说，重要的问题就是，这样的君子如何生成？这就是儒家之学的问题意识。

但是，就像董子所说，君子必须"以仁安人，以义正我"，"义之法在正我，不在正人"。君子应当严于律己，也应当宽以待人。君子必须节制自己的欲望，却不可如此苛求别人，比如，君子不能如此苛求庶民。这就形成儒家关于治国的一个重要理念。

治民：先富后教

儒家按君子–小人区分义–利，也就自然形成了一种平实的治国理念，那就是先富之，后教之。《论语·子路篇》记载：

> 子适卫，冉有仆。子曰："庶矣哉！"冉有曰："既庶矣，又何加焉？"曰："富之。"曰："既富矣，又何加焉？"曰："教之。"

孔子师徒看到卫国人口繁庶。面对这样的社会条件，治国者该怎么做？孔子说，先富之，也即采取各种政策增加民众的收入，让民众富裕起来。在此基础上，再施行教化。

有点吃惊吧？自古就有人批评儒家的治国理想过于迂阔，现代启蒙文人则批评儒家迷信道德教化，忽视经济、财富问题，试图凭空建立"道德理想国"。这段话清楚表明，孔子从无这种想法。

孔子之后的大儒也没有这样的想法。比如，孟子在提出"无恒产而有恒心者，惟士为能。若民，则无恒产，因无恒心"的命题后，紧接着说：

> 是故，明君制民之产，必使仰足以事父母，俯足以畜妻子，乐岁终身饱，凶年免于死亡。然后驱而之善，故民之从之也轻。今也制民之产，仰不足以事父母，俯不足以畜妻子，乐岁终身苦，凶年不免于死亡。此惟救死而恐不赡，奚暇治礼义哉？

儒家大师中，孟子谈论心性最多，道德理想主义气质在孟子那里表现得最充分。然而，恰恰是孟子，比谁都重视"恒产"问题。为此，他到处鼓吹恢复井田制。你可以不同意他的方案，但他的基本思路却是很清楚的：必须首先解决庶民的物质生活问题，在此之后，才谈得上礼义教化问题。就此而言，孟子同意管子的名言："仓廪实而知礼节。"只是需要注意，孟子这里所说的是制"民"之产。孟子之所以高度重视民之恒产问题，可能恰恰是因为，他对君子-小人之分最为敏锐。君子要基于绝大多数人必然是逐利之人的现实建立良好秩序。因此，保证他们得到恒产、让他们没有衣食之虞，就是治国之第一要务。

董子在《春秋繁露·仁义法》中表达了完全相同的意思：

> 孔子谓冉子曰："治民者，先富之而后加教。"语樊迟曰："治身者，先难后获。"以此之谓治身之与治民所先后者不同焉矣。《诗》曰："饮之食之，教之诲之。"先饮食而后教诲，谓治人也。

这也是汉儒的共识。伴随着儒生担任官吏，西汉开始出现"循吏"，这些循吏接受过儒学教育，具有道德理想主义精神。但他们治理地方，总是从富民开始，其中最为典型的是西汉中期担任零陵太守、南阳太守的召信臣：

> 信臣为人勤力有方略，好为民兴利，务在富之。躬劝耕农，出入阡陌，止舍离乡亭，稀有安居时。行视郡中水泉，开通沟渎，起水门提阏凡数十处，以广溉灌。岁岁增加，多至三万顷。民得其利，畜积有余。信臣为民作均水约束，刻石立于田畔，以防分争。禁止嫁娶送终奢靡，务出于俭约。府县吏家子弟好游敖，不以田作为事，辄斥罢之，甚者案其不法，以视好恶。其化大行，郡中莫不耕稼力田，百姓归之，户口增倍，盗贼狱讼衰止。[1]

---

[1]《汉书》，卷八十九，循吏传第五十九。

召信臣为政，务在兴利富民，而后在此基础上施行教化。实际上，儒家官员清楚地知道，富民的过程本身就是教化的过程，比如，要富民就要明确产权，而这就会减少纷争。民众富裕，自然也就减少盗贼。

汉以来历代大儒为官一方，无一例外都奉行先富之、后教之的治民方略，而绝没有试图在贫困的大地上建立道德理想国。

当然，这些秉持儒家理念的循吏也绝不满足于富民，在富民之余，他们一定会教民，改进风俗，强化民众的道德、伦理意识。换言之，对于庶民，儒家也希望他们不仅喻于利，还能够在解决生存问题之后，喻于义。

这一点，是儒家政治理念不同于知识分子所理解的现代政治之处。据这些知识分子说，政府应当保持价值中立。然而，这样的理解过于浅薄。只要看一下托克维尔《论美国的民主》就清楚了，没有共同价值，就不可能维持正常社会秩序，托克维尔说：

> 民主国家之立法者和生活于民主制中的所有诚实而开明的人都必须毫不松懈地投入于提升灵魂，并将其定位于上天。关注民主社会之前景的一切人实有必要团结起来，协调步伐，持续地致力于在这些社会中扩散对永恒之爱，对庄严之热情以及对非物质性快乐之追求。[1]

托克维尔在呼吁教化，而儒家士君子之教化并不是强求于民。庶民"思"的意愿和能力固然较弱，也绝非没有。他们与君子同具有"四端"，因而，同有养成仁、义、礼、智之德的可能，并且也会认为，具有仁、义、礼、智之德乃是荣耀的事情。君子之教化就是顺着这种人心展开的，因而完全可以取得成效。这样的教化不是强迫，而是辅助、引导，创造一些合适的条件，让民众自我完善。从《汉书·循吏传》中可

---

[1] Democracy in America, vol.3, p.957。

以看到，循吏之教化，主要是借助于民间自治性组织进行的。因此，教化的过程也是民众自治发育的过程。

治国层面的义利之辨

回过头来再看义利之辨在治国层面上的含义。这一点，《大学》的讨论最为集中。

《大学》原为《礼记》中的一篇，传为曾子所作。宋明儒特别推崇，列之为四书之首，因其全面论述了儒家君子养成与发用之道，也即格物、致知、诚意、正心、修身、齐家、治国、平天下。值得注意的是，"治国平天下"章的讨论核心是政府的正当职能，而以义利之辨为中心展开，从而发展出了一种有利于市场机制运转的国家观念。我们集中讨论与此相关的两段：

> 诗云："殷之未丧师，克配上帝；仪监于殷，峻命不易。"道得众则得国，失众则失国。是故君子先慎乎德。有德此有人，有人此有土，有土此有财，有财此有用。德者本也，财者末也。外本内末，争民施夺。是故财聚则民散，财散则民聚。是故言悖而出者，亦悖而入；货悖而入者，亦悖而出。

这一段首先提出，国家稳定的根本是统治权威获得万民之认可，正是万民之认可或不认可决定着治理权之去留。而治国者若欲获得万民之认可，就必须具有统治的德行。如此则获得万民的认可，获得万民的认可即可保有邦国之土地，有人、有土，则可以生产出财富来，而民众生产出财富来，邦国也就可以获得赋税。

在这样的链条中，治国者之德乃是根本，赋税则是其结果。治国者必须认清这一次序，而不可颠倒。有些治国者颠倒两者间关系，与民争利。这样做，统治者或可积聚财富，但万民必因此对统治者离心，邦国必陷入危机。相反，假如统治者节制自己的欲望，不与民争利，而藏富于民，则国家就有凝聚力。"言"就是君主、政府对民众的要求：如果君主对万民的要求不合理，民众就会不满，甚至以叛乱来回敬。赋税如果取之无道，那也一定会被人以非常方式劫夺。

生财有大道：生之者众，食之者寡，为之者疾，用之者舒，则财恒足矣。

政府如何获得充裕的收入？《大学》从两个角度提出原则：第一，小政府、大社会、大市场。也即，政府规模较小，需要民众养活的人较少，而从事生产性活动的人较多。第二，生产效率较高，而财政支出受到严格控制。若能做到这两点，则国民财富较为充裕，政府自然不愁财政收入。

《大学》接下来讨论个体和治国层面上的义利之辨：

仁者以财发身，不仁者以身发财。……孟献子曰："畜马乘不察于鸡豚，伐冰之家不畜牛羊，百乘之家不畜聚敛之臣。与其有聚敛之臣，宁有盗臣。"此谓国不以利为利，以义为利也。长国家而务财用者，必自小人矣。彼为善之，小人之使为国家，菑害并至。虽有善者，亦无如之何矣！此谓国不以利为利，以义为利也。[1]

"仁者以财发身"，乃是因为，"义，然后取，人不厌其取"。"不仁者以身发财"，乃是因为，"放于利而行，多怨"。

---

[1] 郑玄注：发，起也。言仁人有财，则务于施与，以起身成其令名。不仁之人，有身贪于聚敛，以起财务成富。言君行仁道，则其臣必义。以义举事无不成者。其为诚然，如己府库之时为己有也。孟献子，鲁大夫仲孙蔑也。"畜马乘"，谓以士初试为大夫也。"伐冰之家"，卿大夫以上，丧祭用冰。"百乘之家"，有采地者也。鸡豚、牛羊，民之所畜养以为财利者。国家利义不利财，盗臣损财耳，聚敛之臣乃损义。彼，君也。（《礼记正义》，卷六十，大学第四十二）。

随后则讨论了治国的义利之辨。此处所引孟献子之语，与董子所引公仪子之语意思相同：治国者不可与民争利。由此，《大学》不厌重复，两度提出"国不以利为利，以义为利"。此处之利，就是物质性利益，比如税收。此处之义，当指集体意义上的宜，也即共同体内人人各得其分。而做到这一点的关键就是治国者"执中"，对所有人平等地实施正义的规则。这句话的意思就是，治国者绝不应当追求物质收入，而应当致力于公平地实施正义。这样的治国者将可以获得最大的好处：保持治理权。

这样的义利之辨构成儒家政治思想之核心理念。比如，《孟子》开篇在治国之根本原则的层面上提出义利之辨：

孟子见梁惠王。王曰："叟！不远千里而来，亦将有以利吾国乎？"

孟子对曰："王！何必曰利？亦有仁义而已矣。王曰：'何以利吾国？'大夫曰：'何以利吾家？'士庶人曰：'何以利吾身？'上下交征利而国危矣。万乘之国，弑其君者，必千乘之家；千乘之国，弑其君者，必百乘之家。万取千焉，千取百焉，不为不多矣。苟为后义而先利，不夺不餍。未有仁而遗其亲者也，未有义而后其君者也。王亦曰仁义而已矣，何必曰利？"

朱子集注：此孟子之书所以造端托始之深意，学者所宜精察而明辨也。

太史公曰："余读孟子书至梁惠王问何以利吾国，未尝不废书而叹也。曰嗟乎！利诚乱之始也。夫子罕言利，常防其源也。故曰'放于利而行，多怨'。自天子以至于庶人，好利之弊，何以异哉？"

程子曰："君子未尝不欲利，但专以利为心则有害。惟仁义则不求利而未尝不利也。当是之时，天下之人惟利是求，而不复知有仁义。故孟子言仁义而不言利，所以拔本塞源而救其弊，此圣贤之心也。"①

孟子尖锐地指出，治国者追求利，则各级官员就会被物质主义所支配。由此，他们就会相互算计，也会盘剥民众，政治秩序必然解体。基于这样的考虑，对治国者严义利之辨，构成儒家最为重要的政治理念。

基于这种理念，儒家一向主张轻徭薄赋，主张"官不与民争利"，反对政府兴办任何盈利性事业，构想各种制度约束政府的逐利之手。另一方面，儒家并不反对普通人逐利。两相结合，儒家理念完全可以为市场机制发育开辟出自由空间。历史事实也正是如此，这一点，后面将会专门讨论。

天理、人欲之辩

提到义利之辨，不能不涉及宋儒提出的"存天理，灭人欲"之说。过去一百年，知识分子对此发动了一轮又一轮攻击，有人认为，这种理念压抑了人性；有人认为，这种理念妨碍了市场。那么，这句话究竟是什么意思？

天理、人欲两个词早就有，《礼记·乐记篇》云：

人生而静，天之性也；感于物而动，性之欲也。物至知知，然后好恶形焉。好恶无节于内，知诱于外，不能反躬，天理灭矣。夫物之感人无穷，而人之好恶无节，则是物至而人化物也。人化物也者，灭天理而穷人欲者也。于是有悖逆诈伪之心，有淫泆作乱之事。是故，强者胁弱，众者暴寡，知者诈愚，勇者苦怯，疾病不养，老幼孤独不得其所，此大乱之道也。

---

① 《孟子集注》，卷一，梁惠王章句上。

是故先王之制礼乐，人为之节。衰麻哭泣，所以节丧纪也。钟鼓干戚，所以和安乐也。婚姻冠笄，所以别男女也。射乡食飨，所以正交接也。礼节民心，乐和民声，政以行之，刑以防之。礼乐刑政，四达而不悖，则王道备矣。

人为外物所引，则会产生欲望。欲望如果没有节制，人将被物所支配，从而物化。这样的人将丧失其故有的善的天性，而陷入无穷的物欲之中难以自拔。由此，他必然不能自制，侵害他人。如果社会中人人均如此，人们就会相互伤害，秩序将会解体。因此，圣人则天道、缘人情，制作礼乐，以节制人的欲望。请注意，这里并没有主张消灭人的欲望，而是节制之。

其实，孟子、董子所论也就是这个意思。孟子要求士君子以思的能力存养自己的四端，节制自己的物欲。董子则希望教化普通民众，使之有所节制。

到宋明时代，社会更加趋向于平民化，物质主义的诱惑更为繁多、强烈，人被物欲支配的可能性比以前加大。正是针对这一点，宋明儒学彰显了天理、人欲之辩。这里透露出一个规律：社会越平等，物质主义越强烈，人的堕落倾向越明显，旨在养成君子的儒家也就越加忧惧，而强调以道、以理控制欲望之必要性。托克维尔又何尝不是对现代社会的物质主义倾向深怀忧惧。

由于这种忧惧，宋明儒主张人当存天理、灭人欲。然而，天理、人欲果真如后人所理解的那样是对立的吗？不妨看看朱子的论说：

有个天理，便有个人欲。盖缘这个天理须有个安顿处，才安顿得不恰好，便有人欲出来。

"天理人欲分数有多少。天理本多，人欲便也是天理里面做出来。虽是人欲，人欲中自有天理。"问："莫是本来全是天理否？"曰："人生都是天理。人欲却是后来没巴鼻生底……"①

天生万物，皆有其理。人之一举一动，皆有其理。这个理决定合宜之行为，也即义。人顺乎理而行，就是善。人被欲望所支配，而偏离此理，行为不合宜，天理就安顿得不恰好。所谓的人欲，就是天理没有得到恰当安顿，也即人的行为不合宜。朱子举了两个例子来说明天理、人欲之别：

问："饮食之间，孰为天理，孰为人欲？"曰："饮食者，天理也；要求美味，人欲也。"②

问："父母之于子，有无穷怜爱，欲其聪明，欲其成立，此谓之诚心邪？"曰："父母爱其子，正也。爱之无穷，而必欲其如何，则邪矣。此天理人欲之间，正当审决。"③

饥而欲食，寒而欲衣，这是天理；但饥而欲得美味，寒而欲得华服，就是人欲。这样的人欲会让人焦虑，甚至不择手段。父母当爱其子，这是天理。然而，爱其子有其宜，超过这个合宜程度的溺爱，则是人欲之泛滥。这种溺爱对孩子、对自己都没有好处。

由此可以清楚看出，宋明儒并不排斥人之正当物质性欲望，只是反对人追求过分的物质享受。宋明儒担心，人的心灵因此会被物欲控制。这样的道德论说，在宋明时代，实有必要。

宋明时代，产权制度日益细致，商业日益发达，市场秩序日益完善，市场分工日益深化，生产效率有所提高，平民的生活水平也有所提高。也就是说，物质诱惑大大增加了。宋明儒思考的问题其实与托克维

① 《朱子语类》，力行，中华书局，1986年，第223—224页。
② 《朱子语类》，力行，中华书局，1986年，第224页。
③ 《朱子语类》，力行，中华书局，1986年，第232页。

尔相同：在一个平等的、因而几乎不可避免是物质主义的时代，如何维持秩序？宋明儒主张，人当提撕自己的心灵，以节制物质欲望，让自己不被物欲所吞没。那么，托克维尔呢？

心灵的完善与肉体状况的改进之间的关系，要比你所能想象的更为紧密。人们可以分开这两样东西，并逐个想象它们。但若完全把它们分开，最终的结果，不可能不是同时看不到这两者。

动物与我们具有相同的感官，且具有多少相同的欲望。动物的物质性激情，我们无不具有，这些激情的种子在狗身上和我们自己身上都可以找到。

那么，为什么动物只知道如何满足其最为原始和粗陋的需求，而我们却让我们的享受变得无穷之多，并持续地增加之？

让我们在这一点上优越于动物的，正是我们使用我们的心灵去探寻物质性财富，而它们只由本能指引……

任何能够提升、扩大、扩展心灵之物，都能让心灵更有能力在与之无关的事业上取得成功。

相反，任何窒碍或者败坏心灵的东西，都会弱化其承担一切事情的能力，从最重要的事情到最不重要的事情，并会让心灵在面对重要的、不重要的事情时都软弱无力。因此，心灵必须始终保持强壮、有力，即便只是为了能够随时以其能力和力量服务于肉体。

假如人真的只满足于物质财富，那可以确信，他们必然逐渐地丧失生产财富的技艺，他们最终必然就像动物那样享用它们，没有辨别力，也不再有进步。[①]

托克维尔的立场正是宋明儒之立场：存天理、灭人欲。

还可以更进一步说，宋明儒之主张存天理、灭人欲，乃是宋明市场

---

① Democracy in America，vol.3，p.963—964。

秩序发育、扩展的前提。很多人以为，人人追求物质利益，就可以自然形成市场秩序。这种看法错得离谱。财富不是来自人人埋头发财，而来自人们之间形成分工与交换关系，也即来自市场秩序，来自市场秩序的不断扩展、深化。而市场秩序生成、维持、扩展之核心是人们协调彼此关系，这需要所有人遵守普遍的规则。这样的规则首先是道德、伦理规则，其次是法律。交易的范围越大，对这两者的要求越高。

宋明儒主张的"存天理、灭人欲"恰恰为宋明时代大大扩展了的市场提供了普遍的规则，因为它让市场交易主体具有较为强烈的道德感和伦理意识，这一事实让市场主体可以相互信任。于是，在中国，我们可以看到一种非常重要但被人们普遍忽视的现象：儒家文化根基最为深厚的地方，比如明清时代的江南，最近几十年的钱塘江以南，其市场秩序最为健全，商业最为发达，民众也最为富裕。这个现象值得那些反儒家的文人与经济学家深思。

这个现象也提醒人们：任何一个社会，如欲形成和维持健全的社会秩序，就一定要辨义利，个体和政府都需要。那高扬义的社会，财富的生产效率反而更高，分配反而更公平。而一个人人逐利而不知义的社会，一定会在经历财富泡沫之后，进而人心败坏而失序、衰败。

【第十七篇】
儒家反市场吗？

从二十世纪八十年代开始，被中断了三十年的市场开始复苏。人们也意识到，市场机制是生产财富的最有效办法。而人们直观地看到，市场机制的发育通常是跟工商业活动联系在一起的。一些文化学者也通过中西对比研究指出，商业有助于扩展人的自由。由此，人们对商业活动形成了较为正面的评价。

带着这样的常识，人们回顾中国历史，普遍觉得十分失望。因为，历史学家近乎异口同声地说，中国古代长期实行重农轻商或重本抑末政策，也举办了诸多官营经济。这样的政策妨碍了中国的经济增长，也妨碍了社会的演进。

人们开始为这些反市场的政策寻找观念与文化根源，他们瞄上了儒家。文人、经济学家们不假思索地把重农轻商的理念归咎于儒家。很多人，尤其是接受过经济学训练的人，在很大程度上就是因为这一点而痛恨儒家。

然而，稍微研读一下文献就可发现，这两个论断都是错误的。战国以来中国就是市场制度，商业也还是相当发达的。当然，在一些短暂的历史时代，确实有重农抑商政策，但其真正的始作俑者是法家。中国历史上全面实施这一政策的时代，也只有短暂的秦代。正是法家、秦制创造了重农抑商的思想和制度传统。相反，儒家即便对商业有点疑虑，希望矫正商业造成的贫富差距问题，但总体上，儒家对商业持宽容态度，甚至为工商业及其自由而辩护。

子贡与自由市场

封建时代就有商业，事实上，商业是与文明同步诞生的，与语言同步诞生的。我们不可能设想一个没有商业的文明。

不过，在周代封建秩序中，商业也是按照封建原理运作的。商人生活在自治性共同体中，再通过与诸侯订立契约的方式，被整合进封建的治理结构中的。

春秋后期，礼崩乐坏，上述制度崩溃了，而出现了平等社会的自由商人。

第一个见诸史册的自由商人，当为孔门弟子子贡。《论语·先进篇》记载孔子说过这样一句话："回也其庶乎，屡空。赐不受命，而货殖焉，亿则屡中。"孔子感叹颜回经常陷入贫穷，子贡则经常发财。如《史记·货殖列传》所说：

子赣既学于仲尼，退而仕于卫，废著鬻财于曹、鲁之间。七十子之徒，赐最为饶益。原宪不厌糟糠，匿于穷巷。子贡结驷连骑，束帛之币以聘享诸侯。所至，国君无不分庭与之抗礼。夫使孔子名布扬于天下者，子贡先后之也。

子贡是凭着什么而富裕的？首先是"億则屡中"。朱子注："亿，意度也。言子贡不如颜子之安贫乐道，然其才识之明，亦能料事而多中也。"[1] "亿"就是奥地利学派深入讨论过的"企业

---

[1]《论语集注》，先进第十一。

家精神（entrepreneurship）"之核心特征，对利润机会之"警觉（alertness）"[1]。子贡能够敏锐地抓住利润机会，从而获得财富。

但仅有这种精神还是不够的，孔子也指出了子贡致富的另一个条件："不受命。"俞樾《群经平议》卷三十一给出比较可信的解释："古者，商贾皆官主之。若夫不受命于官，而自以其财市贱鬻贵，逐什一之利，是谓不受命而货殖。"所谓不受命就是指，不再作为某一级君之臣来经商，而是为自己经商。

这也是礼崩乐坏的现象，子贡成为自由商人之滥觞。可以说，孔子师徒不仅创造了平等社会中的学术、教育，创造了公民社会，还创造了自由商业。

从这个时代开始，中国经济大体上就是按照市场机制运转的，有经济史学家说，从战国时期起，中国经济已是一个市场经济：

中国很早就已经形成了一个市场经济。马克思经济史观所造成的重大误解之一是：市场经济是现代的经济制度。其实不然，市场经济并不限于十九世纪或二十世纪这个时代，也不以民主的政治制度为先决条件。只要私有制度发生，经济财富的所有权分散在众多的单元中，就会形成市场经济。可以有古代的市场经济，也可以有现代的市场经济。两者之间的主要区别是技术水平高低不同……[2]

一个社会只要具备了两个制度条件，其经济活动大体上就会按照市场机制运转：第一，私有产权制度。第二，人与人大体上的平等与自由流动。而春秋后期开始，华夏文明共同体开始形成这两个制度条件。

关于私有产权制度，历史学界存在着一种普遍的错误认知，那就是以为，进入文明时代以来，中国就实行私有产权制度。主流史学家把西

[1] Israel Kirzner, Competition and Entrepreneurship, University of Chicago Press, 1973。
[2] 赵冈、陈钟毅著，《中国经济制度史论》，新星出版社，2006年，第2页。

周定性为奴隶制社会，并宣称这个社会也实行私有制。战国之后是所谓"封建社会"，同样实行私有制。

这种看法充满混乱。实际上，三代行封建，而封建制的标志性特征就是不存在私有制，而是一种多层次分享的产权制度。这是封建制得以维系的基础性制度。[①]一旦土地归于某个人完整地私有，不论归领主私人相对完整地所有，还是归实际耕种的农民私人相对完整地所有，那封建制就趋向于崩溃了。只要这种状况得到法律和政治的承认，封建制就灭亡了。而政府对私有制的承认通常以普遍地对土地征税为标志。所以，鲁国实行"初税亩"及此后各国陆续实施的整顿田制、对田地或者人头征税的办法，就标志着私有制的出现、封建制的崩溃。

市场机制运作的另一制度条件是人的平等与自由流动。封建制建立在人身依附性君臣关系上；这种关系又以土地或者职位为中介物，结果，双方会同时被束缚于此中介物上，而不能自由流动：既不能在社会结构中流动，也不能在地域上流动。封建社会在本质上是静态的。

春秋后期，种种因素推动封建社会结构松动，孔子、子贡等人就是明显例证。商人、工匠、农民逐渐从封建结构中游离出来，形成"四民"。他们成为王权治理下的民，成为国王之下平等的"国民（nation）"。他们可以完整的权利支配自己的人身和财产，以完整的人格与他人订立契约，可在国境之内甚至跨国界自由流动，而政府也对他们的这些权利提供法律保护——至少东方六国是如此。

上述两个要素凑在一起，市场机制就形成并运转起来。这种市场机制既支配着农业领域，也支配着工商业。当然，人们的市场意识在工商业中表现得比较明显。

---

① 关于这一点，可参看拙著《华夏治理秩序史》，第二卷，封建，上册，第四章关于井田制的讨论。

法家主张重农抑商

但请注意，战国时代，市场机制的发育及其结果——商业的繁荣，只出现在东方六国，西方的秦国则呈现为另外一副情景：这里发展出了抑商国策，其理论阐述者则是法家。

法家从其一诞生起就仇视商业，这与其所追求的政治目标有关。法家同时追求君王的一元权威秩序与富国强兵。东方六国为了富强，普遍鼓励商业发展。但这样一来，大商人就可能分享国王权威。商鞅深刻地意识到了商业对于王权统治秩序的危害。《商君书·农战篇》列举了三种对国家有害的职业：辩学、商贾、技艺，"故其境内之民，皆化而好辩乐学，事商贾，为技艺，避农战，如此则（亡国）不远矣"。商鞅把这些统称之为无用，不仅无用，而且有害。在《算地篇》中，商鞅已清楚说明其危害所在：

故事《诗》《书》谈说之士，则民游而轻其君；事处士，则民远而非其上；事勇士，则民竞而轻其禁；技艺之士用，则民剽而易徙；商贾之士佚且利，则民缘而议其上。故五民加于国用，则田荒而兵弱。

熟读古代诗书的士人，因见多识广，必轻视、蔑视长官。民众如果掌握各种技艺，必依恃自己的专业知识，不服从管教；这些人自以为到处都可以混饭吃，所以四处流动迁徙。至于商业，对于国家安全、也即对于君王统治的危害也是非常大的。商贾之士收入较高，同时见多识广，思维敏捷，因此，他们必然不把君王的命令、权威当一回事。相反，他们的私人利益较大，非常看重这些利益，因此必缺乏服从意识。面对不合理的政策、命令，他们不会驯服，而会发牢骚，甚至公开议论、反抗。从统治者角度看，商人注定了是不安分的。

既然如此，为了建立和维持君王之单一权威，就必须消灭商业，采取重农抑商政策。商鞅为此制定了很多政策，比如《商君书·垦令篇》提出：

　　使商无得籴，农无得粜……商不得籴，则多岁不加乐……无裕利则商怯，商怯则欲农……商欲农，则草必垦矣。……重关市之赋，则农恶商，商有疑惰之心。农恶商，商疑惰，则草必垦矣。

禁止商人私自收购粮食，也禁止农民私自向商人出售余粮。同时，加重关口、市场针对商人的赋税，让其无利可图。

对商人，商君还立法予以羞辱、惩罚。《史记·商君列传》记载商鞅改革措施："僇力本业，耕织致粟帛多者复其身。事末利及怠而贫者，举以为收孥。"这里的所谓本业就是指农业。一个家庭如果积极从事耕织，向政府交纳较多粮食、布匹，就可以摆脱庶民身份，获得爵位。所谓的事末利，就是从事工商业活动。一个人若从事工商业活动，政府就将其妻子没收为政府奴婢。

不仅没收妻子，商人本身也被视为犯罪分子。比如，《史记·秦始皇本纪》记载，嬴政三十三年，"发诸尝逋亡人、赘婿、贾人略取陆梁地"。汉代有所谓"七科谪"之制，是从秦延续下来的，这是七种类型的罪人："吏有罪一，亡命二，赘婿三，贾人四，故有市籍五，父母有市籍六，大父母有籍七。凡七科也。"[1]即犯了罪的官吏，杀人犯，入赘的女婿，在籍的商人，曾在商人登记簿上登记过的人，父母曾经在商籍上登记过的人，祖父母曾在商籍上登记过的人：与商人有关者达四种，由此可见秦制抑商政策之坚决。

太史公在《货殖列传》中确实说，秦国也出过若干富人。但是，蒙

---

[1]《汉书》，卷六，武帝纪第六，颜师古注引张晏语。

文通先生已经注意到："如蜀卓氏、程郑、宛孔氏以冶铁，乌氏倮以畜牧，巴寡妇以丹穴，皆以山泽之利，而绝未有以商贾者。"[①]秦国富人都不是商人，而是从事矿业开采或者农牧业者。这一点与东方各国的富人结构形成鲜明的对比：东方的富人普遍是商人。

在打击商业的同时，商鞅采取了"驱民于农战"的国家战略，以实现君王之富与强。对驱民于农战于国家之好处，商鞅有过详尽论证，比如《农战篇》中这样说：

故先王反之于农战。故曰：百人农，一人居者，王；十人农，一人居者，强；半农半居者，危。故治国者欲民之农也……归心于农，则民朴而可正也。纷纷，则不易使也；信，可以守战也。壹则少轴而重居；壹则可以赏罚进也；壹则可以外用也。

在冷兵器时代，农民是最为出色的战士。而这一点在战国时代是非常重要的。不过，商鞅还从精神的角度论述了重农的好处。农业生产是比较单调的，它可以让人变得淳朴。农业生产也不需要什么知识，而没有知识的人士最容易支配。因此，商鞅提出，国民中农民的比重决定着国家的安危：农民比例高者，国家就安稳；农民比例低，商人、士人比例高者，君王的权力就有危险。结论很明确：一个君王如欲建立稳固的统治秩序，就要把国民变成驯服工具，那就必须驱民于农战。

由此可以看出，中国历史上的重农抑商政策实乃发源于法家，而在秦国得以系统化实施。而法家之所以采取这一政策，乃是为了愚民、弱民，把民众改造成为君王之驯服工具。

秦的专制统治很快土崩瓦解，但是，秦的这种统治理念并未随之消失，而成为中国历史上一个重要的思想与政治传统。总体上，汉以后，

[①] 蒙文通著，《儒学五论》，广西师范大学出版社，2007年，第104页。

政府还是允许商业存在与发展的。但所有追求垄断性权力的皇帝和官僚们总是本能地对商业活动保持高度警惕，并自觉地回向法家的政策，积极实施重本抑末的政策。

而积极对抗这一思想和政治传统的，却是今人所诟病的儒家。

儒家主张低税率

与法家相反，从一开始，儒家就支持市场的自由交易原则。当然不是直接支持，而是通过约束政府权力而发挥了支持市场的作用。

春秋末期，市场机制得以形成、运转，自由商业得以发育。应该说私有财产和要素流动这两项因素发育的条件是政治上的王权制，但反过来，王权制政府对企业的权力远远大于此前的封建之君对作为其臣的工、商。更要命的是，这样的权力缺乏礼的约束，而倾向于滥用。这样，自由商业与不受约束的权力同时诞生，两者之间始终存在着紧张、对立关系。而儒家一般都站在商业一边。

孔子师徒就清楚地表明了这种立场。《左传·哀公十一年》记载：

季孙欲以田赋，使冉有访诸仲尼。仲尼曰 ：“丘不识也。”三发，卒曰：“子为国老，待子而行，若之何子之不言也？”仲尼不对，而私于冉有曰：“君子之行也，度于礼，施取其厚；事举其中；敛从其薄。如是，则以丘亦足矣。若不度于礼，而贪冒无厌，则虽以田赋，将又不足。且子季孙若欲行而法，则周公之典在。若欲苟而行，又何访焉？”弗听。

季氏乃是战国时代王权的前身，他具有强烈的物质主义倾向，为了强大而拼命追逐财富，包括对土地征税。在封建制的井田制下，君保留一块土地，是为“公田”，自己的用度全部来自这块土地。其他土地赐给农民，是为"私田"，其收入全归农民。作为回报，农民要为君耕种公田。这就是孟子所说的"藉"民以力。在这种制度下，农民的负担相对固定，君、民也有休戚与共之感。开征土地税则意味着农民的负担缺乏限制，当权者可以方便地加税。由于这个原因，孔门对田税制度明确表示反对。《论语·颜渊篇》又记载：

> 哀公问于有若曰："年饥，用不足，如之何？"
> 有若对曰："盍彻乎？"
> 曰："二，吾犹不足，如之何其彻也？"
> 对曰："百姓足，君孰与不足？百姓不足，君孰与足？"

有若说明了封建制下"藉"民以力之制的好处：君与百姓可以休戚与共，当权者不易滥用权力。据此，后来不少儒家主张恢复井田制，其目的正是为了约束当权者的掠夺之手。

《论语·先进篇》记载：

> 季氏富于周公，而求也为之聚敛而附益之。
> 子曰："非吾徒也。小子鸣鼓而攻之，可也。"

新生的士人为未来的国王们承担的第一个角色就是财政专家，采取各种办法增加其收入。孔子对这样的弟子相当失望。

孟子延续了同样的观念，《孟子·尽心下》中这样说："古之为关也，将以御暴；今之为关也，将以为暴。"这是权力侵害商业自由的一种表现。在交通要道上设有关口，自古皆然。但在孟子所理想的古代社会，设关乃是为了抵御来自外部的强暴行径。而到了他那个时代，各国设关则是为了制造强暴行径。

孟子认为，对商业交易活动设置这样的障碍，必然损害所有人的利益。孟子已形成相当深刻的分工理论。比如，《孟子·滕文公下》中说：

> 子不通功易事，以羡补不足，则农有余粟，女有余布。子如通之，则梓匠轮舆，皆得食于子。

孟子的意思是说，如果没有交易活动，那就会出现这样一种景象：农民手里有一堆余粮，却没有其他东西可用；妇女守着一屋子布匹，却没有粮食吃。其他行业也一样。因此，人们之间应当交易，也即"通功易事"。这样，所有人各方面的要求均可得到较好满足。

既然自由交易可增进所有人的收益，那么，对于交易活动可以采取的唯一合理的政策就是自由。孟子理想的社会中有这么一个制度："市，廛而不征，法而不廛，则天下之商皆悦，而愿藏于其市矣。关，讥而不征，则天下之旅皆悦，而愿出于其路矣。"①孟子的这个构想，隐含着藏富于民的理想。

最有意思的是下面的一段对话。《孟子·滕文公下》记载，宋国国王派戴盈之询问治国之策，孟子提出，应当减税至十征一，去关市之征：

> 戴盈之曰："什一，去关市之征，今兹未能。请轻之，以待来年，然后已，何如？"
> 孟子曰："今有人日攘其邻之鸡者。或告之曰：'是非君子之道。'曰：'请损之，月攘一鸡，以待来年，然后已。'如知其非义，斯速已矣，何待来年？"

---

① 《孟子·公孙丑上》。

正是为了遏制王权制国家掠夺财富的倾向，《大学》的治国平天下章集中阐述了宪政主义的财政原则："国不以利为利，以义为利。"政府自我约束，控制民众财政负担，就构成儒家之基本理念，为历代儒者所坚持。

于是，中国历史上就始终存在着两种财政理念之争：一方面，皇权及其财政专家倾向于增加政府收入，西汉昭帝时期盐铁之议中，桑弘羊等财政专家为此提出的理由是："义先公而后己，民臣之职也。"儒家则通常对此表示反对，贤良文学提出儒家的财政之道："夫牧民之道，除其所疾，适其所安，安而不扰，使而不劳，是以百姓劝业而乐公赋。若此，则君无赈于民，民无利于上，上下相让而颂声作。故取而民不厌，役而民不苦。"[1]儒家总是主张控制政府财政收入，把财富留在民间。这两种立场之间的争论，后世不断重复。

儒家反对官营经济

儒家也基于不与民争利的宪政原则，反对政府兴办官营经济。由此而爆发了上面已提及之盐铁之议。

如上所述，秦制重农抑商，又经过战乱，百业萧条，刘邦君臣采取了"与民休息"的施政纲领。其哲学基础就是众所周知的"黄老之术"。黄老无为有两个要旨：第一，对秦制无为，也即全盘承袭秦制，对政体架构并未做任何调整。这包括同样采取抑商政策："天下已平，高祖乃令贾人不得衣丝乘车，重租税以困辱之。"[2]第二，汉人也以楚人宽和的精神执行秦之法度。"清静""无为"其实就是"放权让利"，放松秦式法律的执行，让曾遭秦之刑治全面压迫的民众可以喘一口气，

---

① 《盐铁论》，未通第十五。
② 《史记》，卷三十，平准书第八。

从而有休养生息的机会。对商业，"孝惠、高后时，为天下初定，复弛商贾之律，然市井之子孙亦不得仕宦为吏"。①在这种制度环境下，汉初出现经济繁荣。

但是，这种繁荣戛然而止，原因正在黄老之术。黄老之术的大前提是汉承秦制，对秦制本身不做任何根本性变动。一旦民众生产出财富来，权力就苏醒过来，对财富非常敏感。这也正是汉武帝时代的情形，《汉书·食货志上》说：

> 于是网疏而民富，役财骄溢，或至并兼豪党之徒以武断于乡曲。宗室有土，公卿大夫以下争于奢侈，室庐车服僭上亡限。物盛而衰，固其变也。是后，外事四夷，内兴功利，役费并兴，而民去本。

按照这样的概括，滥用权力聚敛财富的主体有二：一是作为个体的官员；二是皇帝，或者说他所代表、由官员组成的作为一个整体的政府。汉武帝时代一个非常重要的现象是"兴利之臣"崛起。皇权借助于兴利之臣提供的知识，采取诸多经济政策聚敛财富。它表现为多种形态，首先，政府收回货币发行权。一旦皇权掌握了垄断的铸币权，就很容易滥用这种权力解决财政问题，从而导致通货膨胀。②第二，实行国有化政策，主要是盐铁专营制度，同时建立均输制度，政府深度介入商业交易过程。第三，政府也大幅度加税。第四，直接抢夺富人财富。由于币制不断变动，商人不得不做出理性的反应，转向囤积实物。政府乃对商人课以重税。商人对此消极抵抗，由此引起了著名的"告缗"制度，也即政府加大对商人征税，同时鼓励告密，鼓励揭发隐匿财富的商人。结果，"商贾中家以上大率破"③。为了配合这些政策，皇权大量起用

① 《史记》，卷三十，平准书第八。
② 《史记》，卷三十，平准书第八。
③ 《史记》，卷三十，平准书第八。

"酷吏"。

或许可以说，武帝之前是权贵资本主义体制，财富与权力紧紧捆绑在一起。到汉武帝时代，似乎进入国家资本主义时代，皇帝和作为一个整体的政府也在聚敛财富。在权贵资本主义体制下，小商人、农民处于社会下层；在国家资本主义体制下，连大中商人也无法幸免。

儒家则同时反对这两者。董子在"天人三策"第三策最后提出，应禁止官员经商：

> 身宠而载高位，家温而食厚禄，因乘富贵之资力，以与民争利于下，民安能如之哉！是故众其奴婢，多其牛羊，广其田宅，博其产业，畜其积委，务此而亡已，以迫蹴民，民日削月朘，浸以大穷。富者奢侈羡溢，贫者穷急愁苦；穷急愁苦而不上救，则民不乐生；民不乐生，尚不避死，安能避罪！此刑罚之所以蕃而奸邪不可胜者也。故受禄之家，食禄而已，不与民争业，然后利可均布，而民可家足。此上天之理，而亦太古之道，天子之所宜法以为制，大夫之所当循以为行也。①

董仲舒也上书汉武帝，提出一系列约束权贵资本主义、国家资本主义的政策：

> 古者，税民不过什一，其求易共；使民不过三日，其力易足。民财内足以养老尽孝，外足以事上共税，下足以畜妻子极爱，故民说从上。至秦则不然，用商鞅之法，改帝王之制。除井田，民得卖买。富者田连仟伯，贫者无立锥之地。又颛川泽之利，管山林之饶。荒淫越制，逾侈以相高。邑有人君之尊，里有公侯之富，小民安得不困？又加月为更卒，已复为正，一岁屯戍，一岁力役，三十倍于古。田租口赋，盐铁之利，二十倍于古。或耕豪民

---

① 《汉书》，卷五十六，董仲舒传第二十六。

之田，见税什五。故贫民常衣牛马之衣，而食犬彘之食。重以贪暴之吏，刑戮妄加。民愁亡聊，亡逃山林，转为盗贼。赭衣半道，断狱岁以千万数。汉兴，循而未改。古井田法虽难卒行，宜少近古，限民名田，以澹不足，塞并兼之路。盐铁皆归于民。去奴婢，除专杀之威。薄赋敛，省徭役，以宽民力。然后可善治也。①

但汉武帝时代，局面并无改变。汉儒乃持之以恒地努力，到汉武帝儿子昭帝时代，终于促成"盐铁会议"之召开。《汉书·食货志下》记载：

昭帝即位六年，诏郡国举贤良文学之士，问以民所疾苦，教化之要。皆对愿罢盐铁酒（榷）均输官，毋与天下争利，视以俭节，然后教化可兴。弘羊难，以为此国家大业，所以制四夷，安边足用之本，不可废也。乃与丞相千秋共奏罢酒酤。弘羊自以为国兴大利，伐其功，欲为子弟得官，怨望大将军霍光，遂与上官桀等谋反，诛灭。

《盐铁论》中的"贤良文学"就是儒家士人，"大夫"就是为皇权聚敛的兴利之臣。《盐铁论》详尽记载两者围绕着财政问题对国家治理各个领域之政策展开的辩论。贤良文学的基本立场是，打破权贵资本主义体制，也打破国家资本主义体制。

由上面的论述可以看出，儒家诞生以来，中国的经济政策实际上由两股力量塑造：一股是法家及其所支持的确保国王、皇帝绝对统治的制度，另一股则是儒家。前者总是实行重农抑商政策，提高赋税，兴办官营商业，与民争利。后者则对此总是提出批评。当然，儒家这种立场并不纯粹基于商业、经济目的，而有其深刻的道德、社会与政治考虑，但

---

① 《汉书》，卷二十四上，食货志第四上。

这种努力确实收到了保护市场秩序的客观效果。因此，纵观中国历史，可以得出这样一个结论：法家、秦制才是市场的毁灭者，儒家才是市场的保护者。

二十世纪的历史同样可以证明这一点：当儒家被全盘消灭时，市场也被消灭。八十年代后，市场恢复，儒家也恢复。而在儒家文化保存最为完好的钱塘江以南，市场秩序相对最为健全，人民最为富庶。

士农工商

有人批评"士农工商"四民社会结构，认为这体现了儒家的等级制，也表明了儒家的抑商理念。这种理解是不准确的。

周为封建制，士有广义、狭义两个含义：狭义的士是封建等级最低的君子、贵族，为大夫之臣。广义而言，士通指整个君子阶层。士与庶民相对，庶民则包括农、工、商。士、民确实是两个等级，不可逾越。

春秋后期，这种等级制崩溃，士、农、工、商都从封建结构中释放出来，成为自由人。这是当时四种最主要的职业，于是就有了"四民"之说。相对于"官"而言，他们都是民，正在兴起的王权治下之国民。较早提出士农工商四民概念的著作，大约是《管子》。值得注意的是，《荀子·王制篇》中的排列次序是"农士工商"，似乎表明了荀子与法家思想相通之处：重农，不惜抑制士。

汉以来，人们开始广泛使用这个概念，它也就成为描述战国以来中国经济社会形态的一个恰当词汇，比如，钱穆先生为了反对战国以来封建说，就反复说明，中国是四民社会。从制度上说，四民只是职业之分，而非等级。

不过，确实应当承认，在士农工商的排列上，儒家赋予了其价值排序的含义，而这种排序是十分合理的。

汉初人都注意到一个现象：春秋后期，封建制崩溃，自由商业兴起，并对社会各个阶层产生了巨大诱惑："其流至乎士庶人，莫不离制而弃本，稼穑之民少，商旅之民多。"①《汉书·货殖传上》所收录贾谊、晁错、董子的文书，都提到过这一点。而在当时的秦制政体架构中，商人和官员形成了紧密的合谋关系。

面对这种局面，儒家普遍主张重农抑商。但请注意，儒家从来没有主张消灭商人。事实上，上引董子就提出，"盐、铁皆归于民"。更进一步，董子基于社会结构维度的义利之辨，主张君子应当拒绝利，而汲汲于仁义。同时，董子也建议，政府禁止官员经商，同时给儒生进入政府开辟通道。董子希望以此改造政府，让政府不再以利为利，而以义为利。

大约从这个时候起，形成了价值排序意义上的"士农工商"，且大体上制度化。士指士君子，在性质上不同于农工商。儒家认为，应当让士君子在社会治理架构中居于主导地位，因为，"君子喻于义"。士君子超越于小人逐利活动之上，致力于以正义的规则治理这类活动，或者是在社会中，或者是在政府中。

士之外的三种人，在儒家的社会分类中属于"小人"，"小人喻于利"。儒家绝不反对这些普通民众追逐物质性利益。儒家施政总是"先富之"。那么，为什么把"农"排在"商"之前？这恐怕是因为，农民占到人口的绝大多数，他们是国家秩序安宁之本。当国家危难的时候，他们也是兵员。而他们的职业决定了他们最为辛苦，收入又最低。因此，在政治之价值观上必须抬高他们，更仔细地保护他们的权益。

但这样一来，商人也就被排到了最后。总有人说，这样的价值偏好妨碍了工商业的繁荣，从而妨碍了市场制度的发育和现代制度的出现。他们的理由是，在西方社会，商人是社会领导者，正是商人推动了现代

① 《汉书》，卷九十一，货殖传第六十一。

民主、法治制度的建立。

这种说法是十分荒唐的。西方古典社会不可能是商人充当社会领导者，即便在雅典；中世纪也只有一些城市是商人发挥作用。商人政治地位的普遍提高只发生在十六世纪以后的现代社会，但被人们大大忽视的一点是，当商人扮演社会领导者角色之时，他们其实就不是商人了。

亚当·斯密是现代经济学之父，但恰恰是他，对于商人的弱点有十分清楚的认识，他说过这样一句精辟的话："论气质之不相容，无过于商人与君主。"①斯密以统治印度的东印度公司为例说：

> 然而，一群商人似乎没有办法自居为主权者，即便他们已然居于这种地位。他们依然把贸易，也即买进卖出，视为自己的首要事业，以一种令人惊讶的愚蠢，把这种主权者身份仅当作其商人身份之附属……
>
> （殖民地的）行政管理必然由一个商人委员会组成，这个职业无疑是极为令人尊敬的，但在这世上任何一个国家，这职业都没有带来这样一种权威：自然地让人民顺服，不用暴力就让他们的意旨被服从。这样一个委员会只能借助于附属他的军事暴力，才能让人服从，因而，他们的政府必然是军事性的、专断的。②

商人心智与立法者、社会治理者的心智是异质的。商人在决策时，仅关心个人的物质性利益之得失，也即以利为利。而立法者、社会各个层面的治理者则需要公共精神，简而言之，需要以义为利。故商人心智不适宜于承担立法、治理的责任。

不过，这倒也并不等于说，商人不能从事治理活动。事实上，社会治理的相当部分依赖于商人。但是，那些恰当地承担了治国责任之商

① Adam Smith，An Inquiry into the Nature and Causes of the Wealth of Nations，vol. 2，Liberty Classics，1981，p.819。
② An Inquiry into the Nature and Causes of the Wealth of Nations，vol. 2，p.637—638。

人，都经过了一番社会角色的转换，也即，从商人提升为君子或者西人所说之绅士。他们已不再以商人的身份，尤其重要的是，不再以商人心智进入社会治理领域。他们是以君子或绅士之身份、心智从事这些工作的，由此，他们就不再以利为利，而是以义为利。

更进一步说，任何一个社会，若把财富视为最高价值，把创造财富的人奉若神明，那这个社会的价值观一定会向下坠落。这并不是说，围绕着财富而展开的商业活动本身有道德上的瑕疵，伟大的商人甚至具有崇高的道德追求。尽管如此，财富毕竟带有强烈的物质性，普通大众可能无法抵御物欲的诱惑，因此，就社会整体而言，必须把道德本身置于最高层面，并尽可能让人们以义控制逐利活动。

这就是士农工商之价值排序的社会功能所在。这种排序鼓励商人提升为士君子。当然，它也鼓励农民等职业者提升自己为君子。在古代社会，不少农家子弟通过求学而成为士君子，从而形成"耕读传家"的传统。换言之，士农工商的价值排序旨在引导所有人向德行意义上的士君子提升。由此，所有人都在自我提升，社会也就具有了形成和维持秩序的精神驱动力。

【第十八篇】
儒家主张平均主义吗？

二十世纪八十年代，集中计划体制松动，市场化改革呼声四起。经济学家总结集中计划体制的一大特点是平均主义。他们开始批判平均主义，总会以孔子一句话作为靶子："不患寡而患不均。"他们说，你看，儒家有平均主义观念，这种观念就是二十世纪中期平均主义泛滥的文化根源。

这种看法是混乱的。首先，二十世纪中期的分配制度整体上说并不是平均主义：计划体制的本质性特征是单一中心之权力控制和分配一切资源与利益，它一定会根据每个人的身份分配资源和利益，因而不可能是平均的。相反，集中计划体制建立了一套系统的等级制度：干部与工人，城市与乡村，人民与敌人，乃是不同的政治身份，据此身份分别享有不同的待遇。确实，在同一等级内部，各成员的所得可能是平均的，但这种平均附属于等级制的大框架。

即便这种体制的分配原则确实是平均主义，它也与儒家毫无关系。本书再三运用的君子—小人之辨的儒家社会政治分析范式，已清楚表明儒家的温和精英主义立场，这样的儒家不大可能支持平均主义。

那么，儒家对于财富分配的态度究竟是什么样的？本篇将通过疏解儒家圣贤之思想，对此略作探究。

孔子：不患寡而患不均

人们经常引用的"不患寡而患不均"一语，出自《论语·季氏篇》：

丘也闻：有国有家者，不患寡而患不均，不患贫而患不安。盖均无贫，和无寡，安无倾。

下面将会引用的董仲舒一段论述援引孔子这句话，字序略有不同："孔子曰：不患贫而患不均。"那么相应地，下一句就应当是"不患寡而患不安"。这样的字序也与下面的"均无贫，和无寡"相对应，因而更为合理一些，目前定本的字序可能是魏晋以来传抄舛错所致。[①]如此，孔子整段话应当是：

丘也闻：有国有家者，不患贫而患不均，不患寡而患不安。盖均无贫，和无寡，安无倾。

国，诸侯国；家，卿大夫之家。这是封建时代两个最为重要的治理单位。有国者，就是治理邦国之诸侯；有家者，就是治家之卿大夫。贫，财富较少。现在的核心问题是：均是什么意思？是现代意义上的"平均"吗？

《说文解字》："均，平遍也。"段玉裁注："平者，语平舒也，引申为凡平舒之称。遍，布也。平遍者，平而布也，言无所不平也。"再来看经书中之例证。《诗经·小雅·北山》中有这样一句：

---

① 前儒持有这种看法，参看程树德撰，《论语集释》，中华书局，1990年，四，第1137—1138页。

溥天之下，莫非王土。率土之滨，莫非王臣。大夫不均，我从事独贤。

毛传：溥，大。率，循。滨，涯也。贤，劳也。

郑玄笺云：此言王之土地广矣，王之臣又众矣，何求而不得，何使而不行！王不均大夫之使，而专以我有贤才之故，独使我从事于役。自苦之辞。[1]

朱子传：言土之广、臣之众、而王不均平，使我从事独劳也。[2]

现代知识分子、甚至学者普遍把"溥天之下，莫非王土。率土之滨，莫非王臣"视为土地王有、国有或者王权专制理念的表达。这当然不准确。封建之地制既不是国有、王有，政治上也没有王权专制。确实，在名义上，全部土地属于周王，但除了王室自有领地，畿外其他土地，周王分封给诸侯，畿内其他土地，也会分封给王室公卿大夫。作为回报，公卿大夫、诸侯对周王承担确定的役务，这由礼法所保证，礼法同时约束周王和大夫。这首诗就是一位大夫自述其心态。当时，礼法松动，周王滥用权威，不能同等地对待大夫，让他们分担役务，而是畸轻畸重。这就是不均。郑玄对"我从事独贤"的解释有点牵强，王肃反驳说："此大夫怨王偏役于己，非王实知其贤也。"[3]不均就是偏。深味此处的不均，实有两层含义：第一层含义，周王不顾礼法之规定，对这位大夫施加了额外的负担；由此造成第二层的不均：大夫之间的负担不均。

由此可以看出，古典的均不是现代意义上的平均，而是均衡、公平。朱子解释孔子所说的"均"为"各得其分"，比较准确。孔子的意思是说，治理国家者，不必担心财富总量较少，真正应当担心的是人们是否各得其分。若做到这一点，人们之间当然会有财富多寡的差异，但是，这种差异不会太大。最重要的是，人们可以接受这种差异。这就是

---

① 《毛诗正义》，卷十三，十三之一。

② 《诗经集传》，卷五。

③ 《毛诗正义》，卷十三，十三之一。

"均无贫"。这里的贫，既指财富数量，也指人的心态。

寡，人口数量寡少。古典时代人口稀少，人力资源最为珍贵，贵族们竞相吸引人民。孔子说，治理者不必在意人口数量是否寡少，而应当在意人民是否安宁。如果人民安宁，则国家就不会倾覆。那么，安宁从何而来？安宁来自于"和"，也即人与人之间的协调：民与君的协调，民之间的协调。共同体若保持和的状态，即便人口较少，也能具有较强力量。

经由上面的疏解可以看出，孔子的话并无一点平均主义之意。孔子也并没有说，财富数量对于家、国就不重要。孔子的治国纲领首先是"富民"，其次才是"教民"。所以，孔子当然重视财富之多寡。但是，孔子不是物质主义者。孔子认为，财富欲有助于个人幸福与国家安宁，至关重要的是人们对财富分布状况的认可，而这种认可来自于每个人各得其分，来自于社会在整体上没有明显的畸贫畸富现象。

大同世界的财富分配

《礼记·礼运篇》的大同章也集中表现了儒家的财富分配观。

大约自康有为《大同书》以来，"大同"就成为现代历史上具有重大影响力的观念。对于大同的理想世界，现代人普遍地做一种财产公有、国有式理解。这样的理解是不准确的。

首先来看一下《礼运篇》关于大同世界的描述：

大道之行也，天下为公。选贤与能，讲信修睦，故人不独亲其亲，不独子其子，使老有所终，壮有所用，幼有所长，矜寡孤独废疾者，皆有所养。男有分，女有归。货恶其弃于地也，不必藏于己；力恶其不出于身也，不必为己。是故，谋闭而不兴，盗窃乱贼而不作，故外户而不闭。是谓大同。

这短短一百多字的内容极为丰富，这里只讨论与财富有关的几句话。首先值得关注的是："货恶其弃于地也，不必藏于己；力恶其不出于身也，不必为己。""货"与"力"是两种资源。人世间的资源无非就是这两种：自然资源与人力资源。这两种资源恰当地配置，并充分发挥作用，财富就会被高效地生产出来，社会就会较为繁荣。

那么，这些财富如何分配，才同时有助于个体的幸福和共同体的繁荣？大同章提出了两个"不必"。大同章在前面提到了"人不独亲其亲，不独子其子"，在后面又提到了"谋闭而不兴，盗窃乱贼而不作，故外户而不闭"。短短一百多字，竟然出现了七个"不"。

这是一个值得重视的修辞技巧。一般认为，大同章描述了一个儒家式理想社会。人类历史上几乎所有伟大的理想者或者幻想家，比如柏拉图、托马斯·莫尔，都喜欢通过肯定的方式展示其理想社会图景。儒家却与此完全不同，大同章是通过否定的方式来描述其理想的：它一口气说了七个"不"。我相信，现代的思想家都忽略了这一点，由于这一忽略，他们对大同理想的理解恐怕全错了。

简单地说，这七个"不"表明，儒家的理想是平实的、低调的。儒家对人性的看法是中道的，绝不幻想人间可以达至天堂，人间只要比现状好一些就够了。从根本上，这样的理想是立基于人性的，当然是儒家的人性观。

"不独""不必"的含义相差不大，意思都是"不完全是""不只是"。具体到我们上面讨论的两句话，"不必"的含义是非常清楚的：每个人积极利用自然财富，但由此所产生的收益，不必完全藏于己；每个人生产出来的财富，不必完全是为了自己。

由此可以分解出两层含义，第一层，每个人生产出来的财富，首先还是属于自己的，并且是为自己的。尤其是对于普通人，也即孔子所说的"小人"、孟子所说的"治于人者"来说，更是如此。也就是说，儒家并未主张过财产的公有制、官有制。这一点乃是儒家的基本逻辑。儒家最常提及的经济政策是"官不与民争利"，这也就意味着，利的事情是专属于民的。换言之，财富的创造活动乃是私人的事情，私人自然也应当安全地保有自己的财富。

不过，儒家也绝不是现在的经济学家，把私人产权和私人财富神圣化。在儒家看来，人具有社会性，这种社会性内在于人的存在本质中。孔子所说的仁也就是人与人相互以人相对待，孟子说，"人皆有不忍人之心"，因此，人天然地会关心他的邻居、同胞，也即具有"老吾老以及人之老，幼吾幼以及人之幼"之情。由此，人天然地具有共同体感，具有"公民"意识。那么，从一开始，他们的生产活动就不只是为了自己，同时也是为了其他人。因而，个体生产的财富天然是具有共享性的。

按照儒家由己推人的伦理观念，这个共享是有等差的。人首先会与家人共享财富，由此形成维持中国文明强大生命力的家庭福利机制。随后，不忍人之心会向外扩展，人们与陌生人共享财富，由此形成慈善公益机制。不过，首先应当帮助的是那些家庭不够完善的人。对此，大同章说得很清楚："矜寡孤独废疾者，皆有所养。"矜，同"鳏"，无妻者；寡：无夫者；孤：幼而无父者；独：老而无子者。此四者乃是"无告者"，也即，他们的家庭结构都不完整，尤其是缺乏核心成员，所以，家庭内部无法提供互助性福利。儒家相信，家庭才是最重要、最基础的社会福利单位。当然，对于严重的意外，儒家也认为应当予以救济：废，残废；疾，疾病。这些可能给家庭带来沉重的负担，共同体应当分散这些家庭的风险。

由此可以看出，儒家绝不主张在所有人中间平均财富，儒家并不主张福利国家。在儒家的理念中，那些有劳动能力的人不应指望政府养活。政府负有养活责任的人只是弱者，更准确地说，是那些家庭结构不健全的人。

在儒家看来，只要做到了上面几点，整个社会也就做到了"人不独亲其亲，不独子其子"。人们还是首先亲自己之亲，爱自己之子。但是在此之外，人也会亲他人之亲，爱他人之子。这两者共同构成人的天性。

总之，《礼运》大同章根本没有财富公有、国有的含义，也没有在人群中平均财富的含义。财富是由私人生产的，因而首先是私人占有、享受的。不过，人天然具有仁心，因而，私有的财富同时具有共享性。这同样是人的自然倾向。人们享有的财富同时具有私、公两个品性，前者关联于人的自由，后者关联于共同体生活。正是这一点，构成自愿的社会以及最低限度的政府的福利制度的人性基础。

孟子：制民之产

孟子生活的时代大大不同于孔子，贫富分化已成为严重的社会问题，因而，孟子对财富分配问题的讨论，更为具体。

孟子是"心性之学"的创始者，但可能出乎很多人意料，孟子十分关注财富分配问题。孟子曾对梁惠王提出过一套富民进而安民的制度设想：

无恒产而有恒心者，惟士为能。若民，则无恒产，因无恒心。苟无恒心，放辟邪侈，无不为已。及陷于罪，然后从而刑之，是罔民也。焉有仁人在位罔民而可为也？是故，明君制民之产，必使仰足以事父母，俯足以畜妻子，乐岁终身饱，凶年免于死亡。然后驱而之善，故民之从之也轻。

今之制民之产，仰不足以事父母，俯不足以畜妻子；乐岁终身苦，凶年不免于死亡。此惟救死而恐不赡，奚暇治礼义哉？王欲行之，则盍反其本矣？五亩之宅，树之以桑，五十者可以衣帛矣。鸡豚狗彘之畜，无失其时，七十者可以食肉矣。百亩之田，勿夺其时，八口之家可以无饥矣。谨庠序之教，申之以孝悌之义，颁白者不负戴于道路矣。老者衣帛食肉，黎民不饥不寒。然而不王者，未之有也。①

孟子的讨论以君子–小人之分为基本范式，治国之本，在于让占人口绝大多数的庶民享有稳定的产权保障，从而解决温饱问题。所谓"制民之产"，也就是明晰庶民的产权，并予以有效的保障。这是孟子构想的社会治理之基本原理。

孟子清楚地指出他所生活的时代之特征：在王权制时代，由于权力没有受到有效约束，庶民的产权缺乏有效的保障，因而，他们生活在贫困之中。这样的庶民不可能是优良国民。那么，如何得到善良、可信的国民？孟子建议，制民之产，授予庶民以一定财产，并保障其产权。在庶民温饱有所保障之基础上，再施行教化。

孟子又更为具体地为滕文公设计过一套恢复井田制的规划：

子之君将行仁政，选择而使子，子必勉之！夫仁政必自经界始。经界不正，井地不钧，谷禄不平。是故，暴君污吏必慢其经界。经界既正，分田制禄可坐而定也。夫滕，壤地褊小，将为君子焉，将为野人焉。无君子，莫治野人；无野人，莫养君子。请野九一而助，国中什一使自赋。卿以下必有圭田，圭田五十亩。余夫二十五亩。死徙无出乡，乡田同井，出入相友，守望相助，疾病相扶持，则百姓亲睦。方里而井，井九百亩，其中为公田。八家皆私百亩，同养公田。公事毕，然后敢治私事。所以别野人也。此其大略也。若夫润泽之，则在君与子矣。②

---

① 《孟子·梁惠王上》。
② 《孟子·滕文公上》。

战国以来，市场机制就开始运转，但法律、政治制度的不健全导致贫富分化。封建制的问题是等级制，人与人有身份上的区别；后封建制的问题则是贫富分化，如蒙文通先生所言："贫富阶级，盖代贵贱而兴，此固治术之一巨变也。"[1]针对这一严重社会问题，孟子提出恢复井田制。这种制度固然有很多缺陷，比如，缺乏经济效率，但是，它有着极为明显的好处：第一，农民的负担较轻，如孟子所说："夏后氏五十而贡，殷人七十而助，周人百亩而彻，其实皆什一也。彻者，彻也；助者，藉也。"[2]第二，农民的负担相对固定。这与封建的法律之治——在西周春秋就是礼制——有关，兹不赘述。并且，这样的经济体制也构造了一个社会自治单位，一个文化与情感共同体。在这种共同的生活世界中，君子与农民之间、农民与农民之间形成强烈的休戚与共的"共同体感"。

孟子之后，凡关心庶民生活、关心贫富问题的儒者，几乎无不主张复井田。他们相信，这是一种可以保障庶民基本生活、控制贫富分化的方案。关键是"制民之产"，让每一个人都有一份稳定、可靠的恒产，他可以依靠这份恒产解决自己的生活问题，进而解决礼义文明问题。孟子方案之关键是恒产在人群中均衡、稳定地分布，让每个人自食其力，让每个家庭成为自主的经营主体。而同时，作为经营主体的家庭之间又保持紧密的社会、文化联系。

当然，有很多人，比如董子、程子、朱子，对于复井田的可能性均表示怀疑。但是，井田制中隐含的公平原则，则始终具有强大吸引力。这一点也不奇怪，因为，面临着严重的贫富差距，具有仁者之心的儒者必须寻找解决方案。

---

① 《儒学五论》，第110页。
② 《孟子·滕文公上》。

董仲舒：贫富相安

贫富分化问题到董仲舒时代已相当严重：

古者，税民不过什一，其求易共；使民不过三日，其力易足。民财内足以养老尽孝，外足以事上共税，下足以畜妻子极爱，故民说从上。至秦则不然，用商鞅之法，改帝王之制。除井田，民得卖买。富者田连仟伯，贫者亡立锥之地。又颛川泽之利，管山林之饶。荒淫越制，逾侈以相高。邑有人君之尊，里有公侯之富，小民安得不困？又加月为更卒，已复为正，一岁屯戌，一岁力役，三十倍于古。田租口赋，盐铁之利，二十倍于古。或耕豪民之田，见税什五。故贫民常衣牛马之衣，而食犬彘之食。重以贪暴之吏，刑戮妄加。民愁亡聊，亡逃山林，转为盗贼。赭衣半道，断狱岁以千万数。汉兴，循而未改。①

据董子分析，贫富差距扩大乃至贫富分化有两大原因：第一，政府以赋税盘剥，大量庶民陷入赤贫状态。第二，部分人尤其是商人，依靠权力，积累巨额财富。这两个因素叠加，整个社会的贫富分化触目惊心。

如孔子所预言的，这种状况让社会显然不"和"、不"安"，董仲舒在《春秋繁露·度制篇》中对此问题专门进行讨论：

孔子曰："不患贫而患不均。"故有所积重，则有所空虚矣。大富则骄，大贫则忧。忧则为盗，骄则为暴，此众人之情也。

圣者则于众人之情，见乱之所从生。故其制人道而差上下也，使富者足以示贵而不至于骄，贫者足以养生而不至于忧。以此为度而调均之，是以财

---

① 《汉书》，卷二十四上，食货志第四上。

不匮而上下相安，故易治也。

今世弃其度制，而各从其欲。欲无所穷，而俗得自恣，其势无极。大人病不足于上，而小民羸瘠于下。则富者愈贪利而不肯为义，贫者日犯禁而不可得止。是世之所以难治也。

春秋晚期卫国贤人史鳅曾谓："富而不骄者鲜。"[1]更何况，汉初富豪之巨额财富经常来自特权。特权和巨额财富让他对自己的能力产生了一种虚幻的信心，这信心让他睥睨世人，所谓"骄"：他藐视一切规则，蔑视权力和财富不如他的人。最终，他蔑视人本身，因此而胡作非为，此即"为暴"。反过来，"大贫则忧"，生活压力本身就会使人心态焦虑。富人的骄横则会火上浇油，给穷人带来更多压力。如果一个人的财富完全被剥夺，此即"大贫"，那他就可能成为盗贼，走上反社会之路。

也就是说，一个大富、大贫同时存在的社会，将无法保持基础性秩序。上层是极少数富人，他们蔑视一切规则，蔑视一切人，放纵自己的各种欲望。下层是大量穷人，他们是财富竞赛中的失败者。由于这个社会把财富当成价值的唯一标准，因此，富人认为——他们自己也认为自己的人生是全盘失败的。对这个社会，他们将没有什么忠诚。也就是说，在一个贫富差距过大的社会中，没有一个人愿意对秩序负责：富人蔑视秩序，普通穷人漠视秩序，绝望的穷人则仇视秩序。如董子所说，"富者愈贪利而不肯为义，贫者日犯禁而不可得止"。这样的社会不可能维持优良秩序，秩序倾向于解体。

一个社会要保持基本秩序，就必须通过各种手段，设计各种制度、机制，把贫富差距控制在适度的水平。至于"适度"的标准，董子也提出了："富者足以示贵而不至于骄，贫者足以养生而不至于忧。"董子并没有主张平均主义，而是主张一种温和的调节政策：

---

[1] 《左传·定公十三年》

古井田法虽难卒行，宜少近古，限民名田，以澹不足，塞并兼之路。盐铁皆归于民。去奴婢，除专杀之威。薄赋敛，省徭役，以宽民力。然后可善治也。①

董子十分理性，他知道，周代的井田制已难以重建，那么应当退而求其次，实行"名田制"，颜师古注曰："名田，占田也。各为立限，不使富者过制，则贫弱之家可足也。"也即政府限制富豪占有土地的上限，以此确保穷人尚可有一线生机。同时，董子也建议，政府减少赋税劳役，减轻民众负担。

董子之建议未被采纳。一百多年后，师丹再度提出了名田制建议：

哀帝即位，师丹辅政，建言："古之圣王莫不设井田，然后治乃可平。孝文皇帝承亡周乱秦兵革之后，天下空虚，故务劝农桑，帅以节俭。民始充实，未有并兼之害，故不为民田及奴婢为限。今累世承平，豪富吏民訾数巨万，而贫弱俞困。盖君子为政，贵因循而重改作，然所以有改者，将以救急也。亦未可详，宜略为限。"天子下其议。丞相孔光、大司空何武奏请："诸侯王、列侯皆得名田国中。列侯在长安，公主名田县道，及关内侯、吏民名田皆毋过三十顷。诸侯王奴婢二百人，列侯、公主百人，关内侯、吏民三十人。期尽三年，犯者没入官。"时田宅奴婢贾为减贱，丁、傅用事，董贤隆贵，皆不便也。诏书且须后，遂寝不行。宫室苑囿府库之臧已侈，百姓訾富虽不及文景，然天下户口最盛矣。②

对于贫富分化，儒者总是忧心忡忡。不仅因为这会危害社会秩序，也因为，儒者不忍庶民在困苦中生活。因此，儒者确实希望政府采取一些措施，控制贫富差距。但是，由于权贵的阻挠，这一政策仍然不能实施。

---

① 《汉书》，卷二十四上，食货志第四上。
② 《汉书》，卷二十四上，食货志第四上。

不过，后来倒确实出现过国有制基础上的土地均分制。这就是北魏初创、延续到唐中期的"均田制"。实行均田制的前提是经过战乱，人口锐减，大量土地抛荒，土地产权归属混乱。此时，政府有条件宣告土地为国有。然后，政府在国民中均分土地，以达到人力与土地相匹配的目的。然而，此制通常会衰败。一旦承平日久，人口繁衍，地少人多，这种制度也就无法维持下去。这就是唐代中期均田制崩溃的原因。[①]此后，土地又恢复了私有制。宋明儒则继续坚持其对贫富分化予以控制、调节的立场。

由此可以看出古代社会财富观的一种有趣分立。战国以来，中国即实行土地私有制，土地可以自由转让、买卖。而权力没有受到有效约束，不少官员就借助权力占有土地，此即古人所说的"兼并"。他们反对限制土地占有量的任何政策，表面上看起来，是在主张自由放任政策。儒家则认为，权贵兼并意味着底层民众丧失维生之计，从而危害社会秩序。因此，儒家通常主张对此予以限制。儒家提出的办法有多种，最彻底的是实行井田制。但大多数儒者都意识到，这几乎不可能了。于是，他们大多数主张对土地占有数量予以限制，以保障底层民众能够维持生计。也即，儒家主张一种温和的财富调节政策。

由此，我们看到一个在经济问题上力图保持中道的复杂的、丰富的儒家。儒家是与财产私有制、市场机制、王权制同时出现的。一方面，儒家担心掌握着巨大权力的政府败坏，因而主张"国不以利为利，以义为利"，官不与民争利，"君子喻以义"，而把逐利之事完全交给庶民，从而维护着私人财产制、市场活动与工商业之自由。

但另一方面，面对着人群中贫富差距拉大，乃至于贫富分化、社会面临失序等问题，儒者基于其仁心，又主张政府予以干预。儒家相信，大富和大贫都会扭曲人的心灵。因此，从孔子开始，历代儒者都在积极

[①] 关于此制兴衰之分析，可参看《中国经济制度史论》，第32—62页。

谋划办法，应对贫富分化问题。比较理想主义的儒者主张恢复井田制，均田制就是井田制的一种形态。但大多数儒者认识到，这种制度只能施行于特定时期，也即战乱之后地广人稀的环境，一旦人多地少，就不可能维持这种制度。因而，务实的儒者就采取了一个中道的政策组合：承认私有制，但对私人拥有的土地上限予以限制。

这就是儒家财富分配观的完整内容。儒家承认，人与人不同，故每个人的财富拥有量肯定会有所不同，政府应当对此予以保护。但是，贫富差距绝不能太大，为此，政府可以对财富占有状态采取一些限制性措施。尤其是那些无告者应当获得援助，以维持基本生存。为此，社会或者政府应当采取一些救助、福利措施。儒家的财富分配观不是公有的、平均主义的，而是在承认财产私有、市场机制之基础上实行温和的再分配政策。

附录

【第一篇】
走出概念牢笼，温情对待传统
——与易中天先生商榷

2011年1月20日，《南方周末》刊发易中天先生针对杜维明、袁伟时两先生对话《究竟怎样对待中国传统文化》撰写的批评：《我们从儒家那里继承什么，又该怎样继承》（以下简称《继承》）。易先生依据自己对儒家若干观念的理解，向身处于深度精神迷茫之中的当代国人，推荐了一个在现代语境中处理儒家价值、观念传统的方案：以共同价值为标准，抽象继承为方法，现代阐释为途径，以解决"继承什么"和"怎样继承"的问题。

这方案听起来相当耳熟，看起来相当完美。但恕我直言，这个方案充满了现代人的傲慢，这样的傲慢将让中国人无法完成现代文化与精神秩序的构造工作。

本拟对此提出批评，因忙于研究，半途搁笔。近日，易先生发表《这样的"孔子"不离奇吗》，针对拙作《你可能不认识的孔子》就孔子做出的几乎每一个判断，均提出质疑。其中牵涉诸多关于古典中国历史、儒家理念源流的具体问题，如一一回答，需几大本书——这也正是笔者目前研究的主题。而易先生该文与前文具有共同的思考取向，这样的思考取向在现代中国十分盛行，严重妨碍国人以开放心态对待传统。本文也就针对这一点略作议论。

历史主义的傲慢

通观《继承》一文，或可确定，易先生立论的哲学基础大体上是历史主义。比如他说：孔孟的所有思想，所有概念，都有时代的背景和历史的语境。儒家的很多东西恐怕都是"馊了的饭菜"。某些已经死去的，比如三纲五常、三从四德等等，就让它"死在沙滩上"，用不着再去"创造性转化"。

这样的话，在过去大半个世纪出品的历史、哲学史、思想史著述中随处可见，它几乎是所有知识人谈论历史人物、古代观念的口头禅。因为，过去一个世纪，国人一直在接受历史主义哲学教育。

这种历史主义绝非新事物，法家早有阐述。《商君书》开篇即提出作为法家变法理论的哲学依据："前世不同教，何古之法？帝王不相复，何礼之循？伏羲、神农，教而不诛；黄帝、尧、舜，诛而不怒。及至文、武，各当时而立法，因事而制礼。礼法以时而定，制令各顺其宜，兵甲、器备各便其用。"新时代需要新法律、新制度，为此必须毫不犹豫地抛弃、摧毁旧法律和旧制度。

我相信，绝大多数国人会觉得，这些话正确、精彩。只不过，接下来的一段话便露出了杀机："夫常人安于故习，学者溺于所闻。此两者所以居官守法，非所与论于法之外也。"制度乃是因时而变的，没有任何恒常性，因而也就没有任何客观性。因此，法律、制度就是工具，作为立法者的统治者则在律法之外。统治者可按照自己对"时"、对"事"的理解，废除此前全部法律，全盘重订法律。中国在二十世纪所发生的巨大变化，无不源于此一观念。

这也正是易先生对待观念、对待传统的逻辑。按照历史主义，人的思想不过是他们所处环境的产物。所以，在先生论述中可以感觉到，思想、观念本身并不那么重要。也正是这样的认知决定了易先生对传统思想、观念的轻浮态度：他们的时代早已灰飞烟灭，他们的理念能有多大价值？为了要在新时代更好地生活，我们需要全新的价值、全新的观念——历史主义一转身就是进步主义。

事实上，按照易先生的历史主义，不光是孔孟，所有人所提出的所有思想、概念，其实都有其特定的时代背景和历史语境，包括易先生所心仪的现代价值。也因此，它们根本就没有普遍性和客观性，而都是个别的。但易先生显然又坚持现代价值的普遍性和永恒性——这未尝不是一个自相矛盾。

或许可以说，这种看似坚持普遍主义的历史主义，不过是一种很特别的文明特殊论。文明特殊论可有两种表达方式：在全球化时代常见的方式，是从空间上进行区隔，宣称我们民族的文化不同于你们民族、不同于其他所有民族的文明。这种文明特殊论通常会造成一种自我防卫的守旧主义。另一种文明特殊论则从时间维度上进行切割，它断言，我们时代的价值、思想、生活方式、制度，应当与以前一刀两断。这样的文明特殊论会导致激进主义。

这两者的共通之处是自我为中心，断言我不同于且优于他者。他们可以敞开胸怀拥抱现代化，而对传统采取决绝的封闭态度。他们的心灵对传统的封闭程度，与民族主义对异族的封闭相比，有过之而无不及，因为相比之下，他们有历史主义信念支撑，在道德上更为骄傲。这样的骄傲把他们困在概念的牢笼中，从而戴着自己的墨镜看待传统。

现代概念的牢笼

在《继承》一文中，易先生提出，在新时代，儒家需要经过现代阐释，才有存在空间。进行现代阐释的原则是"引进自由、平等、人权等现代观念，立足于公民权利、民主政治、法治社会等现代意识"。

这个看法我完全同意。我只是想追问：何谓民主？何谓自由？何谓法治？乍一看，这些概念似乎早都是常识了，根本不用讨论。在旨在解决当下问题的公共问题中运用这些常识性概念，当然也就差不多了。但是，一旦进入历史和思想的领域，仅有这样的常识性概念显然是不够的。

事实上，在讨论这些问题的时候，只是运用这类常识性概念，必然导致严重偏差。易先生对我在《孔子》一文中诸多看法提出的批评，就生动地呈现了这样的偏差。比如，我提出，封建的君臣关系具有契约性质，君臣虽然不平等，但双方都是自由的。易先生质问：君臣之间根本不平等，怎么可能自由？很多朋友认同这样的质疑。但坦率地说，这样的质疑不过表现了现代人的骄傲与狭隘。

自由和平等对于人的存在而言，是最为重要的两种价值。不幸的是，自古至今，这两者之间存在紧张甚至冲突。随便举几个例子：在思想史和政治史领域中，人们通常会说，法国思想和法国大革命追求平等，而英国革命追求自由。托克维尔在《论美国的民主》中讨论的核心问题之一是，如何平衡自由与平等。一直到当代西方理论界，自由主义与左派争论的焦点也就在于自由多一些还是平等多一些。长期以来，经济学领域争论的问题，也无非是两者之间的取舍：缪尔达尔、斯蒂格利茨等人要求平等多一些，哈耶克、弗里德曼、布坎南等人主张自由多一些。

凡此种种争论清楚地表明，人们固然可以追求鱼与熊掌之兼得，但其间难度是非常之大的。自由与平等确实是两个具有相当不同的内涵与指向的概念。这两个概念在现实中已然如此复杂，在分析古代思想和制度的时候，人们就有理由高度审慎。

这包括，人们应当意识到已故杨小凯教授提及的"后发劣势"困境。在当下中国运用西方传来的各种概念思考中国问题，尤其是思考历史问题，国人面临严重后发劣势：我们熟悉的概念过于先进、时髦了。

借助西学和西方成熟的现代社会，人们掌握了很多概念，并视之为常识。孰不料，这样的概念太成熟了，而它们的基本义可能已被遮蔽。

比如，谈到自由，新文化运动知识分子立刻要求个性解放，乃至于性解放，据此而高调地反礼教。二十世纪八十年代的文人则坚持穆勒所说的"社会"与个人关系意义上的自由，据此而坚持反传统。他们确实在主张自由，但这些是非常现代的自由概念。它们不是自由的基本义，而是后出之义，附加了很多衍生物。

在大多数情况下，这些衍生物模糊了自由的本来含义，人们把很多与自由无关的价值，尤其是平等，添附于其上。这从思想史的角度看，当然是无法避免的。那么，要理解概念，就首先需要做一番清理工作。二十世纪以来诸多思想人物都在做这样的工作。柏林最大的思想贡献，区分消极自由、积极自由就隐含了这一点。二十世纪很多思想家，比如哈耶克、施特劳斯、阿伦特、沃格林等人，也都在质疑、反对现代的自由，而主张回归自由的基本义。

奇怪的是，不少知识分子却顽固地以为，这个不知道涂抹了多少层脂粉的概念，才是真正的自由，反而指控相对单纯的自由不是自由。

这不是一种理性的态度，也不是尊重历史的态度。十九世纪之前的自由就是穆勒一带而过的自由，也即刻意地强制被减少至最低限度的自由。这才是自由的基本义，当我们评论十九世纪之前的事物的时候，就应当依据这样的基本义。

唯有在这个意义上，我们才能理解中世纪英格兰的liberties和《大宪章》的自由。依据自由的这一基本义也完全可以说，在西周、春秋封建制下，人们确实是自由的，尽管那个时代存在等级制。只要想象一下孔子的思想自由、办学自由，以及百家争鸣的辉煌，就足够了。

反过来，秦的制度让所有人实现了平等，虽然在这个制度下，人们没有自由。也就是说，不平等的自由和不自由的平等，都是客观的历史事实。明白了自由与平等两个概念的源流，也就不会觉得这是不可理解的，而非要否定历史事实本身。

回到概念的基本义，我们或可恍然发现，孔子与今日中国人的距离，其实非常之近。比秦始皇、汉武帝、康熙大帝都要近。孔子的时代是自由的时代，那个自由是现代自由的老祖宗，与现代自由同属一个物种，而不是另外一个物种。

事实上，今日国人为准确地理解自由的含义，与其攻读穆勒、罗素、杜威、罗尔斯、德沃金、孙斯坦，不如去仔细理解孔子所处时代的自由的状况与其制度。这些西方学者与其说是在揭示自由，不如说是在遮蔽自由之基本义。当然，在西方语境中，这是正当而必要的。但由此所形成的关于自由的现代性常识，并不是健全的自由常识。

走出牢笼，唤醒温情

事实上，不光在此概念上，在很多问题上，国人在可以享有后发优势的同时，也面临后发劣势。现代中国启蒙知识分子始终没有意识到这一点。新文化运动知识分子提出全盘反传统的主张，就可部分地归因于这一概念的后发劣势。留洋的知识分子们在已完成现代化的西方，获知最先进的现代常识性概念。他们以此衡量前现代中国的价值、制度，当然会得出结论：古典、古代的理念、制度，实在是一无是处。

比如，他们猛烈地批判礼教、礼俗。毫无疑问，相对于现代成熟的法治，相对于现代个人解放理念，"礼俗之治"存在很多缺陷。但是，回到古代社会治理的语境中就会发现，相对于秦的"刑律之治"——那是一种国家严密控制的"警察国家"——所预设的政府权力至上与官吏蛮横专断，礼俗之治的确可以带给人们相当程度的自由。礼俗也划定人的权利-义务，确认财产权，规范交易、合作等人际交往，民间社会就是据此自我治理大多数公共事务的。这样的礼俗之治实乃法治的近亲或前身。

也就是说，礼俗确实没有带来完全平等的自由，也确实妨碍个性的解放，但它确实在界定和守护个人自由的空间。传统中国处于皇权制下，社会却不乏活力，奥秘就在于，在官府的刑治之下还有一个民间的礼俗之治。现代启蒙知识分子抱定僵化的法治概念，看不到礼俗之治与法治的同质性，而把礼俗一棍子打死，必欲毁之而后快。其结果却是，所有人直接暴露在权力之下，社会治理悲剧性地回向了刑律之治。

此一例证表明，当启蒙知识分子宣称，中国历史、中国传统、中国文明一片漆黑的时候，并不是因为历史本身真那么黑暗，而是因为，知识分子自己戴了一副乌黑的墨镜。他们被自己的常识性概念俘虏了，不假思索地运用最时髦的概念来判断古代。这样的态度绝不能说是理性的，它是一种最堕落的迷信：对自我的迷信。

欲判断历史，就须对现代的常识性概念进行某种剥离，还原到其基本义。一旦摘掉那副墨镜，运用相关概念之基本义进行观察，历史、传统就会呈现出另外一幅形象。比如，我们就不会认为，中国人是另外一个物种，两千年甚至五千年来都在思考如何出卖自己，毁灭自己。相反，我们将会看到，古人与今人并非两个不同的物种。生活在这块土地上的人们，一直以来都在追求美好生活，他们的这一愿望一点也不比今人差。他们也透过私人生活和公共生活等领域的制度变革，实现这美好生活，其成就绝非毫无可观。

也就是说，走出现代概念的牢笼，对古典的观念和制度，今人就不会以现代人的傲慢看待前人，而必具有钱穆先生所说的"温情与敬意"。这并不是虚骄地宣称，现代的东西我们古已有之，也不是炫耀我们以前有多阔。相反，这恰恰是放低身段，抛却进步主义的骄傲，以平常心看待先人，以理性态度看待历史，以开放态度对待传统——开放不仅应当是横向地对外部世界的开放，也应当是纵向地对先人的开放。

若能养成这样的心态，我们或可更为准确地知道我们是谁。我们是谁在很大程度上是由我们曾经是谁决定的，而一个追求美好生活的人，会通过认知以前的我们曾经为美好生活做过什么，来塑造我们曾经是谁。因为，人是为了美好生活而存在的，谈论现代转型，更是为了更美好的生活。纳粹之类特例之外的常态历史对人的意义也就在于，提供逼近美好生活的经验。过去当然有专制，有阴谋和杀戮，但过去也有追求美好生活的种种努力，最起码有那种理想。对今人来说，更有意义的是后一方面的经验。这样的知识有益于我们的自我构建。

承认今天的我们与过去的我们的连续性，最充分地发掘美好生活的经验，现代性自我构建才有可能展开。仅从现代转型之效率角度看，对历史的温情与敬意也更为经济。把以前的文明描画成一团漆黑，其逻辑的结论只能是，让我们全部从头再来。这似乎也是个常识了。但这具有可行性吗？

摆脱概念的牢笼，进而承认以前与现在、传统与现代的同质性，现代转型才是可能的。因为，这时已不是从头搭建一座空中楼阁，而是已经有了一个基础。我曾把陈寅恪先生纪念张之洞的一句诗略加修改为"中体西学，资相循诱"，作为现代转型的理想模式。"中体"就是同样具有美好生活理想的中国人，在漫长历史过程中生成、积累的信仰、价值、习俗、制度。

这其中自然泥沙俱下，善恶混杂。但这又怎么样呢？在西学也即现代理念、价值的诱导下，更准确地说，是在追求美好生活的内在动力驱动下，经由具有创新精神的个体的实践，此中美好的价值、规则、制度，得以扩展、生长、成熟。由此，传统也就实现了徐复观先生所说的"新生转进"。

面对传统，有些人眼里只有恶，那只是因为他的心灵不对善开放。有些人拒绝传统的智慧，那只是因为他的心灵不对理性开放。这两类人都得不到美好生活，也不可能推动传统的更新，毕竟，只有建设，才能让传统新生转进。怀疑、破坏带来的只是空无。

精华糟粕论的自负

基于上面的看法，我对易先生提出的继承传统的策略，大不以为然。易先生根据自己的历史主义理念确认，对儒家照单全收是不行的，拿来就用是不行的，不加改造也是不行的。符合人类共同价值的，就弘扬之；不符合，就抛弃之。为此，他提出"抽象继承法"方案，把儒家思想中的合理部分抽离出来，不要"核桃壳"，只吃"核桃仁"。为此，他主张，也许得把儒学放进洗衣机，再加漂白粉，冲了又冲，洗了又洗，一直洗成灰色为止。这还不够，还必须对儒家进行"现代阐释"。

这套说法虽然复杂，概括起来只是一句话：取其精华，去其糟粕。这一直是今人对待传统的主流理念。但仔细想来，取其精华，去其糟粕，要么是一个没有意义的想法，要么是一个可怕的想法。

我的疑惑是：对文明、传统，果真可以这样划分吗？精华糟粕论的预设是，传统已经死亡，因而今人可以像观赏博物馆中的展品一样。它还预设，当下就是历史的最高处，今人可以站在传统之外，不，应该说是站在传统之上，俯视传统，对何为精华、何为糟粕予以鉴定、挑选。

好吧，假设您确实可以站在传统之外，也确有鉴定的能力，那您按照什么样的标准取、去？当然是按照正确、现代的标准。问题是，您的标准果然就是正确的、现代的标准吗？未必。现成的例子就是，我对现代价值的认知显然不同于易先生，以谁为准？我相信，易先生会同意一种做法：各是其是，各非其非。但这样一来，取、去也就没有意义了。如果强制以某人或某群人的立场、价值为准，其结果恐怕不是易先生愿意看到的。

到了放弃精华糟粕论的时候了，它表明的是理性的自负和权力的自负。让我们坦率地承认，没有人有能力、有资格在传统中区分精华、糟粕，也根本不应当、不需要进行这样的努力。不做这事情，传统自然地在自我更新。

中国传统，包括儒家价值，本身就是在漫长的时间过程中，经无数人思考、沟通、积累的产物。传统之所以是传统，就是因为它一直在自我更新。这是传统的本质所在。传统是哈耶克所说的"社会科学上的事实"，也即主观事实。因此，它不是钢铁牢笼。一方面，我们被它塑造，另一方面，它就在我们身上，所以，我们就可以改变它。路径很简单：改变自己，也就在重新诠释传统，再造文明。当然，我们与传统共生的结构又决定了我们只能局部地、渐进地改变它，以及我们自己。

因此，其实不必在意传统是什么，精华、糟粕是什么。对于寻求改变的人们而言，唯一重要的事情是你想成为什么。追求美好生活的精神自觉，可以带动传统的新生。这样的自觉完全可以来自易先生所说的现代价值之启发，在此价值诱导下，传统中固有的美好因素成长、扩展，自我与传统共同地"转进新生"。

但是，当据此价值重新规划生活时，不需自我鄙视，自我否定，自我仇恨。身在传统之中，从而追求美好生活，这就足够了。听起来自相矛盾，其实这是生活的本质，传统的本质。我们就在传统中，不应假装自己可以客观地、集体性地判断与拣选传统。而不进行这番拣选，依然可以更新传统。因为，传统就是生活，传统尤其是那面向善的生活。这生活–传统之流，从古到今，无始无终，我们存身的这个时代不过是其中一个渺小的环节而已，我们有何理由傲视古人？

刊于《南方周末》，2011年4月7日

【第二篇】
儒家宪政主义之源与流
——敬答袁伟时老师

经由对中国古典经史之研究，我对中国历史初步形成了一个新的认知框架：在孔子以来的中国历史上，具有道德理想主义精神的儒家士大夫群体是抗衡专制的宪政主义力量。透过董仲舒的天道宪政主义规划，儒家构建了士大夫与皇权共治的体制，它在一定程度上带有宪政主义性质，并一直持续到清末。

这样的看法反乎百年来的历史常识，自然引来一些争议。尤其是我十分尊敬的袁伟时老师，对我多次耳提面命。近日并专门撰文，对我的看法系统提出批评（袁伟时，《儒家是宪政主义吗——简评秋风的孔子论》，刊《南方周末》，2011年6月23日）。袁老师的批评促使我检讨自己的观点。本文拟以求真态度，回应袁老师的批评，我相信，这是对袁老师最大的尊重。

首先我想说明，谈论"中国古代""传统中国"如何如何，过于笼统了。自尧舜以降近五千年间，中国的治理秩序经历了几番巨大变化。其间至少形成了两个相反的传统：周制传统与秦制传统。两者的区别不仅体现于治理架构、社会结构，也体现于人的心智和宗教、伦理观念。秦以后的中国历史之演变，基本上就是这两种传统以不同比例搭配、组合的结果。总体上说，周制传统代表着自由的、宪政的传统，儒家则在坚守这个传统。

此封建就是彼封建

早期中国，具体地说，有可信之文字记载的尧舜时代至春秋，中国之治理架构为封建制，而儒家的宪政主义正来自于对封建制的宪政主义之记忆和重申。

这段历史之封建性质，本系常识。只是在过去百年间，因西方历史理论之引入而陷入混乱。但最近一二十年，史学界已重归中国经史常识，以"封建"来界定那两千年历史。袁老师也接受这一点。

尽管如此，受制于中西历史演进截然不同的先入之见，很多学者以今释古，反复强调周代的"封建"在性质上不同于欧洲的Feudalism。这其中一个非常重要的理由是，周的封建乃是"宗法封建"，家族吞噬了个人，因而根本没有宪政的元素。

看来，准确理解周代封建的关键，在于准确理解宗法。事实上，自汉代以来，人们就经常不知不觉地犯一个错误，拿汉初开始出现的家族制度想象周代的宗法制。今人更容易以明清时代的宗族、家族制度想象周代的宗法制度。王国维先生的名篇《殷周制度论》，在一定程度上也存在这样的疏误。

然而，周代宗法制极大地不同于后世的宗族制度。去古不远的汉儒结集之《白虎通义》，对此说得非常清楚："宗，尊也。族者，凑也，聚也，谓恩爱相流凑也。""宗"和"族"的指向是正好相反的，"宗法"之要旨乃在于以君臣之义，切断血缘关系。

此即周公制礼的伟大意义所在。周人初为天下共主，武王之兄弟因不满周公摄政，策动殷遗民叛乱，是为"三监之乱"。周公心灵所受之冲击可想而知，故在平定叛乱之后，即制礼变法，推动"亲亲"向"尊尊"之转变。也即将叔侄、兄弟等血亲关系予以"陌生化"，透过订立书面性策命文书的方式，转化为上下尊卑之君臣关系。

因而，周人宗法之基本原理为："别子为祖，继别为宗"。举例来说，某周王驾崩，其三子中一子继嗣王位，另外两子必须与老王、新王切断亲属关系，此所谓"族人不得以其戚戚君"：这两个儿子不得以新王之兄弟自居，因他们现在是新王之臣；他们也无权立父亲之庙，这是新王的特权。他们只能另立一宗，自"别"于原来的兄弟。

宗法制的要旨正在于"别"，让君摆脱血亲关系之束缚，以公共意义上的君臣关系替代血缘意义上的叔侄、兄弟关系。这是周人最为伟大的治理智慧，也是中国文明的一次巨大跃迁。由此，周人才得以突破亲缘关系的局限性，构建出以契约性君臣关系为枢纽的理性的治理架构，从而大幅度地扩大了治理的地理范围。

这个意义上宗法制的实现，有赖于君臣关系之契约化。

封建君臣关系的契约性

我主张周制的封建君臣关系的契约性，当然引起更大争论。但是，若以社会科学的视野仔细阅读古典文献，尤其是"五经"中之《尚书》《诗经》《春秋》三传以及《国语》，就可以发现，这一论断是可以成立的。

周公实现了从"亲亲"向"尊尊"之转化，不过，周代的"尊尊"也即君臣关系，完全不同于秦制下的君臣关系。具体地说，周制的封建君臣关系乃是一种契约性关系。君臣订立这个约的过程，一般被称为"策名委质"，周王与诸侯建立关系的过程则被称为"策命"。订约过程的核心是在宗庙中宣读一份确立双方权利–义务的文书。《尚书》所收《微子之命》《蔡仲之命》《康诰》，及后面几篇冠以"命"的文献，就是君臣订约的文书。《诗经》若干诗篇也记载了策命之辞。

　　这样的策名、策命仪式与欧洲封建时代的"臣服礼"基本相同。经由这一仪式，一个人获得臣的"名"或者"分"，也即权利，比如，受封某个爵位、职位，伴之以某块土地、各种车服、礼器。同时，臣也被施加了某种"职"，也即义务。这份契约文书，对于明确各自的权利–义务至关重要，所以，双方会认真保存这份文书。周人，起码是贵族，每人都手持着表明自己身份的契约文书。当时的"史"的主要功能，就是保存、解释这类文书。

　　君臣关系的契约性决定了君臣权利–义务的相互性。不错，君臣双方的地位是不平等的，因而，权利–义务是不对等的。尽管如此，双方的权利–义务是相互的。也就是说，双方都享有一定权利，但享有权利的前提是履行对对方的义务。这就是"礼尚往来"的初始含义："往"就是自己承担对对方的义务，"来"就是对方承担对自己的义务。

　　君臣关系的相互性也决定了一个基本伦理原则："君臣以义而合"。《左传·昭公十三年》记载了春秋时代一句谚语，"臣一主二"，晋儒杜预注："言一臣必有二主，道不合，得去事他国。"也就是说，假如君没有履行对臣的义务，损害了臣的权益，臣可以解除君臣契约，与他人订立君臣契约。

　　在这样的君臣关系中，双方就不是绝对的上下尊卑关系，而具有伙伴、朋友的性质。《尚书》《诗经》等文献表明，周王明确地将诸侯称为"友""朋"。每个君与他的臣组成一个共同体，他们就本共同体的重大事务进行共同决策，包括决定继嗣之君。君乃是透过"选建明德"的方式，从合乎继嗣资格的人中选择。通常，老君临死之前，会从几个儿子中提名一人为新君人选——未必为嫡长子。当时并不存在制度上的嫡长子继承制。这个人必须获得臣的多数同意。此中道理非常简单：诸臣如果不同意，不参加继嗣仪式，不与新君订立君臣契约，新君就不成其为君。

　　古典文献的记载也表明，在迁国、战争等重大事务上，"国人"都可参与决策。因此，封建的治理带有贵族共和的性质。

礼治的性质

君臣关系之契约性质也就决定了封建的治理高度依赖规则，这个规则体系就是"礼"。周的封建的治理秩序就是礼治秩序。

说到礼治，很多人马上想到"吃人的"礼教。这种文学化的表达方式源于对礼的性质及礼刑关系的无知。

就其性质而言，礼是习惯法，其规则来源有二：漫长历史过程中形成的习俗，以及历代先王针对具体问题，比如策命诸侯而零星制作的诰命——这样的诰命当然是在礼制的整体框架内制作的，它们构成具有普遍而永恒之约束力的"先例"。

这两类规则之自动与强制执行就形成封建的"礼治"。礼治具有两个非常明显的特征：第一，规则无所不在，人的一切活动都在礼的约束之下，不管现在有没有具体的规则。第二，规则约束所有人，不论其处于何种位置。在君臣关系中，它同时约束君与臣，周王、诸侯等各个层级的君都在礼的约束之下。在礼治秩序中，君臣的权利－义务尽管不对等，礼却平等地约束君臣。君如果违犯了君臣契约，礼保证臣可以对君主张自己的权利，包括解除君臣关系，使用个人拥有的武力予以回击，或者实施报复。

很多人对"刑不上大夫"望文生义，认为这句话表明封建贵族享有法律豁免权。但《左传》记载了作为臣的大夫诉讼作为君的诸侯的案件，而君被判决败诉。至于大夫被诉，败诉而遭受刑罚的故事，所在多有。"刑不上大夫"的意思只是说，大夫违礼，其行刑地点比较隐秘而已。

凡此种种都表明，周代的礼，就是欧洲封建时代的"法（law）"。

它不是出自于君王的意志，而是自发形成的，且约束所有人。以此类规则支持的礼治，比起秦制的"法制"，更接近于现代的法治。

封建的自由

君臣关系的契约性，权利义务的相互性，以及礼治下的平等，这几个制度足以让我们说，封建时代的人们是自由的。

不用引用太多例证，孔子本人的经历就已经清楚地证明封建的自由：孔子可以自由地收集秘藏于故府的文献，可以自由地收徒办学，可以与君解除契约而另投新君，可以在各国自由流动。这是当时的国人们都享有的自由。

也正是这种封建的自由催生了春秋后期到战国的百家争鸣。很多人把战国时代的自由归因于集中的权威的解体。这是偏颇的。战国时代人们所享有的自由是封建的自由。这种自由，从尧舜时代就存在，在西周时代也存在。战国时代，虽然封建制已崩溃，王权制已出现，但东方各国的封建传统十分深厚，而新兴的王权与官僚体系还没有掌握人身与思想控制术，所以，这段时期的东方各国之政制，与欧洲十七、十八世纪的"开明专制"相近。

正是这种封建的自由状态，塑造了周代的"君子心智"，君子们形成了"君子人格"，也表现出"君子风度"——欧洲的骑士风度、英美的绅士风度，就是周代君子风度的对应物。君子们的主要教育科目是射、御和诗、乐，他们上车能驰骋打仗，下车可赋诗应对。他们是自由的，因而，他们的生命力是强健的。但他们的自由是与他人关系中的自由，因而他们又是节制的。他们磨砺自己的德行，小心地不去伤害他人。但假如有人侵害他们的尊严和权益，他们会毫不犹豫地奋起捍卫，哪怕为此付出生命。

周代的刚健的君子是中国人永远的典范，孔子就是这样的君子。

孔子的主张是什么

人们普遍承认，"礼""仁"两个字可概括孔子基本思想。但这两个字究竟是什么含义？袁老师提出了自己的看法。但我前面对历史的简单叙述，已初步揭示了孔子究竟主张什么。

孔子的核心政治主张是"复礼"，其用意是回归封建，而孔子心目中的封建制之核心原理，就是"君使臣以礼、臣事君以忠"。孔子生当封建制松动之际，君臣关系已开始变化，趋向于尊卑森严的命令–服从关系。在这种关系中，臣只有义务而无权利，君只有权利而无义务，因而，君有权力，而臣无尊严和自由。孔子主张复礼，就是要回归君臣权利–义务之相互性，为臣民的自由和尊严张目。这一点构成了后世儒家的基本政治主张，包括人们熟悉的黄宗羲的政治思想，也由此发展而来。

在孔子那里，"仁"的含义很多，但最基础的含义是人们平等地相互对待。《中庸》之"仁者，人也"最简洁地概括了这一基础性含义。汉儒郑玄注曰："人也，读如'相人偶'之人，以人意向存问之言。"用现在的话说：人们相互把对方当成人来对待，而且当成和自己相同的人来对待。这就是平等，人格之平等。

袁老师说，这句话后面还有"亲亲为大"。诚然。但是，"大"的意思只是说，在亲属关系中，人们可以直观地感受、体悟到仁，也可以在这种关系中训练仁的美德。尽管如此，经由孔子的其他论述可以看出，仁绝不限于血亲关系，它由内向外，由近及远，由亲属、熟人推及于陌生人，最终实现"天下一家"。

在孔子那里，仁为礼之本。由此，古典的礼获得了现代的生命。封建的礼确实具有不平等的一面。孔子透过引入"仁"的概念，让礼所保障的自由和尊严平等地覆盖所有人，起码具有这样的潜能。这样，经由孔子，中国历史上出现了人人当平等地享有自由和尊严的现代观念。

袁老师引用孔子杀少正卯的故事来说明礼之不公正和孔子之不容异己。但很多学者通过对此一故事记述源流的文本分析已证明，此故事乃出自荀子的编造。荀子成长于法家的发源地——三晋，其思想极大地偏离了孔子，而将儒家理念法家化。他的弟子韩非、李斯成为法家代表人物，绝非偶然。荀子虚构孔子杀少正卯的故事，就是其向法家堕落的重要证据。

袁老师还引用了"攻乎异端，斯害也已"，说明孔子具有思想专制倾向。关于这句话的含义，汉儒、宋儒众说纷纭。总结起来，不外乎下面几种理解：第一种，攻伐、批评异端是对自己有害的，因为这会浪费宝贵的精力、时间。第二种，研究他技、小道而遗忘大道，对自己是有害的。第三种，把"已"释为"终结"，意思是，对不同的看法进行研究、取舍，分歧之害也就不复存在了。总之，不管取哪种解释，都无讨伐异端之意。尤其重要的是，在古典语文中，"异端"一词没有后世所说"宗教异端"之义，这是欧洲基督教才具有的理念。

孔子开创了公民社会

我还提出过一个看法：孔子创造了民间教育，据此创造了"社会"。袁老师对此提出批评。

我的回答是，首先，封建时代没有后世的"学"。袁老师举子产毁乡校之"乡校"，但子产后来就解释说："人朝夕退而游焉，以议执政之善否。"由此可以看出，这个场所不是学校，而是某种公众集会之所，乡射礼、乡饮酒礼恐怕也都在这里进行的，它大约相当于欧洲古典时代的"广场"。当然，封建时代的贵族子弟也确实接受教育，但按照古典文献的记载，此种教育通常由"瞽师"教以"乐"，所谓瞽师，是通过口耳相传记诵着《诗》、乐的盲人。

因此，我们所熟知的"学"乃是孔子创造的。孔子整理六经，用以教授子弟，这些子弟多为庶民。而孔子与弟子组成的社团系中国历史上第一个民间社团，是"公民"社会的滥觞。

这听起来有点突兀。重要的是理解，封建时代，没有政府、社会之分。人们生活在紧密的共同体内，这个共同体的治理是混融的。即如欧洲封建时代，根本没有所谓公法、私法之别，由封建的法律体系演变而来的英美法律体系，至今依然有这个特征。

封建制崩溃之后，人们从这一混融的封建共同体中游离出来，才出现了政府与社会之分。而从时间上看，政府首先形成。这就是孔子时代已见雏形、战国时代成熟的王权制政府。社会的形成则要缓慢得多——并非有人就有社会，人们必得通过某种制度联结成为团体，才有社会。

孔子组织的师徒共同体就是中国第一个现代社团。这是一个由陌生人组成的、存在于政府之外的社团。《论语》首章就已指明这个共同体的性质："子曰：学而时习之，不亦说乎？有朋自远方来，不亦乐乎？人不知，而不愠，不亦君子乎？""学"者，学习经典也，"时"者，时机也，"习"者，实践也，"朋"者，同门、同志也，"远方"表明弟子来自自天下各方也，"人"是指可能雇用这些弟子的君王们。这群青年不是官员，但他们关心公共事务。"君子"的含义因此发生了根本变化：封建时代，君子指贵族，现在则指不是贵族，但具有知识、德行，而又心系天下的人。他们是名副其实的"公"民。孔子创造了中国的公民社会。孔子以后，儒生组成的公民社团就成为制度变迁的主要推动力量。

战国时代，各国混战不已，秦国最终胜出，并建立了秦制——一种几乎处处与周的封建制相反的制度。而儒生所受教育以孔子整理之"五经"为本，"五经"所承载者恰为封建的制度与精神，因而，儒生天然是反秦制的。

由此也可以看出，"五经"乃中华文明之大本大源。但在过去百年，经学几近绝迹。以虔诚而又开放的心态重建经学，返大本而开新义，也许是这个时代的思想界所不能不面对的最为重大的任务。这不仅是中国构造优良秩序之所需，也是中国文明真正可造福于人类的智慧之所在。

共治体制的宪政性质

秦以后的中国历史就是抱持着复封建之理想的儒生反对秦制的历史。这种反抗不仅体现在气节之类的精神与王道、仁政这样的理念上，更体现在制度上，这就是士大夫与皇权共治体制。余英时先生在《朱熹的历史世界》中，阐述了宋代儒者追求"共治"的努力。笔者将这一概念予以扩展，并认为，董仲舒所策动的汉武帝时代及以后的"复古更化"，就是一场宪政主义革命，其结果则是建立了"共治体制"。

董仲舒非常简练地描述了汉儒所向往的治理结构："以人随君，以君随天"，"屈民而伸君，屈君而伸天"。万民确实应当服从君王，这是维持秩序之所必需。但是，君王绝不是最高的，君王之上有天。秦始皇相信自己就是天。儒者则宣告，皇帝不是天，不过是"天之子"，他必须服从天。更为重要的是，天意只有儒者能够理解，也只有儒者有能力提出政策方案，对上天的意见做出正确的回应。

由此，儒者就打通了进入治理架构的通道，从而对秦制发动了一次根本性改造。皇权退让，儒家士大夫进入治理架构内，汉承袭自秦的治理架构发生了相当巨大的变化，而转换成为皇权与士大夫"共治"之体制。大体上，从董仲舒–汉武帝时代到晚清，正常状态下的治理架构均为"共治体制"，尽管士大夫分享权威的程度不等，其间也发生过重大的波折、变化。

这一共治体制的哲学表达是道统、学统高于政统，而在治理架构上，共治至少体现为三个互相关联的面相：

第一，借助于独尊儒术的制度安排，接受过儒家教育的士人大规模进入政府，逐渐改变了秦制以文法吏为主体的政府形态，而建立起钱穆先生所说的"士人政府"。儒家士大夫具有明确而强烈的道德和政治主体性意识，他们组成的士人政府与皇权间出现了微妙的分立。士大夫一直试图对皇权予以控制和约束，两者之间经常发生分歧乃至激烈冲突。

第二，借助于儒术的权威和进入政府而获得的资源控制权，儒生共同体也在社会中开始树立治理的权威。儒生通过讲学等方式结成一个既有地方性也有全国性的社团。同时，儒家士大夫构造了家族等社会自主治理组织。重要的是，皇权也承认儒家所代表的社会自主治理组织拥有一定的自治权利，由此才有了人们今天经常提及的"皇权不下县"。

第三，西汉中期以后，也出现了刑治与礼俗之治共同治理的格局。秦制是单纯的"刑治"，政府管理社会的唯一规则体系是刑律，执行刑律的主体是文法吏，这样的刑治体系类似于现代的警察国家体制。儒家深度进入社会治理架构之后，封建的礼治得以部分地恢复，演化为基层社会的"礼俗"之治。礼俗中渗透着儒家精神，其生成者、执行者也主要是社会中的"儒家绅士"。这样的礼俗之治乃是社会自主治理之本，官府主导的刑治则退缩到较为狭小的范围中。

由此可以看出，共治体制的基本框架确实是皇权制，但儒生进入，形成了汉宣帝所说的"霸、王道杂之"。皇权是霸道，儒家士大夫代表王道。儒家士大夫对皇权有所妥协，但也有所抗衡，限制了皇权的暴虐。因此，相对于秦制的皇权绝对专制，共治体制具有一定程度的宪政性质。过去两千年中，中国文明之所以还保持了一定活力，就是因为儒家对秦制有所抗衡与驯服。

当然，我绝不认为这个共治体制是完美的。它确实存在重大缺陷，因而也就难免"治乱循环"。实际上，具有道德理想主义的儒家士大夫也清楚地知道此制度的内在缺陷，并苦苦寻找解决方案而不得。十九世纪末，当他们接触到西方现代制度之后，相当欣喜，而对此采取积极学习态度，因为，儒家向来就具有限制绝对权力的意向和精神，并设计不少有效的制度，发展出一套成熟的治理技艺。

这才是中国传统、中国精神

儒家追求人自由与尊严的精神，及其所创造的制度，构成了真正的中国传统，一种值得今人珍惜、思考、发展的传统。

的确，中国历史中也存在第二种典范，那就是法家的物质主义理念，及其所支持的秦之皇权专制。如"霸、王道杂之"一词所标明的，这两种传统始终交织、纠缠在一起。因此，中国两千年的历史也就呈现出十分明显的双面性：有时很混乱，有时很清明；有时很残酷，有时很理性；人民好像是自由的，转眼间又毫无尊严可言。这样的双面性可由共治体制得到完满解释。

一百多年前，震惊于西方的现代景象，焦虑而不免焦躁的人们为着论证变革的紧迫性，更多凸现中西之不同，为此而刻意凸显霸道之主导性，如谭嗣同所说："二千年之政，秦政也，皆大盗也。"这一说法影响深远，主宰了此后百年国人的历史认知。袁老师对我的批评，自有百年知识传统之支持。

但在我看来，这样的看法终究不是理性的、客观的，也是不可取的。因为，这样的认知完全有可能取消变革的任何可能性：假如中国两千年甚至五千年确实皆行专制，那就足以证明，限制、剥夺人的尊严和自由的制度最适合中国的国情、民情。这个族群只能过被人管制、奴役的生活，而不可能过有尊严和自由的生活，因为，从历史看，他们没有这种意向，也没有养成这样的技艺。

对中国历史更为理性、客观的认知，有助于打破这一迷信。为此，我着意于发掘中国历史中儒家所代表的向上的传统。这是客观存在的历史事实，只不过因为理论和激情的遮蔽，而被人们有意无意地忽略了。这一传统至少表明，中国人向来都在追求尊严和自由的生活与文明、理性的制度，并取得了相当的成就，因而也积累了自由生活的技艺和构建优良制度的技艺。在这一点上，中国人与其他族群没有区别，并且，因为历史漫长而多有曲折，而显得更为坚韧、执着。

这正是最为可贵的中国精神。这样的中国传统完全可以构成今天中国人走向优良治理的出发点。这传统不是死的，而是活的：在传统保存较为完整的东南沿海地区，社会自治相当发达。这就是优良治理的基础。透过这活生生的传统，我们可以深入理解西学的精髓；当然，透过西学，我们可以探究传统的限度及其"新生转进"之道。

中国人所期望的美好生活与优良制度，只可能由中国之体内生性生长。假如美好生活与优良制度是庄稼，它只能从中国这大地上长出，儒家理念及其塑造的制度就是这生活与制度之苗。西学最多只是水，法家理念及秦制传统则是莠草。今日中国人，尤其是精英，则是农夫。农夫要站在大地上，眼里有这个苗，然后辛勤耕耘、浇灌，并及时铲除莠草，才有可能有所收获。英格兰最伟大的普通法法律家爱德华·库克爵士曾经说："旧田必能长出新禾。"在无苗的空中再怎样忙碌，也不可能有收获。当然，这大地、这苗本来一直就在那儿，问题仅在于你是否看得到，是否愿意站在那儿，而这又取决于你是否愿意去看、是否愿意去站立在那古老的大地之上。

刊于《南方周末》，2011年6月30日

【第三篇】
双重无知下的反传统情绪
——复张耀杰先生

近两年来，笔者对儒家和中国历史形成了一种迥异乎现代常识的认知，并将其中一部分内容概括为"儒家宪政主义"。在与袁伟时先生论辩的文章中，对此略有阐述。

不出预料，绝大多数网络评论者对此持批评态度。他们无法接受我对儒家的正面解读。最有趣的是，很多人明确表示不看我的文章，而坚决拒绝我的看法。张耀杰先生大约是最为激烈的批评者（张耀杰，《评秋风眼中的本土儒学与西方宪政》，刊《经济观察报》，2011年7月18日）。在这里，我也要毫不客气地指出：这些批评只是百年来弥漫于知识分子中的反传统情绪的简单重复，这情绪在很大程度上源于对传统和西方的双重无知，貌似张扬个性独立的反传统立场，其实是盲目地坚持一种已被证明荒唐的教条。

重构传统之图景

根据张耀杰的观察，"最近几年来，回到中国传统历史文化的有限资源里面，去寻找救国救民、包治百病的灵丹妙药，再一次成为学术文化界的一种时髦风尚"。这个判断在一定程度上是成立的。

　　过去十年间，"国学"在民间的复兴，这一点，为人所共知。容易被忽略的一个现象是，思想界整体上正在改变对传统，尤其是对儒家的态度，一反百年反传统的激进情绪，转而对儒家采取和解态度，试图让现代制度接续儒家主导的传统，尽管不同论者的政治倾向各不相同。这一点乃是过去十年中国思想界最为重大的动向，并将对未来中国社会未来的变革进程产生巨大影响。给其贴上一个意识形态或政治标签，闭眼予以拒斥，并不明智。

　　需要说明的是，从事这一工作的人们，包括我，并没有到传统文化中"寻找救国救民、包治百病的灵丹妙药"。这个世界上不存在灵丹妙药。恰恰是对传统的关注，让人具有这样的信念。在五千年内，中国大体保持了文明的连续性，人口与地理规模又是超大。在这样的共同体中建立现代的优良的治理秩序，实系人类史上最为复杂、最为繁难的工作，中国人当然也应以最为复杂的头脑去承担这个使命。

　　这其中至关重要的一点是，理性地对待这个保持了连续性的传统。一个最简单的事实是：虽经百年冲击，这个传统依然若隐若现地存在，且已呈现出复兴的强劲态势。那么，关心于构造现代优良秩序的人们，自有必要认真地、理性地对待它、处理它。宪政的目的乃是让生活趋向合理，而绝不是消灭生活，而传统就是生活本身。更不要说，一个传统，如果它已经维续了五千年，其规模持续扩大，并曾经创造出文明的辉煌，其中必蕴含着优良治理的若干秘密。致力于构建现代优良秩序的人们必须对此予以探究。

　　文化批评人王晓渔先生暗示我"把儒家完美化"。我还不至于如此丧失理智。恰恰是在针对我的种种批评中，我看到了另外一种普遍的不理智情绪：全盘否定儒家，基于想象和对历史的曲解而刻意抹黑儒家。我所做的工作是重新认识中国历史，为儒家辨诬，把儒家从专制的黑暗神话中拯救出来，重建中国传统之想象。这不是美化，而是恢复被遮蔽的事实。

那么，重建传统的目的何在？历史学者马勇先生在微博中说："主张向西走的胡适当年也认为，应该从儒家思想资源中寻找嫁接现代文明的土壤或契机，以为在儒家思想传统中有宪政的因子。但因子毕竟只是因子，所以，当新儒家诸大师要从儒学开出外王开出宪政后，胡适等人也不能同意了。"

我没有试图从传统中开出外王的宪政。牟宗三先生确曾以内圣-外王范式讨论儒家的现代转换问题。按照这样的范式，儒家的核心是心性之学，科学与民主制度则完全是外来的。中国要建立科学与民主制度，就需要从儒家固有的心性主体、道德主体，开出、转出、"坎陷出"认知主体和政治主体。我并不认同这样的理路。儒家之学乃是君子之学，君子的天职是修身、齐家、治国、平天下。儒家在过去两千多年间一直在从事治理实践，创造出诸多合理的人间治理制度，积累了治理与立法的技艺与智慧，而内圣-外王范式遮蔽了这一点。

我之研究儒家正是由此入手的。我是历史地研究儒家之实践，而不是单纯研究儒家之思想或哲学。由此，这个研究就在重新发现儒家与重新认识中国历史之间循环往复。它始于对周代封建制，尤其是作为其核心治理模式的"礼治"的重新认识。在封建的礼治下，人们虽不平等，却是自由的。儒家的创始人孔子生活于封建制中，享有这种封建的自由。在封建制动摇、王权制兴起的时候，孔子主张"复封建"，其本质正是重建封建的自由。这一点构成了儒家的核心政治主张，君子之养成与其治理实践，都是为了实现这一"三代之治"的理想。这一理想最终在汉代部分地体制化，形成士大夫与皇权"共治体制"，这构成汉以来两千年的基本治理架构。

上述种种看法，已散见于先贤论述中，比如：瞿同祖先生对封建的治理架构的分权特征进行过剖析。周德伟先生借助哈耶克关于法治、宪政的思想，论述了礼治与法治之间的结构类似性。梁启超、萧公权先生曾阐发过孔孟思想之自由倾向。徐复观先生阐明过董仲舒思想的宪政主义性质。余英时先生指出，"共治"乃是宋代儒者的核心政治主张。更不要说，中外学界对传统中国的地方自治进行过广泛研究。我所做的工作不过是将先贤的上述观点整合为一个整体，在其间建立起联系，略微予以发展，而以"儒家宪政主义"概念概括之。

西方、宪政是复杂的

读者或已注意到，我这里说的是儒家宪政主义，而非儒家民主。民主与宪政两个词相互关联，但差别巨大。

从经验上观察，可以保证自由的宪制，乃是一系列复杂的制度的组合，我们至少可以将其区分为四个不同的面相：社会自治，法律之治，权力的分立与制衡，以及作为一种公共决策程序的民主。可以说，民主是宪政的一个重要构件，似乎也是最为显著的构件。但归根到底，民主只是优良治理架构中的一个方面。宪政结构要复杂得多。也因为它是复杂的，所以，它才是可以运转的。

但是，自从"民主"与"科学"的口号提出之后，人们就总是容易用民主替代宪政，从而低估优良治理架构的复杂性，从而对宪政的基本概念也不能形成正确认知。比如，张耀杰先生据以批评我的核心命题是：

所谓宪政，顾名思义就是宪法之政。没有"权为民所赋"的既要限制公共权力又要保障个人私权的成文宪法，"宪政"二字从根本上是无从谈起的。

这个宪政定义相当奇怪。没有哪个权威的政治学家会以是否存在成文宪法作为宪政的基本条件。按照这样的定义，在美国人制定宪法之前，不可能存在宪政。因此，罗马共和国是没有宪政的；世界上第一个、也是迄今最为成功、稳定的宪政国家——英格兰，也是没有宪政的。因为，它们都没有成文宪法。

上述定义显示了过去一百年中国人讨论问题的习惯：用最时兴的概念讨论复杂的现实问题和历史问题。文章第二部分对现代价值体系和制度的概括，犯了同样的毛病：它用十九世纪才形成的现代的"个人自由"概念，讨论现实中复杂的"自由"。但实际上，这两个概念的历史脉络和含义是大不相同的。罗尔斯与最近因网络公开课而走红的迈克尔·桑德尔之间的分歧，在很大程度上体现了这两个概念的不同。历史的复杂性，聚合而成为当代西方人观念的多样性。但这一点，被现代中国的知识分子普遍地忽视了。

接下来，针对我所提出的董仲舒"天道宪政主义"概念，张耀杰发表了这样一个评论：

依据超人力的无法验证、无法量化、无法操作的"只有儒者能够理解"的所谓"天意"；而不是依据以人为本、人为设计的"权为民所赋"的成文宪法，来表现"限制绝对权力的意向和精神"的儒生群体，归根到底是反人道、反文明、反法律、反宪政的。

张耀杰反复强调西方的宪政制度是"以人为本"，这实在令人莫名其妙。张耀杰的意思也许是，宪政的前提是把上帝、神灵从政治中驱逐。政教分离的常识确实是这样说的。马基雅弗利也确实要让国家完全世俗化。但是，这同样只是西方关于这一问题的一种主张而已，西方还存在另外一个传统。让我举个最简单的例子：欧洲若干国家的宪法现在还有"国教"条款，那些念叨政教分离教条的人完全忽略了这一事实。

更进一步说，即便现代宪政制度，也以神话为依托。美国宪法开首第一句话"我们，美国人民"，就是一个神话。"人民"不是任何具体的公民、国民，而是作为一个想象的抽象整体，存在于人们的信念中。

现代政治理论的两个不同取向之分野也就在于，"人民"是否可在人世间活动。直接民主理论相信，"人民"应当自己决定自己的事务。这样，现代的政治之神就活动于人间。然而，神的权威恰恰来自于超越性，一旦神进入人间，它一定被人控制、操纵。代议民主理论则相信，人民不可能具有思考和行动的能力，必须由其代议士来代议。人民作为神高高在上，在人间活动的主体是作为人的代议士。但是，神可以监察代议士。在《联邦党人文集》第七十八篇，汉密尔顿正是这样论述司法审查制度的正当性的。对于代议士们通过的法律，最高法院大法官可以进行审查，因为，代议士是会犯错误的。重要的是，大法官的司法审查并不完全是依据宪法的条文，而是依据"宪义"。这个宪义是"无法验证、无法量化"的，只有大法官能够理解、获知。好像没有人因此就说美国的制度是反人道、反法律、反宪政的。

上述种种例证说明，对于西方，激烈反传统的知识分子们只有一些常识性教条。他们一直在笼统地谈论"西方"，而无视西方内在的丰富性、复杂性。由此形成的西方图景其实是零碎而扭曲的。举例来说，直到今天，大多数时间知识分子都在透过欧洲大陆哲学理解现代性。他们热烈地拥抱法国启蒙运动，而对英国、美国之立宪根本没有伴随启蒙运动这一事实视而不见，对启蒙运动的另一支——苏格兰道德哲学，也毫无兴趣。如此理解的现代价值体系和制度框架，果真是现代的吗？

传统是复杂的

另一方面，过去百年间，对于传统、儒家，现代知识分子始终停留在漫画式理解的层次。新文化时代的知识分子乃是因为情感原因而故意如此，后来的知识分子则因为传统教育的断裂与社会结构的巨大变迁，而根本无从真切地理解儒家。诸多意识形态也扭曲了人们观察传统的视野，让他们故意抹黑儒家，为此甚至不顾逻辑。

比如，张耀杰说，从汉武帝罢黜百家、独尊儒术时代开始，儒家进入权力机构，并没有起到控制、约束皇权的作用，"反而通过阳刚的皇权与阴柔的儒教狼狈为奸、相辅相成的阴阳配对，极大地强化了专制皇帝汉武帝的绝对统治权"。

这是一个传播极广的现代谬说。人们之所以相信儒家让统治变得更加专制的荒唐结论，因为他们相信：意识形态就是谎言，而儒家就是意识形态。专制的暴力加上儒家的谎言，当然所向无敌。然而，这些人士全然忘记了，意识形态是一种现代现象。古代的宗教与儒家，都不是意识形态。相反，它们都是被人真诚对待的信仰、信念，具有崇高的权威。因此，皇帝绝不会认为，接受儒家，会让自己的权力变成绝对的，那些具有道德理想主义的儒者更不可能这样认为。

历史可以证明这一点。秦始皇宣称，自己就是天，他当然拥有张耀杰所说的"绝对统治权"：他不仅统治人，也统治神。而当汉儒主张皇帝是天子的时候，实际上降低了皇帝的位格：皇帝不是天，而是天的儿子。由此，皇帝不再是绝对的，就像董仲舒所说的，"以人随君，以君随天"。皇帝必须服从天。这实际上在皇帝之上，为皇帝的行为树立一个客观的权威。据此，臣民可以援引天的权威来批评皇帝，指控皇帝，乃至于更换皇帝。

这不只是理论上的想象，汉以来的儒生确实就是这样做的。随便举一个例子，汉代有位儒生谷永，博学经书，尤其是精通天官、京氏《易》。他在呈奏汉成帝的"对"中说了这样一段话：

臣闻：天生烝民，不能相治。为立王者，以统理之。方制海内，非为天子；列土封疆，非为诸侯：皆以为民也。垂三统，列三正。去无道，开有德，不私一姓：明天下乃天下之天下，非一人之天下也。

这就是儒家的基本政治理念。这一理念源远流长，《尚书》中多篇已经论及。从政治哲学角度看，民在王之下。但从政治神学角度看，王在天之下。至关重要的是，上天在人间立王，乃是为了民的福祉。因而，天下绝不是皇帝的天下，而是天下人之天下，作为一个整体的

"民"乃是天下之主权者。正是凭借着天，人民获得了主权地位，这正是人民主权原则之政治神学式表述。这与美国《独立宣言》中美洲人民凭借着上帝的权威而获得主权地位的理念，如出一辙。谷永接着说：

> 王者躬行道德，承顺天地；博爱仁怒，恩及行苇；籍税取民不过常法，宫室车服不逾制度；事节财足，黎庶和睦。则卦气理效，五征时序；百姓寿考，庶草蕃滋；符瑞并降，以昭保右。
>
> 失道妄行，逆天暴物；穷奢极欲，湛湎荒淫；妇言是从，诛逐仁贤；离逖骨肉，群小用事；峻刑重赋，百姓愁怨。则卦气悖乱，咎征著邮：上天震怒，灾异屡降；日月薄食，五星失行；山崩川溃，水泉踊出；妖孽并见，荥星耀光；饥馑荐臻，百姓短折，万物夭伤。
>
> 终不改寤，恶洽变备。不复谴告，更命有德。《诗》云："乃眷四顾，此惟予宅。"

如果皇帝残害民众，上天首先会发出警告，责令其改正。皇帝如果不思改正，上天就会抛弃他，向人们派遣更有德行的统治者。这就构成了儒家革命理论，这一理论意味着，皇帝和王朝都没有绝对统治权。

也正是基于对天负责因而对民负责的儒家政治理念，汉代形成"罪己诏"制度。皇帝向天下臣民承认自己犯下错误，并承诺改正错误。享有绝对权力的皇帝怎么可能对自己的臣民承认自己犯错？

"天子一爵"说也表明，儒家决不认为皇帝享有绝对权威。三纲之说出自《白虎通义》，很多现代人对此书抱着极大恶感。但我敢肯定，批评者中没有几个人认真读过"三纲"的原始论述，人们也完全忽视了该书开篇提出的"天子一爵"说。根据这一学说，天子之位也不过是一个比公侯高一级的爵位。顾炎武清楚指出这种学说的宪政含义：它表明，皇帝"非绝世之贵"，"知天子一位之义，则不敢肆于民上以自尊"。

由于缺乏对儒家思想结构及其所涉及的政治架构的准确理解，张耀杰才会说出下面的话：

儒生群体为了实现"独尊儒术"的权力野心和专制目标，必然会像当年的孔子不惜杀害少正卯那样，极力煽动皇权统治者针对本国本土的草根民众，以及被"罢黜"的其他非儒家的知识群体，实施阴阳相济、政教合一的专制统治甚至于残酷镇压。

这样的说法流传甚广，但同样不过是流传甚广的黑暗想象。似乎没有人仔细研究"独尊儒术"的历史脉络，带着思想自由理想的现代知识分子想当然地将其视为思想专制，并以孔子杀少正卯作为佐证。然而，历代学者早有可信的研究证明，孔子杀少正卯乃是后人的编造。但那些忙着批判儒家的人，对这样的学术结论毫不在意。张耀杰指控儒家参与镇压非儒家的知识群体，是否可以示例一二？你一定会提及明清时代的"文字狱"，可是，文字狱是谁发动的？具有道德理想主义的儒生，难道不正是受害者？

儒家也是普适价值

过去一百年知识分子对西方和对传统的肤浅、扭曲的理解，导致了严重后果。比如，自新文化运动以来，激进知识分子一直主张"全盘西化"。这一主张正是以上述肤浅而扭曲的认知为基础的：中国完全是专制的、不文明的，西方则是民主的、文明的。张耀杰下面一句话就是在重复这个意思：

与中国传统社会以天道天意天命天理，以及等同于天道天意天命天理的天地君亲师的身份等级和社会秩序为本体本位不同；西方社会几千年来逐渐形成的，是另一种已经被全球化的人类共同体所普遍认同的以人为本、自我健全的价值体系和制度框架。

这种大而化之的中西文化对比之论，在过去一百年中曾以各种形态轮流登场。我好奇的是，这个"西方社会"是谁？是意大利、法国、德国，还是英国、美国？是基督教信仰，还是后现代哲学？是法国革命，还是英格兰光荣革命？是法国启蒙运动，还是苏格兰道德哲学？是现代法西斯主义，还是英格兰的宪政传统？热衷于中西对比的人们完全不理会西方的这种丰富性、复杂性与内在冲突。

而按照知识分子提供的上述对比结论，完全可以说，中国与西方是两种截然不同的人种，他们的生活与制度从一开始就是完全不同的：中国历史从一开始就是黑暗的，西方历史从一开始就是光明的。现代中国人要想有前途，就必须弃暗投明，也即全盘西化。

我好奇的是，一直生活在另外一种价值体系和制度框架中的中国人，何以会突然认同西方的价值体系和制度框架？很多人会说，西方人用几千年时间为整个世界创造了一套普适价值。既然它是普适的，中国人当然会接受。但是，假定中国人是另外一个人种，没有普遍主义的心灵，何以能够分辨西方意义上的黑暗与光明？中西对比者陷入自相矛盾而不自知。

一套价值，如果只在西方的文化传统中生成，且只存在于现代西方，在其他地方没有任何迹象，那我敢肯定，它根本不可能是普适的。而晚清以来中国人认可并追求宪政的事实完全可以证明，中国人此前必然在追求普适的价值体系和制度框架，中国人的精神也是普遍的，并曾在普适的制度中生存过。只不过，这些价值和制度的成熟程度，或与现代西方有所不同而已。

我所做的知识上的工作，就是重建中国历史图景，重新发现儒家，以揭示儒家所塑造的中国人的精神与传统中国的诸多制度，实际上具有普遍性。据此可以说，现代中国人之学习西方，并非在模仿一种对自己而言全然陌生、异质的制度，而是在内生地发育、扩展自己的文明。现代中国人学习西方，乃是以他人之水，浇灌自己的大地，以加快自身文明内生演化的节奏。

也就是说，我绝不反对学习西方，但我相信，现代中国的优良治理秩序之生成，唯有通过"中体西学、资相循诱"的过程渐进地完成。作为此一过程的行动主体，中国人，尤其是其中的精英，理当同时在两方面深思明辨：一方面，深入理解传统，尤其是儒家，因为这构成了我们起步的现实："中体"。另一方面，深入地理解西方，以完整地理解现代优良治理秩序之生成过程及其制度架构和运转逻辑。

但是，过去一百年间，台面上最为活跃的知识分子，普遍缺乏这样的耐心，对现代、对西方，他们囫囵吞枣，只有一些肤浅而扭曲的常识。对传统、对儒家、对中国文明，他们或者望文生义，或者刻意抹黑，在诸多意识形态教条中打滚而自以为独立自主。对西方、传统的双重无知所促成的众多文化批判，包括国民性批判，看起来慷慨激昂，听起来义正词严，实则没有任何知识与思想意义，而只有文化上的破坏作用，以及政治上的误导效果。

中国是一个具有悠久历史而又规模巨大的共同体，在这里构建现代优良治理秩序，乃是一件高度复杂的事业，那么，以周人那种戒慎恐惧的心态，对中体、西学深思熟虑，就是唯一正当的态度。秉此心态，人们或会以温情与敬意面对传统，也会对西方复杂的价值和制度进行理性辨析，而做出明智抉择。如此会通中西，中国文明才有可能走上自新之路。

刊于《经济观察报》，2011年7月25日